青春之问

信念·奋斗·爱情

杜志强 主编

郑州大学出版社

图书在版编目(CIP)数据

青春之问:信念·奋斗·爱情 / 杜志强主编. — 郑州 : 郑州大学出版社,2023.1 (2023.9 重印)

ISBN 978-7-5645-9173-1

Ⅰ.①青… Ⅱ.①杜… Ⅲ.①大学生 - 品德教育 - 高等学校 - 教材 Ⅳ.①G641.6

中国版本图书馆 CIP 数据核字(2022)第 188969 号

青春之问:信念·奋斗·爱情
QINGCHUN ZHI WEN:XINNIAN·FENDOU·AIQING

策划编辑	李勇军		封面设计	孙文恒
责任编辑	孙精精		版式设计	苏永生
责任校对	王晓鸽		责任监制	李瑞卿

出版发行	郑州大学出版社		地 址	郑州市大学路 40 号(450052)
出版人	孙保营		网 址	http://www.zzup.cn
经 销	全国新华书店		发行电话	0371-66966070
印 刷	河南日报报业集团大河印刷有限公司			
开 本	787 mm×1 092 mm 1 / 16			
印 张	15.5		字 数	310 千字
版 次	2023 年 1 月第 1 版		印 次	2023 年 9 月第 4 次印刷

| 书 号 | ISBN 978-7-5645-9173-1 | | 定 价 | 46.00 元 |

本书如有印装质量问题,请与本社联系调换。

编委会

主　编　杜志强

副主编　张向前

编　委　王　滢　范会平　孙冬梅　王瑞金　张永辉

　　　　李　斌　支少瑞　戴茹娴　赵　璟

前　言

　　人生有一首诗,
　　当我们拥有它的时候,
　　往往并没有读懂它。
　　而当我们
　　能够读懂它的时候,
　　它却早已远去,
　　这首诗的名字就叫青春。

——董卿

　　信念、奋斗、爱情,是青年学子的永恒话题,也是经典的青春之问。

　　青年学子怎样才能不虚度青春?

　　知天命的我,面对青年学子的求问,常追忆起自己年轻的时候。

　　我在读大学时,曾向辅导员求问类似的问题,他送我一本《钢铁是怎样炼成的》。主人公保尔·柯察金饱尝了生活的苦难,炼就了革命精神和反抗性格,他的信念和意志像钢铁一般。他的爱情一波三折,从稚嫩的男孩到懵懂的爱恋,到志同道合,到相濡以沫。

　　在一遍一遍的阅读中,我收获很多。

　　"人最宝贵的是生命。生命每个人只有一次。人的一生应当这样度过:当他回首往事的时候,不会因为碌碌无为、虚度年华而悔恨,也不会因为为人卑劣、生活庸俗而愧疚。这样,在临终的时候,他就能够说:我已把自己整个的生命和全部的精力献给了世界上最壮丽的事业——为人类的解放而奋斗。"

　　保尔与冬妮娅的爱情是因为"阶级利益"而分道扬镳。冬妮娅打扮得很漂亮,这使保尔尴尬而愤怒:"你为什么要像参加资产阶级舞会似的穿得那么漂亮呢?……你既然有勇气爱一个工人,却不能爱工人的主义?"

保尔·柯察金的信念、奋斗、爱情，是我们老师一代教科书式的成长史，也是师辈给予我青春之问的回答。

有信念，有奋斗，拥有美满的爱情生活，才是有意义、有境界、有品位的人生。

江山代有才人出。尽管时代在变，但青年人对信念、爱情的追求不变，我辈该怎样给我们的青年学子诠释对信念、奋斗、爱情的理解与体悟？我构思了此书，希望能让青年学子在信念、奋斗、爱情方面少走一些弯路，答好"青春之问"。

信念、奋斗、爱情，对一些青年人来讲不是参天大树，而是一颗颗种子，更需要去播种，去耕耘，去经历风雨。愿此书成为他们青春的向导。

杜志强

2022 年 10 月

目　录

下篇 爱情

上篇　信念

第一章　信念的内涵

【本章导读】

信念是人们精神世界的支柱，是世界观、人生观与价值观的集中体现。建立什么样的信念，以什么信念作为自己追求的目标，决定了每个人精神世界的层次，也直接或间接地决定了每个人的行为与思维方式。信念是在人类观念性地认识世界、能动性地改造世界的过程中出现的，它同人类的社会生活、精神生活一同发展起来，在人类的认识与实践活动中扮演着重要角色，发挥着重要作用。信念到底是怎样的一个存在？信念在青年个体成长和社会发展中充当什么样的角色，发挥什么样的作用？这都需要我们有清晰的认识和把握。

志之所趋，无远勿届，穷山距海，不能限也。志之所向，无坚不入，锐兵精甲，不能御也。

——《格言联璧·学问》（清·金缨）

第一节　什么是信念

"信念"一词最初出现在柏拉图《理想国》一书中。在《理想国》中,柏拉图区分了两种认识主体和两种认识对象,并以此初步定义"知识"(epistēmē)和"信念"(doxa)。《现代汉语词典》(第7版)对"信念"的释义为"自己认为可以确信的看法",《汉语大词典》则将"信念"解释为"信任;坚信不疑的想法"。学者们对信念概念的界定纷繁复杂,但总的来说,人们认为信念是与人的情感态度、知识等联系在一起的。

一、信念的本质

信念作为人类特有的精神现象,是人们在一定的认识基础上确立的对某种思想或事物坚信不疑并身体力行的精神状态,为人们追求理想目标提供了强大的精神动力。也就是说,信念是对事物和现象的表面特征或者本质特征,在感性和理性认识的基础上,发展而成的一种相信或者确信的意识形态。

(一)信念是主体经验和知识在人们头脑中的反复积淀

信念虽然是人们的主观意识,但不是与生俱来的,而是客观事物在人们头脑中的反映。人们对事物或者现象的认识是一个不断发展的过程,在这个过程中所获得的知识和经验不断得到累积、固定和深化。其中那些稳定持久、具有强烈的情感色彩和意志倾向性的深层观念就形成了人们的信念。对个体或者群体而言,随着实践活动的变革,信念本身也有一个从低级到高级、从错误到正确的发展过程。所以说,信念是主体经验和知识在人们头脑中的反复积淀。

(二)信念是认知、情感和意志的有机统一体

信念和一般观念的区别就在于它的构成性规定。个体在实践活动中获得的知识和经验不能直接成为信念,只有那些能够激发个体情感体验的观念在强大意志的维系下才能发展成为信念。个体的认知、情感和意志在信念产生发展的过程中扮演着重要

角色。个体的认知包括知识和经验是信念产生发展的前提，情感是个体信念产生发展的精神动力，意志则是个体信念产生发展的调节控制所在。所以说，信念是认知、情感和意志三者相互作用的有机统一体。

明辨

信念是什么？

美国当代著名哲学家、认知心理学家佛德（J. Fodor）主张，信念是人或有机体与心理语句的一种关系。简言之，说一个人有信念，就是说他有特定的心理语句表征（token）。因此，信念实质上是以适当的方式存在（或编码）于大脑内的心理语句。

随着哲学的语言学转向以及行为主义的产生和发展，心智哲学问题也逐渐从本体论问题转换成语言哲学问题。行为主义以及受其影响的哲学关心的主要问题不再是"心理现象的本质"之类的问题，而是"怎样分析心理概念""怎样确定心理术语的意义人"之类的问题，认为应该把这些语言的哲学性质的问题放在更加优先的位置上。随着计算机科学、人工智能研究、认知科学的兴起和发展，行为主义呈现了迅速衰落之势。佛德的心智哲学研究不再把工作局限于概念分析上，甚至不认为心智哲学的工作就是概念分析，转而强调心智哲学与科学的结合或与科学的连续性，开始关注"信念是哪一类存在或事实？"，而不仅仅是怎样理解和分析概念。

佛德认为，常识心理学的概念和原则不应被完全抛弃。经过分析、澄清，可以与认知心理学、心智哲学的原则相融合。日常信念概念不是空洞的虚构，而是对人的内部的某种事实的真实描述。信念研究应该搜集和概括有关的事实，并作出分析。根据这一理论，信念概念具有如下的一些特征。

1. 信念是属于有语言能力的人的，是由语言表达出来的。

2. 在与对象关系方面，信念概念表示了相信者与被相信的对象之间的一种内在的关系。日常语言提供了区分信念之间关系中的第二要素（即 P 相信 S 中的"S"）的基础。如信念句子"我相信天要下雨""相信"后面的要素"天要下雨"就是"所信"。可见，所信不是外在的东西，而是内在的句子。

3 在信念采用语言形式表达的角度上，信念与作为信念对象的内的句子有语义属性，即有指称、意义和真值条件。因为任何信念都包行定的语义内容，指称一定的对象。对某一事件的信念有真假，而信念的真值与相信的对象的真值是同一的。信念与信念对象的语义属性类的子有关的内在语句的语义属性。而所谓内在语句就是内容语句,指被包含在信念语句(如:I believe that…)中的从句或命题(即 that 引导的以句或 believe 后面的命题)。信念语句就是以"某人相信……"(Somebody believes that…)形式表述某人有某信念的句子。

4. 信念与其他心理状态、与行为有因果联系。如信念可以产生别的心理状态,与其他心理状态相互作用可以产生行为。而因果相互作用模式反映了用于描述状态的内容语句的各种形式关系。例如,如果安南相信所有利比亚人都厌恶战争,并且他还相信卡扎菲是土生土长的利比亚人,那么他将会相信:卡扎菲厌恶战争。一种信念之所以能引起别的信念或心理状态,是因为被相信的东西或作为信念内容的内容句子有某种逻辑形式,基于它们之间的形式关系,它们可以相互联系。

按佛德等人的观点,人有信念这样的日常事实,这是毋庸置疑的。要说明解释这样的事实。

——《信念认识论》(喻佑斌,光明日报出版社 2020 年版)

二、信念的特征

(一)信念具有执着性

信念因其主体的坚定执着而称为信念。信念失去持久性和坚韧性就会蜕变为一般的认识观念,一般的认识观念也可以因为获得持久性和坚韧性而成为信念。

事物和现象的表面特征或者本质特征一经固化,所形成的信念就不会轻易发生改变。这是因为信念是个体在感性认识和理性认识的基础上,经过极其复杂的内化过程而形成的。个体的信念不是一朝一夕短时间形成的,是其思想观点和认识在自身实践活动中获得理性认同和感性支持的共鸣中产生的。无论是基于理性的一贯认识,或是情感的强烈认同,个体对自身的信念持有确信无疑的态度,始终不渝并身体力行以求尽快实现。坚定的信念使得个体具有强大的精神定力,不以物喜,不以己悲,精神上高度集中,在困难挫折面前不会动摇,在威逼利诱面前不会变节,能做到"富贵不能淫、贫贱不能移、威武不能屈",可以赴汤蹈火,甚至舍生忘死。

(二)信念具有支撑性

信念一旦形成,就支撑着个体抵御种种诱惑、排除重重困难,坚定地走下去。信念将个体的现实生活与精神生活联系在一起,赋予个体精神的满足和抚慰,使个体产生精神的饱满和心理的慰藉,支撑着个体坚定自己的认识,坚持自己的行为。任何一种理想的实现都不是轻而易举的,会遇到各种各样的困难和波折,人必须有坚定不移的决心和坚韧不拔的意志,才能不断战胜困难,把理想变为现实。纵观人类社会发展史,一个国家、一个民族之所以能够强大,能够长盛不衰,就是因为他们有共同的信念提供强大的精神力量,把成员凝聚在一起。失去这个共同的信念,国家、民族就会逐渐衰退,直至瓦解。意志是将意识转换成具体行动,并支撑主体排除困难障碍、抵御形形色色的诱惑,坚定地把意识、行动贯彻下去的东西。信念的力量主要依靠意志来发挥。可以说,从某种程度上意志决定了信念,一个人的意志怎样就决定了他的信念怎样,没有了意志的支撑也就不可能有坚定的信念。

在现实生活中,我们总会看到很多在艰难困苦中、在危险磨难面前勇往直前、义无反顾的人,他们虽然经历着肉体上的苦痛,甚至煎熬,但他们却不畏艰险、迎难而上,依然精神振奋、情绪高昂、积极向上。这就是信念在精神层面上的意义,它让人们超越了肉体的苦痛而感到快乐和幸福。同时,信念还能起到抚慰心灵的作用。当人们经受挫折、心灵遭受创伤时,当人们濒临绝境、孤立无援时,当人们忧心如焚、心绪不宁时,信念可以发挥精神支柱的作用,给人以力量、慰藉与寄托,使人平心静气、心境平静。

无论是漫天大火前消防员橘色的背影,还是荆楚大疫中奔赴一线的医护人员白色的背影,这些"逆行者"不仅是因为流淌着"舍生而取义者也"的民族血脉,还因为他们有着为了人民安康笃定信念的支撑。

(三)信念具有多样性

正如理想是多种多样的,可以划分为社会理想和个人理想、政治理想和经济理想、家庭理想和事业理想等,信念也是多种多样的。不同的个体由于生活在不同的环境,有着不同的成长经历,价值观和情感态度等方面有差异,形成的信念也就不同;对于同一个个体来说,在不同的时期,随着身心发展的变化,自身思想认识和价值观以及关注对象随之发生改变,也会形成不同的信念。其中,信仰是信念的最高形式,在信念系统中居于支配地位,具有最大的统摄力。

信念的多样性主要源于三个方面:个体生活环境和成长经历的差异性;个体思想观念和情感态度的丰富性;个体需求的多样性。信念的多样性表现在信念是一个多元的、多层次的系统。单就一个个体而言,信念不仅有不同的类型,也有高、中、低层次之分,形成一个有序的信念系统。任何一个个体或集体的信念,都不是单一的,涉及方方面面的内容。从信念的高低层次来看,最基本的是人的生存信念,然后依次递进的是人的日常生活信念,人的发展信念,人对无限宇宙终极关怀的信念,即人对物质世界的一种永恒追求,对人生绝对根据的寻找。信念多元化、多层次结构体系的特征决定了个体在实践中要统筹协调各种信念的关系,充分发挥信念的作用。同时要根据具体对象的需求,完善个体的信念,从系统的整体的角度来理解或审视信念。

拓展

信念的力量

我的一位朋友,和我是同一个教研组的同事,只有30多岁的她,在一次例行的体检之中,不幸发现得了胃癌。

手术结束了,漫长的化疗也过去了,在之后的例行检查中,也没检查出什么问题,总不能老是闲在家里啊,于是,她又回到了单位。

考虑到了她的实际情况,既不能让她太累,以防免疫力下降,又不能太闲着,否则,难免会胡思乱想。于是,在我的建议之下,学校安排她听听几位年轻教师的课,给他们指点指点,一来,不至于太累,另一方面,也想让她找到一种充实感和成就感。

在一个天边飘满晚霞、路上铺满黄叶的傍晚,我陪她一起散步。沉默了好一阵子,她心思重重地对我说,她在医院认识的癌症病友,90%都已经走了,其中,有一个还是百万富婆呢。

我说,你不会的,你比她们年轻,抵抗力要强,没有事的。

她却说,越年轻,新陈代谢越强,越容易转移,在医院里,医生曾经说过,她最多只有8个月。之后,她问我:"你说,我的病会不会复发和转移呢?"看着她那空洞无神的眼睛,我感受到她内心的紧张和巨大的恐惧。我该怎么安慰她呢?回避事实,看来是没有用的。我想了一会儿,想到了一个故事:

那是60多年前,莫斯科的一所大学,有一位年轻英俊的小伙子,他最大的理想是要做一名工程师。不幸的是,一天清晨他的梦想被德国法西斯坦克的履带无情地碾碎了。他放下了书本,拿起了枪,告别了女朋友,来到了前线。

小伙子从来没有摸过枪。面对死神冰冷的气息,他的内心之中充满了恐惧,毕竟,他还那么年轻啊!他一遍又一遍地问自己,如果我死了,我的家人怎么办?在他的头脑中,总是浮现出一幅又一幅的悲惨的画面:他死了,女朋友跟别人走了,年迈的父母无人照顾,流落街头。心情沮丧的他,在战场上屡屡与死神擦肩而过,有一次,差点做了俘虏。

就在德军已经兵临莫斯科城下的危急关头，苏联红军的统帅斯大林以大无畏的勇气组织了红场大阅兵，向苏联人民，向敌人，也向全世界表达了苏联人保卫国家的坚定战斗意志和必胜信念！小伙子所在的部队也奉命抽调参加了检阅。

斯大林站在飞雪飘扬的红场，向着静静站立在雪中的红军将士说："全世界都望着你们，认定你们是能够消灭德国匪军的力量。伟大的解放使命落到你们的肩上。你们进行的战争是解放战争、正义战争。让伟大列宁的胜利旗帜引导你们！"

阅兵结束后，部队直接开赴前线与德军浴血奋战，把凶悍的德军击退了100—350公里，取得了莫斯科保卫战的伟大胜利，扭转了乾坤，吹响了把德国法西斯赶进坟墓的进军号。这位小伙子，在战斗中成了英雄，跟随着部队一直打到柏林，最后平安归来，和他的女朋友喜结良缘，宁静地生活在莫斯科的近郊。

讲完这个故事之后，我说：

"我的朋友，现在，我可以回答你的问题了。其实，和癌细胞的战争同与侵略者的战争是一样的。我认为，你的病会不会复发，会不会转移，这不仅是一个科学问题，更是一个信念的问题。它不仅取决于癌细胞的活跃程度，也取决于你对于生命是否有足够的热情，对于战胜病魔是否有坚定的信念。我们不是只有血肉和骨头，我们还有能超越我们有限躯体的灵魂，这是造物主赋予我们人类最伟大的力量，这种力量，远远超越了我们的想象，虽然很少有人能够认识到这一点。"

她说："你说的大概是宗教吧？"

我说："这不是宗教，更不是迷信，这就是科学！纽约癌症协会前主席克劳德·福克纳教授曾经说过，'我们经常无法理解，是什么让病人从病痛中康复。我确定，信念，这在很多时候是最重要的原因'。哪里有信念，哪里就有生命！"

她暗淡的眼神开始有了一丝光彩。她问："那么，什么是信念呢？"

我想了半天，终于想到了在一本书中看到的一句话，我说：

"信念，就是你对事物所企求的真义。信念，是一种心灵的信仰，是一种使不可能成为可能的心灵力量。信念，是一种可以移山的力量。"

晚霞，慢慢褪去了它那绚丽的色彩，只留下几缕霞光涂抹在渐黑的天空。这一刻，她所有的疑虑、恐惧和忧虑，都开始缓缓消失。在她的眼睛中，我又看到了那久违的从容和自信。

这一件事已经过去两个月了，新的学期又开始了。今天，我的这位同事又回到了讲台，开始以她不屈的行为重新诠释生命的重量。当然，也博得了全校师生的满堂喝彩。在这一群喝彩的人群中，只有我才知道，支撑她的究竟是一种什么样的力量。

——《信念的力量》(吴靖，《人民教育》2007 年第 23 期)

三、信念的构成因素

信念是人们对某些事物或者现象做出判断并坚信不疑、努力践行的一种精神状态，是作为现实存在的人与作为观念存在的人联系的纽带与桥梁。信念受人的思想观念、生活环境、社会状况等方面的影响，不同的人有不同的信念。同一个人也有不同方面的信念，在不同的时期，信念也可能发生变化。信念产生、发展的过程中和诸多因素发生联系，其构成因素也十分复杂，其中，认知、情感、意志是信念构成的最基本的因素，它们对于信念的形成与演变有着直接的意义。

（一）认知

知之而后信之，信之而后行之。认知是信念的基础。信念离不开人的知识和经验，某种程度上讲，"信念是对过去经验、知识的肯定和对未来经验知识的猜测"（波普尔语）。信念中的"信"意味着对某种事物或者现象的相信和认可，即确信其为"真"。换言之，人们通常认定其为"真"或者未来可以"实现"，才倾向于"确信"。而认知的核心就是"求真"。所以，认知是信念最基本的构成要素，是人们能否产生信念的前提。

信念与认知之间既有一定区别又有密切联系。首先，认知不能直接成为信念，它只是为信念的产生奠定了基础。因为信念是理性认识和感性认识的统一，还包含着人们的价值取向和主观态度。其次，人们对认知和信念的评价标准不同。对认知的评价标准是正确与否，对信念的评价标准是好坏与否。"正确与否"可以有明确的界定，而"好坏与否"则相对模糊，可能不同的评价对象从不同的角度得出的评价结果迥异。很多人持有"好人有好报"这个信念，但就其实际而言，并非全是真的，而且对于诸如"好人""好报"等概念内涵的理解有很大差异。但是，社会道德的需要和公众的力量使得这些类似的信念成为大多数人为人处世的基本原则。

（二）情感

情感作为人们在生活与实践中形成的内在心理体验，是人类精神生活中的重要组成部分，对人们的思想观点和行为方式的选择有着重要影响。情感是信念的重要构成要素之一，是信念与其他一般认识的一个重要区别。

情感是信念形成的基本动机。信念源于人类的需要而产生，而人类的大多需要其产生和发展要受到自身情感的影响。囿于面对同一个对象不同的个体产生的情感有所不同，也就是个体价值取向和主观态度的差异使得情感对信念的形成发挥着导向作用。人性的共鸣和个体情感的差异决定着信念既有统一性也有多样性。同一个国家、同一个民族、同一个阶层的个体由于共同的经济社会文化环境，会产生一些共同的情感体验，成为共同信念产生的内在动力。

情感是实现信念的基本动力和力量源泉。情感是信念发生和形成的心理基础，在信念形成和实现的过程中发挥着重要作用。马克思曾指出："激情、热情是人强烈追求自己的对象的本质力量。"列宁也曾说过："没有人的感情，就从来没有也不可能有人对于真理的追求。"信念以"信"而与其他一般认知相区别，就是因为情感因素的存在，是情感的力量使得个体对某个事物或者现象的坚信。因此，情感使个体的信念得到强化，并在信念强化的过程中产生新的情感体验。

（三）意志

意志是人类为了实现某种目的包括信念等过程中，呈现出来的毅力和自我约束力等坚定不移的心理状态。离开意志，便无从谈及信念的坚定。而离开了坚定，信念的价值和意义就黯然失色。信念的力量主要依靠意志来发挥作用，没有意志的支撑就不可能有坚定的信念。因此，意志是信念不可缺失的重要构成因素。

意志是信念形成，特别是实现的重要因素，体现了个体的自主性和自信力。信念的坚定和实现依靠更多的是个体独立意志的选择。意志在个体信念形成和实现的过程中自觉地调节着其认识和实践。黑格尔在谈到知识和意志的作用时说，"理智的工作仅在于认识这世界是如此，反之，意志的努力即在于使得这世界成为应如此"。为了建成"大同社会"的社会信念，中国的古人有着"富贵不能淫，威武不能屈，贫贱不能移"的民族气节和意志。面临逆境和困难之时，是信念中的意志发挥重要作用的时候，也是呈现个体意志力强弱的时候。

第二节　信念的功能和类型

一、信念的功能

信念是在人们的认识活动和社会实践活动中产生、形成的，同时也是在这些过程中发挥功能和作用的。因此,信念有着认识功能和社会实践功能。

（一）信念的认识功能

信念在主体的认识活动过程中所发挥的作用和影响就是信念的认识功能。这些作用和影响主要体现在对认识客体及其相关对象的选择、整合和导向。

首先,信念主体在认识活动过程中有着这样的潜意识:选择与自身信念相符或者有着一定联系的事物或者现象作为认识的客体。比如我们坚信社会主义是新中国必然的选择,那么我们就会首先关注和选择社会主义及其相关内容作为认识和探究的对象。其次,信念的产生源于主体的需要,主体在认识活动过程中会根据一定的标准对认识对象的信息加以整合进而形成相应的主观意识。而这个整合的标准就是主体自身的信念。比如我们确信"球是圆的",当我们在接触到有关"球"的认识对象时,头脑中呈现的是"圆球"的主观映像,而不是"方球"或者平面的意识。最后,信念一旦形成,就会为主体的认识活动输送精神动力,引导主体朝着确定的方向,也就是与信念相符的目标发展,以满足主体的需要。这是信念的导向功能在发挥作用。

信念在主体认识活动过程中的选择、整合和导向功能是相互交错、同时发挥作用的。认识过程中的导向和对客体的整合都是主体主动选择的过程,认识客体的选择和认识过程的导向都是在信念的整合下进行的,认识客体的形成和客体信息的整合都有信念的导向作用贯穿其中。信念的选择、整合和导向功能使得主体在认识活动过程中呈现出强烈的主体性精神。

（二）信念的社会实践功能

人类认识客观世界的目的是指导服务自身的社会实践活动。人具有主观能动性,人类的社会实践是在信念这个核心的主体意识推动下进行的。主体的信念对主体的社会实践具有评价、激发和调控功能。

首先,信念对主体的社会实践具有评价功能,按照主体信念内含的真、善、美来修正主体的行为和结果,强化主体社会实践的自觉性。主体在社会实践活动过程中会对自身的行为和结果进行感知和评价,判断其真假、善恶、美丑,得出其是否有价值或者有意义,是否能满足主体的需要。信念是认知、情感和意志的有机统一体,内含着真假、善恶和美丑的尺度。信念的评价功能就是说与信念主体的认知、情感和意志相一致的事物或者现象就是真善美的,反之则是假恶丑的。

其次,信念对主体的社会实践具有激发功能。"人类各种各样的活动总是由一定的动机引起的,没有动机也就没有行动。"毋庸置疑,人类的社会实践活动也是在一定的动机激发下进行的。主体的信念一经确立，就成为进行社会实践活动的原动力，促使主体去从事相关的活动，发挥激发自身社会实践的功能。信念越坚定，这种功能的作用就越显著。

最后，信念对主体的社会实践具有调控功能。信念作为主体核心的主观意识，不仅激发其社会实践活动、评价其社会实践活动的行为和结果，而且对其社会实践活动过程本身具有调控功能。主体在信念内含的真假、善恶和美丑的尺度评价之下，会主动修正自身的认知，有意识地去规范、调控自身的行为，对偏离既定目标和方向的社会实践活动进行调整，保持社会实践活动的稳定性。

信念的认识功能和实践功能互相渗透、紧密相连，共同作用于主体的认识和实践，构成信念的功能系统，发挥推动人们去认识世界和改造世界的精神动力作用。

由于信念在性质上有科学与非科学之分，也使得信念的功能具有二重性。科学的、正确的信念对人的认识和实践有积极的促进作用；非科学的、错误的信念对人的认识和实践有着消极的副作用。科学、正确的信念是符合客观规律的，是人们认识和改造世界的精神支柱，有利于社会进步和个体发展；非科学的、错误的信念是违背客观规律的，牢牢地束缚人们的思想。

二、信念的类型

按照不同的原则和标准，信念可以划分为不同的类型：依据信念的主体可以划分为个体信念、群体信念等；依据信念的性质可以划分为正确信念（科学信念或者合理性信念）、错误信念（非科学信念或者不合理性信念）；依据信念所关注的领域可以划分为道德信念、人生信念、政治信念，等等。

（一）个体信念和群体信念

个体信念也称为个人信念。它是作为主体的个人，在实践过程中由自身独特的认识、情感体验和意志共同作用而形成的坚定、确信的观念。个体在认识活动和实践活动中产生的意识观念的核心就是个人信念，这也是个人独立于他人的根本标志。社会和其他个体对一个独立个体的信念会发生一定的影响，但个人的生活经历、成长环境和社会地位等是决定个体信念的根本因素。

群体信念是相对个体信念而言的。它是若干个体或人群基于某种共同的生活环境、民族宗教、年龄知识结构等社会共同体，在一定范围内形成的相对稳定的共同观念。群体信念又可以依据群体的具体范围进一步划分为团体信念、政党信念、阶级信念、民族信念、国家信念等。对于一个社会而言,群体信念就是指作为一个历史阶段的社会群体所形成的社会共同信念。群体信念是基于某一群体所共同拥有的认知、情感和意志而形成的,是对群体共同的社会生活条件、环境和实际状况的反映。

（二）正确信念和错误信念

依据真善美,信念可以划分为正确信念和错误信念,也可称之为科学信念和非科学信念,或者称之为合理性信念和不合理性信念。

正确信念（科学信念或者合理性信念）顾名思义就是指正确地、科学地、合理地反映客观现实和主体正常需要的信念。正确信念以个体的正确认识为基础,以个体的合理需要为出发点,遵循情感体验的审美性而形成的某种确信,是真、善、美的统一。

错误信念（非科学信念或者不合理性信念）就是指不正确地、非科学地、不合理地反映客观现实和主体需要的信念。错误信念的产生和发展的重要因素是主体认识或者行为的错误。比如,某些个体基于自身错误的不健康的需要,对根本不存在的对象的虚妄"确信",就是一种错误信念。在现代文明社会,封建迷信作为一种错误信念仍然不同程度地存在,值得青年大学生警惕。

（三）道德信念、人生信念和政治信念

道德信念、人生信念和政治信念就是主体在道德认识和道德实践、人生观和价值观等方面和过程中秉持的坚定的主观意识。在主体的道德信念、人生信念和政治信念构成的体系中,道德信念是基础,人生信念是核心,政治信念是方向。

道德信念就是主体对自身道德理想和道德要求正确性的坚信和履行道德义务的强烈责任感的体现。在道德认知的基础上,坚持履行自身的道德义务,坚定自身的道德行为,离不开道德信念所产生的强大动力。到了大学阶段,学生的知识水平和思维能力得到提升,道德实践经验进一步丰富,开始形成自己相对稳定的道德信念。

人生信念就是主体在人的本质、人生目的和意义、人生理想和态度等重大问题上所坚守的信条。人生信念以道德信念为其形成基础与条件,特别对于青年大学生而言,如果他们社会道德的成熟程度落后于自身知识水平的发展,就会导致意识和行动的不一致,对客观事物或者各种现象得出错误的认识,产生错误的行为,形成错误的人生信念。

政治信念就是主体在政治社会化过程中形成的政治认知、政治情感和政治意志的统一体。主体通过对社会政治现象和政治关系的认知和了解,特别是对社会政治发展规律的认识和把握,产生一定的正面或者负面情感体验,坚定为追求自身政治理想的决心与毅力,形成自身的政治信念。

明辨

理想与信念

还记得年幼的你，当被人问起"长大了想做什么"的时候你的答案吗？我想你一定也会如所有的孩子一样豪迈地回答："长大了想当科学家！歌唱家！画家！当一名好警察！好医生！好老师……"可是当我们长大成人，开始踏入社会时，会发现曾经的那些豪情壮志很少会真正地变为现实，是吗？

所以，你会问我这个问题：理想，仅仅只是年少时的一种美好憧憬吗？理想的梦遭遇现实的障碍时，我们应该树立怎样的信念？

理想不是现实，它是未来可能存在的现实，而在把它变为现实的过程中，我们会遭遇到无数的不确定。社会发展的规律也告诉我们，越是宏大的、美好的、积极的事物，它的发展和完成越是需要花费更多的代价。理想并不是一般的想法，它需要融合社会和时代的发展需要，结合个人的天性禀赋和能力素养，最终完成的是对社会责任、个人使命的价值实现。因此，理想的实现是一个异常艰辛和漫长的过程，并非那些一蹴而就的想法，也非狭隘短视的小我意图。

在理想之路的实现过程中，我们要树立坚定的信念。信念，就是信任自我，坚信理想之路最终能完成。爱因斯坦曾说过，由百折不挠的信念所支持的人的意志，比那些似乎是无敌的物质力量具有更大的威力。人是身体和心灵的统一体，信念则是人的认知、情感和意志的集中体现。人的心理能量具有强大的爆发力，当我们内心充满信念时，会充分地相信自己，相信自己的选择，相信自己可以面对和承受失败，可以找到克服困难的办法，可以一步步地接近自己的目标，我们也会充分地相信未来的美好，相信世间的友善，相信坚持的力量。正是带着这些由信念所生发的积极正面能量，我们可以最终实现人生的理想。

…………

亲爱的同学，理想是引领我们的希望之灯，是激活我们的快乐之源，是扶助我们的勇气之杖，拥有理想的人生是值得追求的。然而，美好的理想蓝图需要付出极大的艰辛和努力才能最终实现，它需要坚定的信念作为支撑之力，也需要务实的态度作为智慧之匙。希望我的回答能帮助你解决一些关于理想的困惑，也希望你能树立正确的理想信念，完成人生的理想蓝图！

——《信仰书简——与当代大学生谈理想信念》(刘建军等，中国青年出版社2012年版)

三、信念与理想、信仰的关系

（一）信念与理想

理想是主体在实践中形成的、有实现可能的、对未来社会和自身发展目标的向往与追求。理想是有实现可能性的想象，有着善的品格，是一种美好的向往，也是人类特有的一种精神现象。

理想和信念都是人类特有的精神现象，二者关系密切，难以分割。也正因如此，理想信念经常作为一个固定词组出现。具体而言，离开理想这个确信和追求的目标，信念就失去对象，无法产生和形成；没有信念的存在和保障，理想就无法实现，就是空想和幻想，成为沙滩上的城堡，经不起冲击。理想和信念有着一定的区别。它们的侧重点和作用不尽相同。理想重在面向未来，为主体的实践活动指明方向，富有情景性和激励性；而信念则重在面对现实，为主体的实践活动提供精神支持，富有持久性和意志力。

（二）信念与信仰

信仰涉及人们精神生活的最高领域，是最高层次的信念，具有最大的统摄力。也就是说，信仰是信念的一种，但不同于一般信念。信念（这里的信念特指一般信念）与信仰有着密切的内在联系。信仰是信念的整合和升华，在一定的条件下，信念可以升华为信仰。因此，信念与信仰既有区别又有联系。

信念与信仰在确信的对象、主体的情感体验和表现形式等方面存在差异。信念关注的事物或者现象较为具体，因而具有多样性；信仰则关注人类生活的整体，因而具有整体性。这就形成了信念对象的多样性与信仰对象的一元化。在主体的情感态度方面，信仰与信念的执着程度不同。由于信仰关注的是主体自身或者他人并未到达的"彼岸世界"，是超验存在，而信念关注的则是主体自身或者他人的经验存在，信仰比信念带给主体更强烈的情感体验。换句话说，信仰展现出一定的"神性"，而信念则展现出更多的"世俗性"。就表现形式而言，信念以经验存在为基础，具有更多的经验特征和先验性质，因而较为理性；信仰则以超验存在为对象，具有更多的先验特征和超验性质，因而较为感性。比如，人们无法呈现真正的死亡，却坚信人必定有生死；人们从没有也永远不可能见到所谓的鬼神、上帝、天堂等，而一些人却坚信这些是存在的。

拓展

一个人需要有信仰

今天我们的物质生活不断丰富和提高，为什么人们的心灵却在物欲奔走中日渐焦灼、逼仄？这是因为，物欲如海，为物欲牵引的人生注定看不到尽头。因此，人生总是需要地平线的指引给予希望，而信仰就是让颠簸于大海中的小船看到地平线。信仰是对人生、社会、宇宙最终极、最彻底的觉悟。靠着信仰，我们从人生之自然境界出发，超越自然的命定、功利的束缚而向道德和天地之自由境界迈进。行到水穷处，坐看云起时。当我们在物质欲望中奔走冲突而走到山穷水尽之时，信仰为我们展示出另一重精神的天地。

当然，我知道，追寻信仰、坚守信仰并不是一件简单、容易的事。这其中可能会有诱惑、有压力、有挫折。就像前面说到的"彭宇案"，坚守自己的道德信仰去做一个善良的人也可能会遭到曲解，甚至蒙受不白之冤。但我相信，一个对道德真正有着虔诚信仰的人，不会因他人的嘲讽、误解和不公正而放弃自己对道德的持守，因为他的选择是在听从自己内心对于正确的判断和理解，对于道德的仰望和追随。所以，说到底，这是他和自己内心的道德律令之间的事，他和他的信仰之间的事，而绝不是他和他人之间的事。他明白，做道德之人，行道德之事，是对于天地人生大道的遵循，在于求得心灵的安宁与温暖，在于求得自我精神境界的不断提升与超拔，而不在于他人之评价和对待。《庄子·逍遥游》讲："夫列子御风而行，泠然善也……此虽免乎行，犹有所待者也。若夫乘天地之正，而御六气之辩，以游无穷者，彼且恶乎待哉！故曰：至人无己，神人无功，圣人无名。"这段话是说，道德修养高尚的"至人"能够达到忘我的境界，精神世界完全超脱物外的"神人"心目中没有功名和事业，思想修养臻于完美的"圣人"从不去追求名誉和地位，不受外物所役使。缺乏信仰指引的道德乃是一种道德上的"有待"状态，真正彻底的自由之境乃是委身信仰的"无待"状态。所谓"富贵不能淫，贫贱不能移，威武不能屈"便是，"走自己的路，让别人说去吧"也是。

——《信仰书简——与当代大学生谈理想信念》（刘建军等，中国青年出版社 2012 年版）

第三节　大学生要确立科学的信念

青年大学生肩负着传承和发展中国特色社会主义事业的重任,为了更好地负起这一历史重任,青年大学生必须确立科学坚定的信念,不断健康成长。

一、当代大学生信念的现状

中国特色社会主义事业不断深入发展,高校思想政治工作和校园文化建设不断加强,为青年大学生确立科学的理想信念提供了良好的外部环境。与此同时,经济全球化进程日益深入,随之而来的各种文化思潮冲击着青年大学生的思想观念,给他们确立科学的信念带来了挑战。

(一)当代大学生信念方面存在的主要问题

当代大学生的信念状况主流是积极乐观、健康向上的,具有与时代特征相适应的价值观,但也有一些青年大学生在信念方面不同程度地存在着一些问题,主要表现在以下几个方面。

第一,以自我为中心,心理素质弱化,信念不坚定。在社会主义市场经济条件下,当代大学生的竞争意识、自我表现意识普遍增强,又多是独生子女,生活相对稳定。当学习、就业、人际交往、评先评优、申请入党等方面遇到挫折或不如意时,悲观主义思想乘虚而入,头脑中原有的理想信念顷刻瓦解。有的大学生学习不努力,追求过得去,缺课、逃课成家常便饭;有的大学生政治上不求上进,集体活动不参加,放弃对理想信念的追求。他们缺乏对信念的认知和情感,没有在逆境中健康成长的经历和能力,没有认识到一个人的成长、成才是在勤奋刻苦、克服困难和挫折中战胜自我而逐步实现的。

第二,信念上存在着易变性和盲从性以及功利主义色彩。在利益主体多元化、利益需求多样化和多元文化的影响下,一些青年大学生由于阅历不深,缺乏社会政治经验和社会实践的锻炼,在各种文化思潮和良莠不齐的信息面前,不能进行科学的分析和正确的判断,自身信念经常处于不断变化的状态;有的大学生对一些思潮的本质了解不多，却盲目跟风，热衷于推崇所谓的"民主"和"自由"；有的大学生奉行"金钱万能"的信条，讲究高消费、摆阔气，甚至不考虑自己的经济能力，借债消费。

第三，价值取向扭曲，社会责任感缺乏。有些大学生在错误认识的影响下，价值判断尺度向"实用、利己、享乐"偏移，考试靠作弊，论文靠抄袭，诚信意识淡薄。严以待人，宽以律己，懒惰、骄横，行为举止粗俗，善恶标准失范，道德行为更趋于功利性和随意性。有些大学生对政治和社会现象问题缺乏理性分析和客观评价，一味关注自我发展、自我实现，在对事情本身的价值判断上，只考虑个人利益，胸无大志，得过且过，不关心国家大事和社会的发展，缺乏应有的集体主义精神和社会责任感。

（二）当代大学生在信念方面存在问题的主要原因

当代大学生在信念方面存在的问题有着深刻的社会原因和个人原因。经济、政治、文化和社会的发展状况以及大学生自身思想文化素养，都是影响其信念的重要因素。

第一，社会主义运动和发展对大学生的影响。中国特色社会主义事业的繁荣和不断进步，丰富和发展了马克思主义。但国际社会主义运动和发展的现实给大学生树立科学的信念和信仰带来了深刻影响。如果当代大学生不能认识到苏联解体、东欧剧变不是坚持马克思主义所致，而是背离马克思主义的结果，是把马克思主义教条化、僵化而付出的惨重代价，就会影响其坚定正确的政治信念。以美国为首的西方资本主义国家利用强大的政治、经济实力，对我国实施"西化"和"分化"。青年大学生在其侵蚀渗透下，极易被迷惑，对树立科学的信念造成不利的影响。

第二，市场经济的负面作用对青年大学生的影响。市场机制下利益主体的多元化使得独立人格、自由个性、个体利益获得实现和发展，但也为每个人的价值选择和目标定位提供了多种选择和可能性。同时，在市场经济体制的利益驱动下，一些极端个人主义、利己主义的腐朽价值观念和贪图享受、骄奢淫逸的生活方式也乘虚而入，腐蚀、毒害着人们的灵魂，尤其是一些党政干部的腐败现象，给大学生树立正确的信念带来了极强的负面干扰作用。

第三，网络和信息技术发展的负面作用对大学生的影响。随着人类进入数字化时代，生存和生活方式发生了巨大变化，价值观念和行为方式也随之改变。数字化时代的重要特点是网络虚拟世界的存在，各种良莠不齐的海量信息扑面而来，给易于接受新思想、新观点的青年大学生带来知识和认识丰富的同时，也带来了一些垃圾甚至是糟粕反动的信息。比如一些邪教组织、会道门组织和其他非法组织利用网络发布反动信息，一些封建迷信活动也借助网络等现代化科学技术改头换面，给青年大学生带来认识上的迷惑。

人生的信念

青年人至少应该搞明白一件事：你正在做的事业，有哪些值得你一生追寻？

现在我们常常说做任何事情都要坚持。这是因为，如果你半途而废，就等于没有出发。

当你确信自己奋斗的方向的时候，这种坚定的理念就渐渐成为你人生的信念，开始改变你的人生走向。

人生最大的敌人是什么？是日复一日不自觉地随波逐流，是面对机遇时的茫然无措，是明知深陷困境却不痛定思痛。

过去的岁月，当我们回忆起来，很多都是美好的、浪漫的，即使当时感觉难以忍受的苦日子，现在回忆起来也没有了痛苦，而是充满了温馨的情怀。其实，这就是我们人生的本质，当下的每一天，都会成为未来的意义。明白了这一点，我们就应该珍惜当下，把每一天都过得有声有色，不负青春，更不负岁月。

岁月里，有些日子是一定要记住的。这些日子，是大海里的灯塔，是森林中的路标，会在我们迷失方向的时候，指点迷津。

一位老船长说："我在风平浪静时祈祷，而波涛翻滚时，我把全部精力放到驾驶我的船上。"

生活中有多少人与老船长恰恰相反啊，年轻的时候不知时光匆匆，中年之后却悔之晚矣；大祸临头不是去急救，而是应付，抱佛脚。

生活的哲学就是这样吧，能拯救自己的只有你自己，没有人能拉你脱离苦海，关键时刻如果你不能全力以赴，佛祖也救不了你。

我一直渴望这样生活：做自己喜欢做的事，不受制于人，不假装坚强或软弱，活得堂堂正正，不扮演什么角色，助人不求回报.也不苛求他人的援手，内心强大，一往无前地走在奔向壮阔未来的大道上，器宇轩昂。

中年以后，回望岁月，我突然发现，我做到了。

——《信念的力量》（鲁先圣，济南出版社 2019 年版）

二、青年大学生确立科学信念的必要性

我们知道,在物理世界里,力是改变物体运动状态的原因。让静止的物体运动,让运动的物体静止,让运动的物体改变速度或方向,都有一个必需的因素:受到外力的作用。同样,在人生中,能否以及如何改变一个人的成长和发展状态,也取决于个体是否有足够的成长和发展动力。提供人生动力的因素有很多,但相信未来会更美好,相信未来有一个值得期待的目标在等待,是生活持续和发展的根本动力。青年大学生要健康成长、全面发展就必须确立科学坚定的信念。

(一)科学坚定的信念是青年大学生健康成长成才的精神支柱

一个人可以不信奉任何宗教,却不能没有信念和信仰。习近平总书记指出:"形象地说,理想信念就是共产党人精神上的'钙',没有理想信念,理想信念不坚定,精神上就会缺'钙',就会得'软骨病'。"有学者写道:"人没有信仰也能生活吗?……事实上,没有信仰,人就不会做出成绩,就会叫人失望,就会在灵魂最深处充满恐惧。"从古至今,历史上有所建树的人都有坚定的信念。科学的信念能够提供强大的精神支柱和正确的行动指南,对青年大学生的成长和发展发挥重要作用。青年大学生只有在科学坚定的信念支撑下,在种种挫折和困难面前百折不挠,才能找到人生的真谛和幸福的源泉,健康地成长。

(二)科学坚定的信念为青年大学生健康成长成才提供正确导向

如果说理想是人们为自己设定的奋斗目标,那么信念就是对奋斗目标能否实现的确认。事实证明,科学坚定的信念一经确立,就可以使主体方向明确、少走弯路,在人生旅途中就不会出现盲目和迷惘。青年大学生有了科学坚定的信念,就会始终保持正确的成长成才方向,不畏艰难险阻,朝着既定目标勇往直前。青年大学生如果没有科学坚定的信念,人生就像失去了方向和动力的小舟,随波逐流甚至会沉没于激流之中。青年大学生在科学坚定的信念引领下,才能产生为国家富强、民族振兴和个人成长成才而发奋学习的强烈责任感和使命感,努力学习不断提高自身的综合素质,为实现理想和目标不断前进、不懈追求。

(三)科学坚定的信念为青年大学生成长成才提供精神动力

真理的力量是无穷的。科学的信念具有真理的性质,不仅能够为人生引路导航,

而且能够升华人的情感,对人的情感、意志起到鼓舞和促进作用。一个人有了科学坚定的信念,就有了战胜各种困难和挫折的精神动力和信心。因此,科学坚定的信念是激励青年大学生成长成才的内在动力。科学坚定的信念使得青年大学生坚定追求理想的意志,增强实现理想的信心、勇气和毅力,不断在信念中获得决心和能力,促使其把实现理想的愿望变成自己的自觉行动,使理想向现实转化,不为现实中的某些不如意的事情所左右,自觉调整不良情绪,用理想自我超越或战胜现实之自我。

(四)科学坚定的信念为青年大学生提供判断事物的标准

青年大学生面对复杂的社会现象和问题,需要作出真善美的辨别和判断。但以什么为标准,进而自己是支持并参与其中还是坚决反对并给予抵制,这些都需要在科学的信念指导下进行独立思考和理性分析,坚定正确的立场。青年大学生面临考研与就业、个人理想与政治追求、生活道路与生活目标的选择等,在这些选择面前,应遵循什么样的价值标准,关系到青年大学生未来的人生是否有意义、有价值。只有树立科学的信念,才能正确地、综合地运用自己的知识和智慧,把自己的情感与理想,意志与经验结合起来,作出正确的选择。

> **拓展**

如何选择一种值得坚守的信念?

今天的价值选择多样,并且泥沙俱下,应如何选择一种值得坚守的信念呢?

信念的建立,要尊重民族的历史,从我们民族的优秀传统和革命传统那里汲取精神营养。

……在中国共产党领导人民进行新民主主义革命和社会主义建设的过程中,马克思主义与中国革命实践相结合,成功驻扎中国,马克思主义成为共产党人坚定不移的信仰,并在长期艰苦奋斗的实践中,丰富和巩固了自己的信仰,逐渐形成了具有中国特色的马克思主义。这一信仰所提供的强大力量,使中国共产党带领人民走上了独立、民主、自由、富强的道路,并且它还在继续指引中国共产党和中国人民探索中国现代化的道路。这是经过了无数先烈流血牺牲和实践检验的真理,我们为何要怀疑它呢?!除非我们自己失去了民族自信心,或是还没有真正了解到我们的民族传统、民族文化的精髓。

五千年的古老中华,它既有过小康世界、天下大同的梦想,也有过近悦远来、万邦来仪的盛世辉煌;它既经历过内忧外患的窘况,也经历过维新自强、救亡图存的艰难跋涉;其文明的历史,犹如巍巍昆仑,既经历风雨,又安如磐石。那是因为我们是一个善于传承、勇于革新的民族。海纳百川,兼容并蓄,吸纳异质思想的精华为己所用,这是我们民族的气度和精神。

……今天,如果我们对自己的民族传统和文化妄自菲薄、缺乏自信,我们就割断了自己的历史,也割断了民族文化的脉络和精神的传承,颠覆了千百年来形成的民族价值观和内心信念,民族的根基将被彻底摧毁。"欲亡其国者,必先亡其史"是古人对后人的警示。懂得尊重和珍惜我们的历史,懂得传承和延续祖先所沉淀下来的文化精华,是我们生命中无法分割的一部分。

培养对我们这片土地的热爱,是我们今天追求崇高的最直接的表达方式之一。诗人艾青说:"为什么我的眼中常含热泪,因为我对这片土地爱得深沉。"有了这样的爱,我们的情感才会有厚重感、归属感、使命感、崇高感,眼界才会越过个人狭隘的私情,行为才会产生无限的动力。

对先辈,我们必须铭记他们为中华民族发展作出的贡献。无数先烈为了民族的振兴、国家的强盛,有壮怀激烈、忍辱负重的,有舍生取义、凛然赴死的;既有古代的苏武、岳飞、戚继光、文天祥,也有近现代史上的谭嗣同、秋瑾、赵一曼、刘胡兰等。英烈们对国家和民族的热爱,面对生死的凛然正气,今天读之仍让我们为之动容。中国共产党的早期领导人瞿秋白,面对行刑者,他盘膝而坐,微笑示意:"此地甚好,请你们开枪吧!"是怎样的一种力量,让革命先烈如此从容面对生死?在方志敏烈士写下的《可爱的中国》里,我们找到了答案:"我相信,到那时,到处都是活跃跃的创造,到处都是日新月异的进步,欢歌将代替了悲叹,笑语将代替了哭脸,富裕将代替了贫穷……"正是这种大爱的胸怀和对美好社会的坚定信念和追求,成为鼓舞千千万万革命志士前赴后继的巨大力量;正是这种信仰之"火",最终使革命呈现燎原之势,换来了国家的独立、民族的解放和社会的安宁。唯有铭记和传承这种精神,我们个人才能找到生之价值、死之意义,国家也才能有持续发展的内在动力。

……是什么力量支撑着这些普通人在危险来临的时候奉献自我、成全别人,放弃生命、挽救他人?是责任、是信念。这一次次的震撼让我们感受着道德的力量和精神的洗礼,英雄们用"平凡"诠释了伟大,用"责任"树立起丰碑,用"牺牲"衬托出信仰。他们是我们这个时代的希望、国家的希望。他们是我们这个时代最绚丽的风景,我们应该从他们身上吸取信仰的力量。

——《信仰书简——与当代大学生谈理想信念》(刘建军等,中国青年出版社2012年版)

三、青年大学生确立科学信念需要认识和把握好的几个关系

科学坚定的信念能产生巨大的能动性,激发和促进青年大学生成长成才。要确立科学坚定的信念,需要青年大学生正确认识和把握好理想与现实、个人信念与社会信念、顺境与逆境的关系。

（一）认识和把握好理想与现实的关系

理想是信念所指的对象,是人们对未来的向往和追求。因此,理想与现实之间存在差距。个体发展自我、完善自我的强烈愿望和巨大动力就源于缩小这种差距的主观意识。

青年大学生要正确认识和把握好理想与现实的关系,首先要正视理想和现实之间的差距。现实中存在着许多不如意的地方,尤其是在市场经济一些负面作用的影响下,分配不公、拜金主义、权钱交易、腐败等问题层出不穷,不能因此悲观失望,丧失建设中国特色社会主义现代化强国的信心。在发展中国特色社会主义的各个时期,都会伴随着各种复杂的矛盾和问题,广大青年大学生要"在实现中国梦的伟大实践中书写别样精彩的人生"。近代以来,中国共产党为了民族的解放,在崇高理想和坚定信念的指引下,克服了无数的艰难困苦,迎来了社会主义新中国。时至当下,青年大学生要在中国共产党的领导下,自觉担负起社会历史责任,既要胸怀共产主义理想,又要从当今中国的国情出发,不断在学习中增长能力,不断在社会实践中磨炼意志,争取为国家和社会的发展做出更多贡献,更好地实现自己的人生价值。

（二）认识和把握好个人信念与社会信念的关系

把我国建设成为富强、民主、文明、和谐、美丽的社会主义现代化强国,是现阶段各族人民的共同愿望。正如习近平总书记所说的那样:同人民一道拼搏、同祖国一道前进,服务人民、奉献祖国,是当代中国青年的正确方向。青年大学生要认识和把握好个人信念与社会信念之间的关系,使个人信念与社会信念相一致,在坚守个人信念的同时,树立共同的社会信念。个体离不开社会。个人信念要以社会信念为导向,同国家的前途、民族的命运相结合,同社会的需要、大多数人的利益相一致,才能真正发挥个人信念的作用。社会信念的实现要靠每个社会成员的共同奋斗。只有广大社会成员把自己的个人信念提升到社会信念的高度,与社会信念相一致,社会才能繁荣富强。

社会共同信念对于维系社会的稳定和发展至关重要。如果没有社会共同信念，社会成员很难达成基本共识、形成社会共同体。社会共同信念的存在是社会成员产生向心力和凝聚力、避免社会离散和混乱的重要保障。

（三）认识和把握好顺境与逆境的关系

社会的发展是曲折的，人生的发展也不会总是一帆风顺。个体处于顺境之时，未来的向往和追求越发临近，信念就容易更加坚定；个体处于逆境之时，未来的向往和追求越发缥缈，甚至遥不可及，就容易对信念产生怀疑和动摇。青年大学生树立科学坚定的信念，就要认识和把握好顺境与逆境的关系。顺境与逆境并不是完全对立的，二者可以相互转化。顺境处理不当也会栽跟头，阻碍个体的发展；逆境处理得当也会转化为顺境，有利于个体的发展。

青年大学生要正视挫折和逆境，在科学信念的引领下，使逆境向顺境转化，最终走出逆境，创造出无愧于时代的光辉业绩。青年大学生只有正确认识和把握好顺境与逆境的关系，身处顺境保持冷静、乘势而上，身处逆境勇敢面对、百折不挠，进一步坚定信念，才能在战胜挫折的过程中升华自己的精神境界，在走出逆境的过程中完善自我，实现自己的人生理想。

拓展

世界就是我的村庄

人生没有绝对的烦恼，也没有绝对的快乐。杨绛先生在她的《我们仨》中对此有精彩的描写："人间没有单纯的快乐，快乐总夹带着烦恼和忧虑。人间也没有永远，我们一生坎坷，暮年才有一个可以安顿的住处，但老病相催，我们在人生道路上已走到尽头了，我们三人就此失散了。"

这段文字，是杨绛先生失去丈夫和女儿之后对人生的思索，种种无可奈何的人生况味溢于字里行间，是一个历尽人生沧桑的哲人参透尘世的回眸，让人深思，令人唏嘘。

我们必须学会以达观的态度处世，培养自己"行到水穷处，坐看云起时"的从容和胸襟。

我喜欢哲学与历史，因为哲学讲辩证与无限，历史讲时间与永恒，明白了这些之后，眼前和人生的一切，都不再迷惑。

我一直钦佩甘地的话："简单，是宇宙的精髓。"因此，我总是努力让自己的生活过得简单、淳朴。

甘地还说："就物质生活而言，我的村庄就是世界；就精神生活而言，世界就是我的村庄。"半个多世纪之前，这个印度人的胸怀早已装下了整个世界！

⋯⋯⋯⋯⋯

很多人感觉生活很累。其实，所谓生活之累，大多是由于自己无休止的攀比造成的，正所谓"这山望着那山高"。如果能够常常把当下的生活不与别人比，而是与自己的过去比，你会发现自己已经生活在天堂里了。

其实，生活的本质就是生活本身，生活的哲学与真谛就在这不可言说之中。面对纷繁的生活，懂得适时保持沉默，才是真正的智者。

所有的烦恼和不快，都不过是你给了自己一种将要做大事的假设。回到生活中来，你才会从容不迫，无坚不摧。

很多青年人没有信仰，随波逐流。其实，他们终会明白，一个人没有了信仰，就失去了人生最重要的力量。信仰是一个人寻找自己、走向自己、豪迈地走向未来的百折不挠的力量！而正是这种力量，引领着自己走向卓越。

梦想，不只看你是否具有实现它的能力，还要看你是否愿意为实现它而不懈努力。

所谓成功，没有他法。如果你信仰一种事业，请不要怀疑和放弃！因为，你坚持下去的结果是，最终有一天，你会突然发现，你已成为世界的中心。

——《信念的力量》（鲁先圣，济南出版社 2019 年版）

思考讨论

1. 信念是什么？

2. 信念对青年大学生的成长成才和社会的发展进步可以发挥哪些重要作用？

3. 在新时代，作为一名青年大学生要坚定什么样的信念？

4. 理想与信念的联系和区别是什么？

5. 当代大学生应该如何认识和把握好理想与现实的关系？

扩展阅读

1. 中共中央文献研究室：《习近平关于实现中华民族伟大复兴的中国梦论述摘编》，中央文献出版社 2013 年 12 月版。

2. 习近平：《在纪念马克思诞辰 200 周年大会上的讲话》，人民出版社 2018 年 5 月版。

3. 刘建军等：《信仰书简——与当代大学生谈理想信念》，中国青年出版社 2012 年 12 月版。

4.《马克思主义文艺理论研究》编辑部编《马克思恩格斯论人性和人道主义》，光明日报出版社 1982 年 4 月版。

5. 张凤奎、夏欣欣、辛杰：《社会主义信念学》，西安出版社 2003 年 5 月版。

6. 楚图南：《怀念先烈李大钊》，载《回忆李大钊》，人民出版社 1980 年 7 月版。

第二章 信念的确立

【本章导读】

信念是人们精神世界的支柱,是人们关于自己理想的一种信赖性的理性承认和认可,是人们对自己的理想在道理和认识上的完全信任。作为精神存在物,信念产生于人们长期的社会生活实践基础之上,人们基于现实需要会产生精神需求,就希望产生精神上的充盈感和满足感,而信念一经确立就会在精神的深根中灌注肯定、确认、认同的养分。信念是怎样形成的? 信念的确立和中国特色社会主义新时代二者是否相互呼应? 信念的确立对个体的行为导向和精神生活发挥着怎样的作用? 这都需要我们有清晰的认识和把握。

清贫,洁白朴素的生活,正是我们革命者能够战胜许多困难的地方!

——方志敏

第一节 信念的形成途径

理想信念是人的精神世界的核心。人的信念并不是与生俱来的,这种为人类所特有的精神是人们在社会生活实践中逐步形成和确立起来的。自从进入中国特色社会主义新时代,党和国家高度重视青年的理想信念教育。青年的教育是国家发展的基石,育才造士是国家的根本,青年信念理想教育这一课题在教育系统中同样起着举足轻重的作用,青年的信念需要在教育中加以强化和巩固。实践是认识的来源和目的,信念从实践中来,最终还要回到实践中去,服务于实践。信念的形成途径可分为三个部分:信念形成来源于生活;信念形成强化于教育;信念在实践中形成,在实践中实现。

一、信念形成来源于生活

信念是客观世界在人类头脑中的反映,本质属于意识范畴。信念不是与生俱来的,而是人类在自身生活实践的过程中通过经验的积累与知识的提高在人脑中反复积淀、强化的结果。信念虽属于意识观念中的一个特殊观念范畴,但其形成与发展的过程归根结底还是来源于人们的生活实践。然而信念作为一种特殊的人类精神,是人们在一定的认识基础上确立的对某种思想或事物坚信不疑并身体力行的精神状态,是人们精神世界的核心。新时代新青年要承担历史赋予的重任,追求理想、坚定信念应是青年的内心驱动力。在生活中正确理解、坚定信念对于青年在新时代同样有着重要而深远的理论和现实意义。

(一)生活是信念形成之源

信念是对理论的真理性和实践行为的正确性的内在确信,可见生活实践对信念的形成起到了至关重要的作用。信念发轫于生活,从生活这一母体中孕育而生,自产生的那一刻就被打上了生活的烙印。生活包罗万千,人们在自己身体力行的同时也改造着自身的主观世界,当人们形成或确立了属于自己那份独特的思想见解或主张并在生活中付诸实践时,就表明信念在生活中发挥着潜移默化的作用。

人类出于自身生存与发展的需要，就要对客观世界进行不断的探索，这种探索就是所谓的生活实践。当在生活实践中遇到问题时，人类会主观能动地观察所遇到的问题，并进入一个观察问题、分析问题到最终解决问题的过程。当一个问题得到解决后，还有一个反思并形成一定的认知的过程。这种认知经过主观能动的反复思考，渐渐稳固并深化，久而久之，该认知在人脑中扎根并得到延续，信念就在人脑中产生了。同时，人们由于个人成长环境、教育环境以及个人在生活中的实践体验不同从而会形成不同性质和不同类别的认知。当然这种认知如果是对客观现实的良性理解和映照，就会使人们形成正确的信念；如果这种认知是对客观事物及其规律的一种歪曲反映，就会使人们的信念出现偏差甚至形成错误的信念。由于信念是人们情感、认知和意志的有机统一体，人们对事物认知会出现个体的巨大差异，信念也就有了科学与非科学之分。科学的信念对青年的成长成才起着至关重要的作用，科学的信念可以使青年在信念之"钙"的加持下练就"金刚不坏之身"；同时非科学的信念亦会使青年在未形成完备观念之时误入精神歧途，甚至坠入精神荒漠。

因此，青年在生活实践过程中应紧握"显微镜"，提高自身认知水平，同时要在信念中悬挂一个"警钟"，在生活中不断地警示自己，牢固坚守科学的信念。"问渠那得清如许，为有源头活水来"，青年要深切地感受自己的生活，在生活这一源头求得至真、至纯、至净的信念之水。

明辨

生活与信念

（一）生活世界是人存在的基本事实

人为了生存和发展必须进行各种活动，这就是生活；各种各样的生活活动共同构成了人的生活世界。生活世界不是一种理论、理性的构架，不是"我思"的产物，它是人们无法质疑而又必须面对的生存现实，它是一个现实的领域，是一个具有原初自明性的领域。之所以将生活、生活世界称之为"基本"的事实，是因为它是一个本原性的事实，在我们所面对的世界成为我们的认识对象以前，我们已经存在于生活世界之中，与它水乳交融，不分彼此。各种理性的、科学的活动都必须以生活世界为前提，生活世界对于它们具有奠基、统一的作用。

（二）生活世界的基本属性是实践性

生活是人类特有的改变客观现实的活动。只有人才有生活，其他动物的存在只是生存……而人却可能在他的生存实践中根据他的生存意志、生活意义而改变客观的现实。"社会生活在本质上是实践的"……人的生活过程是一个不断发现意义、生成意义、实现意义的过程。

——《鲁洁德育论著精要》（鲁洁、夏剑、侯新颖，福建教育出版社 2016 年版）

（二）信念是人类特有的精神层面产物

信念是对知、情的升华，是连接人类个体需要与行为的桥梁。信念一经形成便天然地高于一般的认识且包含有强烈主观性的情感价值取向和心理偏执倾向，对人们的行为选择和行为方式具有导向作用。

青年对世界的认识一般富有感性的青春色彩，青年的信念具有多样性和变化性，因此信念有着高低层次之分且信念的稳定是相对的，对于三观尚未定型的青年来说，信念的基石牢不牢、根扎得深不深则决定了青年在以后社会实践中是否能够锐意进取、迎难而上，在大是大非的考验中是否能够冲得上、顶得住、打得赢。信念的根基如若打得不够牢固，在生活实践中的自我把控能力自然就不强，就会出现在实现理想信念的路途中信念飘摇的现象，进而导致青年在面对生活实践中形形色色的诱惑时出现偏差甚至最终误入歧途。信念在人的精神生活中扮演着"壮骨"的作用，起到精神之"骨"的支柱作用。人无信念而不立，在新时代人们的美好生活需要日益增长，信念在精神层面的作用日益凸显，青年的精神生活在当今物质资料快速发展的同时更显得尤为重要，青年更应绷紧信念之弦。

（三）汲取生活之智，筑牢信念之基

智慧是指人们在生活实践中表现出来的能够独立妥善地解决相关问题的能力。生活蕴含着不竭的智慧，信念的形成来源于生活，因此从生活中不断地汲取智慧来筑牢信念之基是青年成长成才的应有之义。信念是人们在对客观事物的探索中确立起来的，生活实践是信念的不竭源泉，人们将生活中的实践经验加以反复地咀嚼、品味、反思后形成自己的信念从而不断地积淀和扎根于人脑中。信念紧密地依存于生活，脱离了生活，信念就会变成无根浮萍、无源之水，也就失去了其特有的生命力。信念必须贴近生活实践，并在生活实践中一点一滴地发展与成长。只有依托于生活实践，信念才能永葆生命的活力。

青年理想信念的实现并不是一蹴而就、一劳永逸的，总是受到复杂的外部条件和自身条件的制约。生活是最好的教科书，青年要如饥似渴地从生活中汲取智慧和营养，在生活中勤学苦练、增强本领，坚持在干中学、学中干才是青年树立科学信念的必由之路。青年在生存和发展的生活实践中也必然充满挑战和机遇，因此能否在挑战和机遇并存的生活中解得信念之"匙"是信念能否筑牢的重要保证。

二、信念形成强化于教育

"理想信念不可能凭空产生，也不可能轻而易举坚守。"

因信念源于生活，其本质又属于人类意识的范畴，人类意识是可以通过后天塑造强化的，因此在青年信念确立的过程中，必须借助教育这一国之大计加以强化，并在理论本源上加深对信念的认知。青年在受教育的过程中，可以知中华民族之史，明中华民族之势；可以了解中国共产党近百年来的峥嵘岁月与非凡奋斗历程；可以放眼世界一窥他国的国情，了解当今世界形势的深刻变化，了解当今世界正处于"百年未有之大变局"的关口；了解中国共产党正在勇敢涉足未曾踏过的险滩；了解新中国在艰苦环境下、在经济全球化和世界政治多极化的发展背景下各种思想错综复杂，青年的信念在尚未成熟时，易受到敌对势力对其进行的渗透和破坏。青年唯有在受教育的过程中，思接千载、视通万里，唯有深刻且客观地认识到在新时代条件下，中国与所处外部世界之间的复杂性，以新时代信念教育思想为指导，增强自身的政治认同与定力，才能强化和巩固信念。

（一）信念拔节于教育，孕穗于教育

"把科学的思想转变为个人的信念，这是任何教育和培养人的任务。""掌握思想教育，是团结全党进行伟大政治斗争的中心环节，如果这个任务不解决，党的一切政治任务是不能完成的。"自党的十八大以来，党和国家高度重视思想政治教育工作，创新性地开展理想信念教育。没有坚定理想和牢固信念所加持的新时代青年是十分危险的。作为中华民族伟大复兴主力军的青年虽然对事物的认知已经有了一定的思考能力，但青年正处于世界观、人生观、价值观的形成时期，辨别是非的能力还相对较弱，价值观的塑造也尚未定型，因此需要借助教育来催生和强化。中国梦的实现必须自教育始，并最终依靠教育来实现。教育能够帮助青年真正且牢固地树立正确的理想信念，引导

青年"扣好人生的第一粒扣子"。青年要增强自身对科学理论的政治认同、情感认同、行为认同。信念教育要进教材、进课堂、进头脑,青年要在受教育的过程中准确地理解和把握信念的丰富内涵,在复杂多变的环境中坚定理想信念,促使其成长壮大。进教材、进课堂是载体,唯有进头脑才是根本目的。青年要在教育中提高自身的认识能力、实践能力,激发自身潜能,夯实理想信念,要自觉地将个人理想信念融入国家与人民的实际需要之中,要自觉地"将个人的追求融入中华民族实现伟大复兴的实践历程"。

"把理想信念建立在对科学理论的理性认同上,建立在对历史规律的正确认识上,建立在对基本国情的准确把握上,不断增强道路自信、理论自信、制度自信,增强对坚持党的领导的信念,永远紧跟党高高举起中国特色社会主义伟大旗帜。"青年要在教育中将科学的思想变为自己的信念,在对历史长河的认知中增强信念,努力从教育中懂得信念是"甜"的,是"黏"的,在教育中想方设法地增强自己信念的"甜度"和"黏度"。

（二）信念教育是青年信念形成的时代要求

信念教育有着鲜明的时代性。新时代中国青年始终要怀着民族复兴、国家富强、振兴中华的执着信念。"青年兴则国家兴,青年强则国家强",这既是习近平总书记对新时代青年赋予的厚望,也应是每个新时代青年坚定同心共筑中国梦的内在要求。信念教育是必要的,同时也是刻不容缓的。复杂多变的世界局势、良莠不齐的多元文化的形成以及西方某些势力从未停止过对中国的渗透,都要求我们加强理想信念教育,信念教育这一课程早已不是"选修课",而是我们的"必修课"。中国梦的实现、中华民族的伟大复兴都需要信念教育作为有力的思想支柱。中国青年要在信念教育中了解我国所遇到的难题和困局,在信念教育中寻求破局之策,在理想信念的加持下不懈奋斗、坚定信念,以实现中华民族伟大复兴为己任,方能不负韶华、不负时代。

新时代要求我们的青年形成坚定的理想信念,彰显新时代的内涵和活力。中华民族伟大复兴的路途中少不了绊脚石,经济全球化和政治多极化为西方资本主义国家进行资本扩张和意识形态的渗透提供了可乘之机。由于经济全球化发展的过程是前所未有的一次世界全方位交往的过程,西方的思想观念、意识形态也就能借此之机堂而皇之地大肆扩散,同时由于我国近代发展相对滞后,便衍生出一些类似于"西强我弱""西方的就是好的"等不良思想,这给我们信念教育工作的开展和青年理想信念的形成带来了严峻的现实挑战。

在日新月异的信息时代,西方资本主义国家利用意识形态领域进行斗争的手段也层出不穷。"我们已经进入了'即时网络时代',互联网已成为意识形态教育的一个重要场所,也是舆论斗争的主战场。"网络为各种思想文化、意识形态的冲突提供了温床,意识形态的斗争仍然存在,只是网络时代转化了这个斗争的行为方式。青年往往涉世较浅,辨别是非的能力还不够成熟,对外界文化往往吸收和接受能力较强并且信念和思想尚未定型,因此青年成了西方资本主义国家的意识形态渗透的抓手。如若不筑牢理想信念教育的高墙,在西方意识形态的渗透下,久而久之,青年的理想信念会变得扭曲、正义感就会退化甚至将西方社会制度和思想"奉为圭臬",对社会主义制度和前途命运丧失了信心,对本民族的优秀文化视而不见,最终落入西方意识形态的泥潭,这就是在大是大非和原则性问题上政治立场和信念不够坚定的表现。西方资本主义国家的意识形态渗透是对中国开启的一场没有硝烟的文化战争,青年的信念教育才是我们抵御这场文化战争的最强有力的武器。

恩格斯说:"一个民族想要站在科学的最高峰,就一刻也不能没有理论思维。"青年肩上的责任重于泰山,肩负着国家的前途和民族的希望,是实现中华民族伟大复兴的主力军。青年的时代荣光与时代责任共享共担,青年需要肩负的时代责任就是实现中华民族伟大复兴的中国梦。只有对青年进行切实、完备的信念教育,才能确保青年不走弯路或少走弯路,青年才能凝聚信念之力,在这大有可为的时代实现个人价值与社会价值完美统一,才能当仁不让地接住时代赋予的使命和重任,才能把中华民族的伟大梦想变为现实。

拓展

赤诚信念照耀中国·方志敏

方志敏烈士(1899—1935):江西省弋阳县人。五四运动以后,开始接触马克思主义,寻找救国救民的道路。一九二三年秋加入中国共产党。一九二六年夏,当选为江西省农民协会常委兼秘书长。

大革命失败后,方志敏同志在赣东北组织和领导了农民武装暴动,创建了赣东北红军和赣东北革命根据地,历任中共县委书记、特委书记、省委书记、军区司令员、红十军政委、闽浙赣省苏维埃政府主席。一九二八年七月,在中国共产党第六次全国代表大会上,当选为中央委员。一九三一年,当选为中华苏维埃共和国中央政府主席团委员。一九三四年,红七军团和红十军团合编为北上抗日先遣队,方志敏同志任总司令。一九三五年一月,在北上抗日途中与敌遭遇,由于叛徒告密,不幸被捕。

方志敏同志在狱中,坚贞不屈,写了《可爱的中国》《清贫》等著作,揭露反动派的极端腐败,激励人民继续战斗,表现了共产党员的高贵品质和英雄气概。一九三五年八月,在南昌英勇就义,时年三十五岁。

——《革命烈士书信(汇编本)》(中国青年出版社编,中国青年出版社 2015 年版)

(三)新时代信念教育思想是引导青年大学生主流意识形态的主要阵地

习近平总书记指出:"意识形态工作是党的一项极端重要的工作。"意识形态这一主要阵地坚决要守好、筑牢。新时代大学生信念教育关系到"培养什么样的人、如何培养人、为谁培养人"这一首要问题,青年大学生的信念教育应当放在高校思想政治教育的核心位置。高校要加快"思政课程"走向"课程思政"的步伐,让所有课都上出"思政味"来形成"协同效应"。开展新时代信念教育是事关国家的未来、民族的希望,事关中国特色社会主义事业的战略性任务。青年大学生是整个社会最具朝气和活力的群体,作为社会主义事业的建设者和接班人必须拥有崇高的理想信念。

高校同样要创新教育方式,批判地更新青年大学生教育内容。青年大学生已经有了一定的独立思考、认知世界的能力,同时也有着构建自我精神世界的权利,因此高校在开展信念教育工作时必须遵循青年的理想信念形成、发展、变化的规律。高校信念教育需要筑牢堡垒作用,青年大学生进行思想政治理想信念自我教育是信念教育的内在驱动力。青年大学生要高举自我革新、自我教育、自我负责三面大旗,与时俱进,勇做新时代的新青年、生力军,坚守好新时代教育思想这一主要阵地。

三、信念在实践中形成,在实践中实现

马克思主义实践观是马克思主义哲学的首要和基本观点。马克思主义实践观认为,社会实践是人们形成理想和信念的源泉,也是检验认识真理性的唯一标准。"实践活动是人们形成科学的世界观、人生观、道德观的必由之路,对培养受教育者的思想品德具有极其重要的作用。"信念作为人类特有的精神层面的产物,是在实践的基础上形成的,当然还要回归实践中去,且只能在实践中实现。

(一)青年以信念为指引,立足社会实践

毛泽东告诫我们,"如果有了正确的理论,只是把它空谈一阵,束之高阁,并不实行,那末,这种理论再好也是没有意义的"。

空谈误国，实干兴邦。青年不应做"坐而论道"的清谈客，而应做"起而行之"的实践者。广袤大地是青年实践的沃土，如果青年仅局限于自己的"方圆几里"，故步自封，与社会实践相脱节，拥有再好的理想信念也只能是镜花水月的空想而已。掌握过硬的本领是青年社会生活实践的必由之路，也是青年在理想的指引下实现个人价值与社会价值完美统一结合的必然要求。

"时代是思想之母，实践是理论之源。"新时代理想信念思想是一颗"启明星"，引导着青年在祖国的大地上阔步前行。知行合一，"任何思想观念特别是理想信念的形成仅仅靠说教是不能够解决的，还必须与实践相结合，必须通过大学生亲自的主观体验和行为实践，才能最终形成坚定的理想信念"。习近平总书记强调青年要努力将"顶天"的理想与"立地"的行动结合起来，在实践中实现个人理想信念。"顶天"就是要认真学习党的指导思想，胸怀共产主义远大理想和信念。"立地"就是要以习近平总书记青年理想信念教育为指引，艰苦奋斗，在扎根基层和走向实践的过程中，懂得人民所需、人民所求、人民所盼，以强大的责任感和使命感担负起实现中华民族伟大复兴这一历史重担。

（二）青年坚定信念与实践齐发展

信念从生活实践中来，最终还要回到生活实践中去，信念和实践在发展的过程中同频共振。实践是人的存在方式和人类生活的本质，马克思主义特别重视实践，不仅因为实践是人们改造客观世界的一种方式，同时也是人们实现人自身的改造尤其是理想信念的改造的一种方式。实践并不在信念之外，而是包含在理想信念之内，两者相互影响相互作用，因此信念与实践的共同发展是深刻而有力的。

青年要坚定信念。我们生活在一个复杂多变的世界中，信念的确立和坚守并不是一劳永逸的，而是会受到外界的风吹雨打，信念亦会被突如其来的事情挑战。在信念和现实需要发生碰撞的时候，青年坚定的信念会产生巨大的社会威力和实践力量，而这种实践力量不仅改造着环境，也鼓舞和感染青年人自己，给青年的信念以新的鼓舞和鞭策。因此，在践行理想信念的过程中，信念与实践不断加强和巩固形成了正向循环。

拓展

奋斗实践观

马克思主义认为,实践是认识的基础,实践是认识发展的动力,实践是检验认识是否具有真理性的标准。习近平总书记继承和发展马克思主义实践观,高度重视实践之于成就事业、推动发展的重要作用。

一切伟大的成就都是奋斗的结果。一切伟大的事业都需要在奋斗中推进。越是在接近中华民族伟大复兴目标的关键时期,越不能懈怠,越需要发扬奋斗的精神。奋斗最需要的就是务实担当,奋斗不能驰于空想骛于虚声,十八大以来党和国家各项事业取得的成就,是党和人民长期奋斗的实践成果。习近平在2018年团拜会上指出,"切实把奋斗精神贯彻到进行伟大斗争、建设伟大工程、推进伟大事业、实现伟大梦想全过程,形成竞相奋斗、团结奋斗的生动局面"。

因此,习近平奋斗实践观强调的实干担当,他多次强调"实干兴邦、空谈误国"。2013年同全国劳动模范代表座谈时指出:"真抓才能攻坚克难,实干才能梦想成真。我们要在全社会大力弘扬真抓实干、埋头苦干的良好风尚。各级领导干部要带头发扬劳模精神,出实策、鼓实劲、办实事,不图虚名,不务虚功。"

——《习近平奋斗观的思想内涵、理论渊源与价值意蕴》(谈传生,《湖湘论坛》2018年第31卷第6期)

(三)在学思践悟中坚定信念、实现信念

习近平总书记勉励广大青年"要在学思践悟中坚定理想信念"。这不仅是习近平总书记对青年人的殷切期望,也是对青年人践行理想信念的政治要求,同时也是一个严谨科学的且富有逻辑性的理论命题,深入浅出地阐明了坚定理想信念、实现理想信念的路径和思路,这对新时代青年坚定理想信念和实现理想信念具有重要的指导意义。

信念并不是自产生之始就十分坚定且自觉的,而是在学习实践中有一个逐步变得更加坚定、更加自觉的过程。学习在信念的发展过程中起着基础性作用,人们信念的确立乃至实现都是在学习中不断强化并最终完成的,这里的"学习"不是特指书本知识的学习，而是人在外部接收信息后充分发挥自己的主观能动性形成认识的过程。在实践中领悟真谛，"要坚持知行合一，注重在实践中学真知、悟真谛，加强磨练、增长本领"。

信念的确立是在"学""思"以及"践"中实现的。"纸上得来终觉浅，绝知此事要躬行。"青年为了坚定信念、实现信念必须参与社会实践活动，在实践中磨砺意志。这里所说的"实践"不只是人类在社会中参与实践活动，还是理想信念外化于行的这一过程本身。"悟"是一种心灵与真理的契合的至臻境界。青年要在"学""思""践"的基础上"悟"马克思主义真理，从整体上透彻性地领悟马克思主义的真谛，从精神实质上把握马克思主义，做到学、思、用结合，知、信、行统一。

第二节　信念的确立是时代的要求

一、充分认识信念的确立对青年成长成才的重要性

理想指引方向，信念决定成败。信念作为意识形态中的一个特殊认知范畴，在人们认识世界、改造世界的过程中持续地、潜移默化地发挥着强有力的作用。理想信念是人类灵魂的精神支柱，信念的确立乃是擎起了这根支柱，为人们提供源源不断的精神动力。青年成长成才的过程中需要有正确的方向指引，需要有强劲的动力支撑，信念的确立在青年成长成才的过程中起着举足轻重的作用，同时也是新时代下的新要求。

（一）有助于补足青年成长成才的"精神之钙"

习近平总书记《在同各界优秀青年代表座谈时的讲话》中明确指出了青年在成长成才的过程中要坚定理想信念，补足"精神之钙"，"理想指引人生方向，信念决定事业成败。没有理想信念，就会导致精神上'缺钙'"。当代青年成长在一个物质资料飞速发展的时代，享受着国家高速发展的红利，"菜篮子"越来越满，青年身体生长发育所需要的"钙"已经得以满足；但有些青年还缺少对理想信念的正确认识，"软骨病"现象也有抬头之势。这样的"软骨病"会阻碍青年的健康成长，从而也影响青年们担当新时代

所赋予历史使命的精神韧度和硬度,因此青年需要确立自己的理想信念,补足"精神之钙",在国家发展和民族进步的路途中大展拳脚。

青年正处于人生发展过程中价值观养成和塑造的枢纽时期,青年理想信念的确立是扣好人生"第一颗扣子"的重要抓手,同时也引领青年在奋斗征途中永远保持高昂的斗志和坚定的航向。青年就个体而言,其发展的道路并不会总是晴空万里、一帆风顺,且常常是充满荆棘、蜿蜒崎岖的。当代青年是同新时代共同成长的一代,中国特色社会主义共同理想和共产主义远大理想代代相传,必定是在一代代青年的接续奋斗中逐步实现的。青年唯有确立了信念,补足了"信念之钙",才能在面对不断出现的复杂挑战时保持定力和信心,练就一副抵御不良思潮的钢筋铁骨,从而为中国特色社会主义共同理想和共产主义远大理想的建设添砖加瓦。

（二）有助于把稳青年成长成才的"思想之舵"

青年的发展不是一个自然而然的过程,更多的是一个在社会中逐步蜕变成长的过程。社会具有复杂性,青年在社会中接触到的信息纷繁复杂,既有"鲜花",也有"莠草",因而要对其进行正确的引导、帮助和支持。在青年成长成才的过程中,首要的问题就是青年意欲何方,即走什么样的发展道路。只有方向性问题弄清弄明,青年才能乘风破浪、行稳致远,才不会出现南辕北辙的现象。

理想信念具有引导性,信念的确立为青年把稳了成长成才的"思想之舵",青年的发展就不再是一个迷惘任舵前行的过程,而是一个自明把舵前行的过程。当代青年在成长发展和确立信念的过程中面临着理想信念只局限在个人,与社会相脱离等方向性错误。再加上在互联网背景下,外来不良思潮对青年的腐蚀和拉拢不断加深,导致青年在成长的过程中有着实用、功利和利己的偏向,反而在追求理想信念有没有"用"、有没有"利"、有没有"我",这便是在方向性上出了问题。这些问题迫切需要坚定的理想信念的确立来把稳"思想之舵",唯有如此才能抵挡住"大风大浪"的侵扰,慧眼辨别出一处处"暗礁",在自己的航线上始终前行到达理想的彼岸。

（三）有助于培养有理想、有本领、有担当的新时代青年

中国特色社会主义共同理想和共产主义远大理想的实现需要一个长期的历史过程,在这个过程的不同时期和不同阶段都需要也必然有着"有理想、有本领、有担当"的新时代青年。党的十九大报告明确指出:"历史车轮滚滚向前,时代潮流浩浩荡荡。历史只会眷顾坚定者、奋进者、搏击者,而不会等待犹豫者、懈怠者、畏难者。"因此,青年们更需要有信念的支撑和浇灌,在坚定信念的加持下拧成一股绳,注入"天将降大任"

的信念之力。

"青年一代有理想、有本领、有担当，国家就有前途，民族就有希望。"这启示着人们，青年是整个时代的种子，播种下了国家和民族的希望，应该重视青年的成长成才。理想是青年成长成才的目标方位，本领的掌握是青年成长成才的基础条件，有无担当正是青年成才的价值体现。青年一代正面临着信念的选择和确立的关键阶段，青年的全面发展、成长成才绝不仅仅单纯是知识素养的高低，而是综合素质的提升，因此更需要确立和坚定理想信念的支撑。青年应以能够为欣欣向荣的新时代伟大理想事业献上一份自己的力为荣，早日成为有理想、有本领、有担当的新时代青年，在新时代的康庄大道上阔步前行。

明辨

"时代新人"的理论内涵

"时代新人"的内涵有三个维度，即素质构成、精神状态、使命作用。

首先，要从素质构成上去把握"时代新人"的内涵。育人目标和培育"新人"并不是新时代才有的，而是我们党长期以来的优良传统。在历史上，我们党就提出过多种育人目标，如"又红又专的无产阶级革命事业接班人"、"有社会主义觉悟的有文化的劳动者"、"有理想、有道德、有文化、有纪律"的"四有"新人等。……习近平总书记在全国教育大会上的讲话中讲到理想信念、爱国情怀、道德品质、知识见识、奋斗精神和综合素质等问题，并提到身心健康素质、劳动素质、审美素质等。这些都有助于我们把握"时代新人"的素质构成。

其次，要从精神状态上去把握"时代新人"的内涵。"时代新人"的提出，并不只是在素质结构上作调整，它的新颖和创新之处以及独特意义，在于它实际上是提出和强调了一个新的维度，即精神状态的维度。这是以往我们在提出和把握育人目标时所相对忽视的一个方面。从一定意义上说，"时代新人"的提出，重点不在于调整素质构成，而在于调整人们的精神状态。……新时代是中华民族伟大复兴冲刺的时代，是一个奋斗和奋进的时代。坚定、自信、奋进、担当，可以说是新时代精神的核心内容，也应该是"时代新人"最基本的精神状态。

再次，要从使命和作用上去理解把握"时代新人"的内涵。新时代育人的素质和精神上的要求都必须外化和表现为它的使命责任和功能作用。人的素质和精神具有内在性，它只有在实践中得到运用，才能得到完全的展现。……"时代新人"无疑是民族复兴大任的担当者和实现者,但同时也是社会主义事业的"建设者"和"接班人"。

——《论"时代新人"的科学内涵》(刘建军,《思想理论教育》2019 年第 2 期)

二、科学界定共产主义与中国特色社会主义的关系

习近平总书记在庆祝中国共产党成立 95 周年大会上的讲话中指出:"坚持不忘初心、继续前进,就要牢记我们党从成立起就把为共产主义、社会主义而奋斗确定为自己的纲领,坚定共产主义远大理想和中国特色社会主义共同理想,不断把为崇高理想奋斗的伟大实践推向前进。"共产主义在历史维度上深刻地影响着中国的革命和社会主义建设,而且在现实维度上对于当代中国有着极为重大的意义,具体表现为其与中国特色社会主义具有密不可分的关系。深刻地理解共产主义远大理想与中国特色社会主义共同理想的内在关系,能够使我们心中有远方,脚下有方向,踏踏实实地走好每一步。

(一)共产主义远大理想是崇高信仰

共产主义远大理想因其远大而美好、崇高。共产主义远大理想是马克思主义关于人类社会进步发展规律及其历史趋势的基本观点,是久经实践建立在科学基础上的、人类发展史上最崇高的社会理想,是指引共产党人不懈奋斗的远大理想和最高纲领,这一理想因其事关全人类解放而显得愈加崇高。实现共产主义远大理想,促进人类社会进步的历史进程,是《共产党宣言》发表以来,马克思主义赋予我们的光荣使命。伟大的社会主义事业建设需要崇高理想的支撑,青年不仅代表着祖国的发展走向,而且代表着世界未来的发展走向。新时代青年应该以中华民族博大的开放包容胸襟为积淀,立鸿鹄志,树立共产主义远大理想,建设世界的美好未来。

共产主义远大理想以共产主义为主旨,共产主义主张一个全人类解放的社会。在该社会中,社会生产力得到极大的解放和发展,物质生活资料得到极大的丰富,人们的思想道德境界得到极大的提高,是全世界无产阶级奋斗的目标,同样也是经过不懈奋斗可以实现的人类最理想的社会制度。共产主义这一崇高信仰建立在人类对历史发展规律和共产主义客观、科学的认识基础之上,马克思共产主义思想的最终目的是实现人的自由全面发展。共产主义远大理想之所以是崇高信仰,是因为这是历史发展的必然规律和趋势,共产主义既是远大目标,又是我们在当今生活中不断超越生活的实

践活动,它的实现并不是在敲锣打鼓间突然完成的,而是在我们坚定的信仰下聚沙成塔般地不断经过量的积累最终达到质变的过程。青年坚持共产主义这一崇高信仰需要树立终身学习的理念,全面把握马克思主义理论体系,在实践中完善自我。共产主义这一崇高信仰本就将实现人的自由全面发展视为目标,青年要在实践过程中努力提高自身的综合素质和能力,在实践中把握主客观规律,并将所学所知所感运用到生活实践中去。

明辨

　　子贡问政。子曰:"足食,足兵,民信之矣。"子贡曰:"必不得已而去,于斯三者何先?"曰:"去兵。"子贡曰:"必不得已而去,于斯二者何先?"曰:"去食。自古皆有死,民无信不立。"

　　孔子认为一个国家的统治者如果得不到人民的支持和拥护,国家政权就不能巩固。而武装力量和粮食,都是次要的东西。

　　孔子讲的是一面的道理,还有另一面的道理,那就是"民以食为天",也就是孟子所说的"民无恒产,因无恒心",统治者一定要注意"制民之产"的问题,也就是让人民得到温饱,否则政权就不能稳固。不过,孔子这里强调的是政府应取信于民,是有针对性的议论。

——《古文鉴赏》(周啸天主编,四川辞书出版社 2019 年版)

(二)中国特色社会主义共同理想是坚毅信念

　　邓小平同志指出:"把马克思主义的普遍真理同我国的具体实际结合起来,走自己的道路,建设有中国特色的社会主义,这就是我们总结长期历史经验得出的基本结论。"中国特色社会主义共同理想是在探索中国特色社会主义道路的过程中,根据探索实践发展的需要逐步确立的,是马克思主义关于社会主义建设的基本原理与中国特色社会主义现代化建设相结合的结晶,是实现共产主义远大理想的基础,是当代全国各族人民在共产主义远大理想的指引下所共同跨步追求的目标和所希望早日实现的要求。习近平总书记指出:"理想信念动摇是最危险的动摇,理想信念滑坡是最危险的滑坡。一个政党的衰落,往往从理想信念的丧失或缺失开始。"青年成长在改革开放的新时期和新阶段,亲眼见证了改革开放所取得的伟大成就,中国特色社会主义共同理想所焕发出的生命力在青年的内心深处得到了广泛认同并在生活实践中大力践行,这一坚毅信念应是也必然是新时代青年价值追求的重要目标。

理想指导人们的行动,有了共同理想,人们在前进的过程中才能有共同的步调。中国特色社会主义共同理想是一个属于中华各民族的综合性的社会理想,是当今社会发展的理想状态。青年生活在社会中,青年的个人理想离不开社会共同理想。青年应清楚地认识到,个人理想信念能否正确定位和实现都离不开对中国特色社会主义共同理想的深刻把握。中国特色社会主义共同理想对青年的个人理想具有引导和整合的作用,其虽然具有极大的包容性和综合性,但它不是一个"大杂烩",而是有着自己鲜明的特性,它是在当代中国特有的条件下,带有中国特点的、坚毅的社会主义理想信念。这个理想信念既实在具体,又鼓舞人心,它始终给予人民对拥有美好生活这一渴求以希望。

(三)建设中国特色社会主义是实现共产主义的必由之路

国内学界有观点认为:中国特色社会主义是对在中国这样经济文化落后国家建设社会主义所面临的基本问题的回答,是共产主义运动走出的新路,也是科学社会主义理论逻辑和中国社会发展历史逻辑的辩证统一。

"千里之行,始于足下。"共产主义远大理想必须结合社会主义革命、建设和改革的实践,并在实践中形成一种为人们所深刻认同的、阶段性的社会理想,才能真正发挥其现实作用。因此,在当代中国,这一为人们所深刻认同的、阶段性的社会理想就是中国特色社会主义共同理想。中国特色社会主义共同理想处于社会主义核心价值体系的中间层次和中心位置,是联结不同层次内容的重要枢纽。

正如恩格斯所言:马克思的历史理论是各国革命策略的基本条件,但为了找到这种策略,需要将理论"应用于本国的经济条件和政治条件"。

毛泽东同志指出:"民主主义革命是社会主义革命的必要准备",而共产党人的最终目的,是力争建成"社会主义社会和共产主义社会"。在社会主义制度确立后,毛泽东同志强调:"社会主义一定要向共产主义过渡。"改革开放以后,邓小平同志重申:"我们干的是社会主义事业,最终目的是实现共产主义。"科学共产主义理论具有共性的指导意义,但实践共产主义应该与本国的具体条件相结合,我国正处于社会主义初级阶段,中国特色社会主义共同理想正是在我国社会主义初级阶段的具体映照,青年在坚持和发展中国特色社会主义的本质上就是实践的共产主义。邓小平指出:"巩固和发展社会主义制度"是长期的历史任务,甚至需要几十代人的不懈奋斗。新时代青年要立足实践,将中国特色社会主义共同理想的近期目标与远大理想相统一,要有强烈的"成人意识",这是摆在青年面前的一个庄严的历史使命。

三、准确把握中国特色社会主义理想信念的内涵

理想信念是一种人们在社会实践中形成的对美好未来的追求和想象的需求表达,人们需求的多样性则决定着理想信念的多样性,因此理想信念可以划分为主体维度、内容维度、时序维度等多种维度。中国共产党带领中国人民在中国特有的国情和条件下反复尝试,不断探索,终于找到了一条把马克思主义同中国具体实际相结合的中国特色社会主义道路。

因此,只有把握了中国特色社会主义的内涵,新时代青年才能在复杂局面和考验中坚定地奋勇向前,无往而不胜。

(一)是新时代国强民兴的思想引领

中国梦是中国近代以来最伟大的梦想,中国梦的本质是"国家富强、民族振兴、人民幸福"。党的十八大以来,以习近平同志为核心的党中央以砥砺奋进的改革担当精神推进中国特色社会主义进入了新时代,在扎根实践的基础上创造性地提出了习近平新时代中国特色社会主义思想,中国特色社会主义理想信念思想内涵作为其中重要部分也得到了进一步的丰富和发展,在新的时代条件下引领青年继续奋进。

中国特色社会主义道路是完全符合我国国情和发展的正确道路,也是实现中华民族伟大复兴的必由之路。理想信念具有鲜明的时代性,每一代人的理想信念都打上了各自时代背景的烙印,都是自己所属时代理想信念的浓缩。新时代中国特色社会主义理想信念内涵的丰富和发展体现了对新时代青年的期望,是时代的呼应,是国家富强和民族振兴这一庄严且伟大的历史使命对青年们的要求。每个时代有每个时代的使命和召唤,每个时代的青年都有自己的机遇和挑战,青年是时代的答卷人。国强民兴,应该是经济强、科技强、军事强,也应该是文化兴、政治兴、人民兴。中国革命、建设和改革的现实雄辩地证明了青年的发展与时代的进程和国家的命运紧密相连,新时代青年应始终在中国特色社会主义理想信念的加持下追随着时代的步伐前进,伴随着时代的发展而进步,担当起时代重任,推动时代和社会的进步和发展,早日实现中华儿女期盼的伟大事业和伟大梦想。

(二)是中华民族历久弥新的前进动力

习近平新时代中国特色社会主义思想是以习近平同志为核心的党中央以砥砺奋

进的改革担当精神推进中国特色社会主义进入新时代后创造性地提出的。中国特色社会主义是中国共产党带领中国人民历经千辛万苦找到的实现中国梦的正确道路,改革开放 40 多年来,中国特色社会主义已经释放出了巨大的制度优势,中华民族前进的步幅日趋加快,这正是中国特色社会主义理想信念强基着中华民族的伟大实践的重要表现。

新时代青年要具有使命意识,要清楚地认识到中国梦的实现并不是一帆风顺的,青年作为民族复兴的主力军要付出艰苦卓绝的努力,应深刻理解中国特色社会主义理想信念的内涵,在理想信念中汲取动力,提高服务国家、社会和人民的实践能力,成为全面的社会主义建设者和接班人。

拓展

理想信念的光辉永远明亮

在人类历史上,还没有哪一批革命者面对过像长征这样的历史条件、客观环境:空前强大的敌人,悬殊的敌我力量对比,严重的"左倾"路线,严酷、恶劣的生存境遇。

这一切历史条件、客观环境,就如同一堵无边高墙矗立在那里,它以铁一般的事实昭示着:长征,是理想信念的胜利,是革命意志的赞歌。

青年时代的毛泽东就说过,人类的目的在于自我意志的实现,在于把身体与精神能力发挥到极致。

长征,是一次理想信念的伟大远征

1934 年 7 月 23 日,在通宵开会后,毛泽东于黎明时分登上了会昌城外的岚山岭,写下了《清平乐·会昌》:

东方欲晓,莫道君行早。

踏遍青山人未老,风景这边独好。

会昌城外高峰,颠连直接东溟。

战士指看南粤,更加郁郁葱葱。

正像当年凝视着井冈山一样,此时的毛泽东凝视着苍茫的南粤,他知道,红军将去往完全陌生的地方,只能依靠红军自身坚定的理想信念。

诗人后来自注云："踏遍青山人未老：1934 年，形势危急，准备长征，心情又是郁闷的。这一首《清平乐》，如前面那首《菩萨蛮》一样，表露了同一的心境。"

——《理想信念的光辉永远明亮》（韩毓海，《中国纪检监察报》2021 年 4 月 30 日）

（三）是实现中华民族伟大复兴的精神"压舱石"

习近平总书记说："每个人都有理想和追求，都有自己的梦想。现在，大家都在讨论'中国梦'，我以为，实现中华民族伟大复兴，就是中华民族近代以来最伟大的梦想"，"这个梦想，凝聚了几代中国人的夙愿，体现了中华民族和中国人民的整体利益，是每一个中华儿女的共同期盼"。

实现中华民族伟大复兴的"中国梦"是中国特色社会主义的时代理想，也是大势所趋、大义所在、民心所向。然而实现中华民族的伟大复兴绝非一日之功，它是一个久久为功的过程，在这个过程中需要理想信念的指引。

中国特色社会主义进入新时代，意味着历经风霜的中华民族迎来了从站起来、富起来到强起来的伟大飞跃，已然没有什么能够动摇中华民族的坚定意志和实现中华民族伟大复兴的坚强能力。实现中华民族伟大复兴是一项长期任务，需要几代人以愚公移山般的劲头接续奋斗方能实现，而新时代中国特色社会主义理想信念始终葆有旺盛的生命力和活力，是每一代人艰苦奋斗的精神源泉。因此青年要将个人理想信念和中国特色社会主义理想信念相统一，个人理想信念是国家梦想实现的前提和基础，青年在实现个人理想信念的时候同样应该放一块精神"压舱石"，不是沉浮于主观精神臆想的表里，而是真正脚踏实地地沉进去，融入实现中华民族伟大复兴的洪流之中。

第三节　信念确立的意义

一、确立价值目标与行为导向

信念是一种人类特有的精神现象，主宰着人的心灵世界，它作为一种特殊的意识形态范畴,始终指引着人们在生活实践中进行价值判断和价值选择,从而确立价值目标与行为导向。价值目标是青年为之努力奋斗的方向,是青年在生活中可以通过自己的努力奋斗达到的一种理想状态,行为导向则潜移默化地影响着青年"做什么""怎样做"等问题,这作为重要的生活实践范畴是青年成长成才的必由之路。当人们确立了某种信念,矢志不渝地为属于自己的那份理想信念而奋斗的时候便是幸福的,这种幸福感又成为人们奋斗的原始动能,如此循环往复、生生不息。青年在追求理想信念的道路中,有了奋斗的方向和成长成才的行动指南,生活和生命的质感及厚度便会相应增加,青年也能够更真实、贴切地感受生活和生命的意义。

(一)指引青年矢志奋斗的方向

信念是人们在一定的认识和实践基础上确立的对某种思想和理想坚信不疑并沿着能够实现理想信念的道路身体力行的精神状态。信念一经确立就产生了价值目标,指引着青年矢志奋斗的方向,昭示着青年奋斗的目标。

习近平总书记指出:"青春是用来奋斗的。"人生是一个在实践中奋斗的过程,青年时期作为人生的黄金阶段更应努力奋斗,要使人生富有意义,就必须在科学的理想信念指引下,沿着正确的人生道路前进。

理想信念是人的思想和行为的指南针,一经确立,可以使人明确方向,得到莫大的鼓舞。青年就整体而言,是充满希望和朝气的;就个体而言,其人生发展的路上并不会总是洒满阳光和充满鲜花的,而常常是有着千难万险需要艰难前行。当遭受成长路途中不可避免的磕磕绊绊的时候,有的青年能够振奋精神,继续砥砺前行,有的青年却一蹶不振,这与青年是否树立了科学的理想信念密切相关。青年身处新时代,拥有着广阔的发展舞台,有着全新的发展机遇,但也面临着时代所赋予的重担和未知的挑战,机遇与挑战共存。面对风险和挑战,青年唯有在理想信念的指引下矢志奋斗,才能在"乱花渐欲迷人眼"中增强定力,最终才能在持续奋斗中"一日看尽长安花"。

(二)提供青年成长成才的行动指南

"理想信念作为一种特殊的人类精神,主宰人的心灵世界,制约人的价值取向和行为选择。"在对现实世界加以辨别和认知的过程中,无一不是通过主体对客体形成一定的对象性关系开始的。这种特殊的以思想感情为依存的关系是由于主体按照自己在生活实践中所形成的需要,通过自己的精神力量去选择适当的对象作为自己认识的客体,并将其转换为观念客体的过程。信念作为人类这一主体的核心意识观念,一经在人类的大脑中确立,就必然发挥其核心地位——较于其他观念更强的能动作用。正确的理想信念对于青年的成长成才具有指南功能。这一核心理想信念一旦形成,就会激励青年朝着既定的理想信念目标奋斗,在行动的过程中每一个步骤和未知的挑战都需要理想信念的指引,它就像青年成长成才过程中的指南针,时刻指引着青年前进。

理想信念应是青年现实的参照坐标,它反映了青年现实的缺陷和不足,揭示出青年发展的圆满状态和应然走向。信念作为知、情、意的统一体,内化于青年的心中后便形成了指导青年认识和实践的一种内在参照模式;它像是一条准绳,而青年就按照这条准绳在生活实践中辨别性地吸收与信念相符合的信息,排斥那些不相符的因素,并且"可以使那些与自己的观念相矛盾的直接冲动服从于随意提出的意图和目标",因此实践活动会以这个标准和原则为参照物且沿着合乎这个标准和原则的方向发展。

在生活实践的过程中,信念将会使人们对偏离既定目标、方向的活动进行调整,使之符合既定的目标和方向;同样也可通过实践活动这一客体本身对主体的反馈作用,检验既定目标、方向的正确与否。这样,人们就可以依据自己信念的指南功能来实现对整个实践过程的调整。青年在认识世界和改造世界的过程中,要依照理想信念这一指南,在实践过程中形成与信念相合的稳定性和明确性。

(三)更真实地感受生活和生命的意义

"人类一思考,上帝就发笑。"从古至今,往圣先贤的种种对生活和生命的发问雄辩地证明了人类从未须臾停止过思考。在人类思考的问题中,生活和生命的意义是一个原点,对人生的阳光和鲜花及阴霾和莠草的思考总是从两个方向拉扯着我们的思维向度。那么信念的确立便是阴霾的天空中透进来的一束光,让人们能够晒晒阳光、闻闻花香。信念的确立为青年指引着矢志奋斗的方向和提供成长成才的行动指南,当青年在信念的指引下去践行和奋斗的过程中,在真正地去深入生活和体验生活后,无形中会对生活和生命形成自己独特的思想和见解,从而也就能够更真实地感受生活和生命的意义。

拥有理想信念的生活是多姿多彩的,拥有理想信念的人生是有声有色的。一个人生命的意义绝不是单纯用长度来衡量的,更重要的是生命的深度和厚度;一个人生活意义的有无也绝不是单纯用物质的多寡来衡量的,更重要的是精神的饱满和充实。实践活动从以其结果满足主体的需要和达到的目的来讲,究其根本就是一个"意义"或"价值"问题,青年在信念的指引下参与生活实践的过程中就会更加真实地感受到生活和生命的意义,这份独一无二的生命体验和感悟又将进一步推动青年继续砥砺前行。

拓展

生命的意义

保尔不知不觉走到了松树林前,在岔路口站住了。右边是一所阴森森的老监狱,一道高高的尖头的木栅栏围绕着它,把它同松林隔开。监狱后面是医院的白色楼房。

就是这儿,在这个空旷的广场上,瓦利娅和她的同志们被处以绞刑。保尔在过去设置绞刑架的地方默默地站了一会儿。然后向陡坡走去。他顺坡而下,来到埋葬烈士的墓地。

不知是哪个有心人,给这小小的墓地围上了一道绿色的栅栏,还在一排排的墓前摆放了用纵树枝编的花圈。陡坡的上方耸立君一棵棵挺拔的松树。峡谷的斜坡上铺满了如茵的绿草。

这里是小城的边缘,又幽静,又凄凉。松林在轻轻地低语,正在复苏的大地散发出略带腐烂味的春天的气息。同志们就是在这里英勇就义的。为了使那些出身贫贱、生来为奴的人们过上美好的生活,他们献出了自己的生命。

保尔缓缓地摘下帽子。悲痛,巨大的悲痛,充满了他的心。

人最宝贵的是生命。生命属于人只有一次。人的一生应当这样度过:当他回首往事的时候,不会因为碌碌无为、虚度年华而悔恨,也不会因为为人卑劣、生活庸俗而愧疚。这样,在临终的时候,他就能够说:"我已把自己整个的生命和全部的精力献给了世界上最壮丽的事业——为人类的解放而奋斗。"应当赶紧生活,因为一场突如其来的疾病,一个意外的悲惨事件随时都有可能中断生命。

保尔怀着这样的思想,离开了烈士墓地。

——《钢铁是怎样炼成的》([苏联]尼·奥斯特洛夫斯基著,曹缦西、王志棣译,译林出版社1996年版)

二、精神生活的支柱

信念是精神生活的支柱。人类是一个社会性动物,在参与社会实践的过程中势必会对某些问题提出自己的思考,比如,生命的存在及其意义是什么? 参与烦琐的社会实践是为了什么? 我应当为眼前的不正当利益所诱惑吗? 人生为什么充满了艰辛和磨难？等等。诸如此类的问题在个体实践的过程中不断被提出来，人们需要在理论上获得解答，在精神上获得支撑，以满足人们生存发展的需要。信念就像是精神生活的"定海神针"，是精神生活的支柱，它总能够昭示着人们生存和发展的目标，为人们生存和发展注入源源不断的精神动力。在大有可为的新时代，青年的成长成才需要确立正确的理想信念，有了明确的目标，才能在追求理想的过程中充分释放自己的潜力。

（一）激发大有可为的精神潜力

正确的理想信念对于青年的发展具有激发潜力的功能。青年朝着理想目标前进的内核是理想信念的形成，因理想信念具有现实超越性，青年追求理想信念的过程就是一个通过自身的实践将现实生活奋力推向理想信念，最终达到理想信念的过程。然而这个过程是艰辛的，不是一帆风顺的，青年要进行持之以恒的学习和实践，这个习得的过程，正是青年的精神潜力不断得以激发的过程。

青春岁月因其短暂而弥足珍贵，青年时期又是青年的"小麦灌浆期"，"知识体系搭建尚未完成，价值观塑造尚未成型，情感心理尚未成熟，需要加以正确引导"。在这个充满机遇、大有可为的新时代，信念的确立以及精神潜力的激发对青年的成长成才具有至关重要的作用。青年应在信念的指引下，在成长路程中克服一道道必不可少的困难来激发精神潜力，奋力成为时代最强音。

（二）提供源源不断的精神动力

理想信念对青年的发展现实具有高远的超越性，其自产生之始就天然地高于现实生活。理想信念是青年的一种自我超越的精神活动，当面对追求理想信念的绊脚石时，青年只有对高于现实生活的人生理想信念不懈追求时，重重困难才能迎刃而解。

志向高远，便力量无穷。青年在成长时期人生目标的确立、生活态度的形成、良好习惯的建立、知识才能的丰富、道德修养的崇高、发展方向的选择以及如何克服人生道路中出现的坎坷和挫折，都迫切地需要理想信念作为动力支撑。

（三）提高奋发向上的精神境界

崇高的理想追求往往与人的价值判断有关。正确的理想信念具有导向作用，能够提升青年奋发向上的精神境界。崇高的理想信念的确立意味着青年拥有高于现实生活的精神境界，能够超越现实生活的艰辛和磨难，去追求一个真善美的境界。在追求这个真善美的精神境界的路途中，我们的精神境界持续地在与这个完美的精神境界靠近，这个不断靠近的过程就是我们精神境界不断提高的过程。

三、高层次上的精神慰藉

人与动物不同。人类自从来到这个世界,最首要和基本的任务就是在社会中生存,要获取生存发展的物质条件;在基本的生存所需得到满足,生存这一首要任务得到保证的时候,就会从低层次的生存需要中摆脱出来,进而建立体现人的价值和意义的精神世界,寻求慰藉心灵的精神家园以满足更高层次的需要。

(一)超越现实的局限性

理想和现实是矛盾的两个方面,包含着对立和统一。在现实生活中,人们在处理理想与现实的关系时,往往观其一隅,仅看到二者对立的一面,却未着眼二者统一的一面。理想信念和现实存在着对立的一面,二者的矛盾和冲突属于"应然"和"实然"的矛盾。假如理想信念和现实完全等同,理想信念是对现实生活的简单复制,那么理想信念的存在就没有意义。理想与现实又是统一的,二者相互包含、相互影响,脱离了现实而谈理想,理想就会成为空想。

超越性是理想信念较之现实的特性。理想信念之所以能够产生一种推动人们为之向前、创造一种理想的生活状态的巨大力量,就在于它不仅源于现实,而且超越现实。理想信念作为人类特有的精神层面的产物是在现实中产生的,但它不是对现状的简单描绘或复制,而是人们主观愿景下所期的与奋斗目标相联系的未来的现实。青年要及时确立坚定的理想信念,不能有丝毫的懈怠,超越现实的局限性,才能"练就金刚身,不怕百毒侵"。

(二)成长成才的精神港湾

青年的理想信念体现了青年在成长成才的过程中对真善美的不懈追求,这份持之以恒的动力不是凭空产生的,而是受到一定社会经济、政治和文化的影响。青年成长成才的过程既不是一蹴而就的,也不是一劳永逸的。现实世界的构成因素太过于复杂,因此总是会有一定的缺陷,在生活实践的过程中总受到自身条件、外部条件、社会环境等因素的影响和制约。因此,青年的成长成才之路总是曲折的,其间不尽如人意的事情是经常会发生的。青年也应清晰、深刻地认识到,理想信念虽然对现实具有超越性,但实现理想信念具有长期性、艰巨性和曲折性。理想信念的实现是一个过程,虽然在实现的过程中是美好的,但同样会受到诸多因素的影响。

确立了理想信念的青年会明白,无论顺境还是逆境都是成长成才路途中必经的风雨,理想信念就像是青年的精神栖息地,能够帮助青年躲过风雨的侵袭,因而信念的确立是青年积极地面对现实的重要"法宝"和成长成才的精神港湾。

明辨

精神教育是什么?

什么是精神教育? 简单地说,就是指为了促进人的精神发展的教育。概括地说,是指旨在促进人的精神世界发展、提升人的精神生活质量的教育活动的总称。

精神教育是心理教育和情感教育。应该说,人的心理健康是精神生活最基本的表现,也是人的精神世界发展最基础的内容,当然,更是人们从事其他一切活动的内在驱动力。人的心理状态作为意识,不仅影响人的认知方面,而且,包含着广泛的文化内容和与日常生活密切相关的情感、动机、人格等因素。精神教育旨在确定并坚守人的精神信念,这是精神教育更高层次的内容。

无论从人的精神生活所归属的逻辑层面来看,还是从对人的精神所起的具体作用上来看,所谓"精神信念"主要是在超越的意义上讲人的精神追求,它既指向于人的精神归宿,又指导人的现实精神生活,是人们选择生活类型的根本价值标准。从人的精神构成的要素来看,它是人的精神的内核,表现为世界观、人生观等根本理念。从其对人的影响作用来看,它辐射到人的生活的各个方面,使人的整个精神生活染上一种鲜明的个人色彩,体现出人的个性品质和人格精神。

——摘编自《论精神与精神教育——一种教育哲学视角的当代教育反思》[王坤庆,《华中师范大学学报(人文社会科学版)》2002 年第 3 期]

(三)对抗艰难困苦的精神寄托

从古至今,只要有人存在构成社会关系,有社会生活的发生,就会有种种需要,就会有因需要与自身条件不相符而衍生出的一些恶劣、艰难的客观条件。从字面理解,艰难困苦就是困难多、条件差、物资匮乏、环境窘迫等。那些不经历曲折艰难、不超越各种障碍、不经过努力奋斗,就能一帆风顺得到成功和实现理想的想法,只能是空想。

中国共产党有着坚定的社会主义理想信念,不畏艰难困苦,历经各种风险和考验,带领人民进行不屈不挠的艰苦抗争,最终获得了民族的独立和解放。中国共产党成为执政党后,带领全国各族人民在一穷二白的条件下,任劳任怨,艰苦创业,改变了新中国贫穷落后的面貌。还有可歌可泣的长征精神和伟大的抗美援朝精神始终闪耀着理想信念的光芒,这些对抗艰难困苦的理想信念成为中国共产党人的政治本色。青年作为党的事业的接班人,应传承好和发扬好这份宝贵的理想信念。新时代青年成长时期与革命先辈的艰苦岁月的物质生活条件可谓天壤之别,然而在当今多元价值观的冲击之下,却出现了贪图享乐、不思进取等不良社会风气。不可预知的艰难困苦条件出现时,青年便会不知所措、灰心丧气,因为精神缺少寄托,从而也就缺少了直面艰难困苦的底气。青年唯有确立坚定的理想信念,才能在艰苦环境中不失志向,在清贫生活中不失节,在现实诱惑中不失操守,始终坚守信仰高地,精心守护精神家园。

思考讨论

1. 为什么说信念来源于生活?

2. 教育在信念的确立过程中起的作用是什么?

3 信念的确立对青年成长过程中所起的作用是什么?

4. 如何正确把握中国特色社会主义理想信念?

扩展阅读

1. 习近平:《习近平谈治国理政》(第2卷),外文出版社,2017年11月版。

2. 习近平:《在纪念五四运动100周年大会上的讲话》,人民出版社,2019年5月版。

3. 中共中央文献研究室:《习近平关于青少年和共青团工作论述摘编》,中央文献出版社,2017年8月版。

4. 冯天瑜、何晓明、周积明:《中华文化史》,上海人民出版社,2010年5月版。

5. 中共中央宣传部编《习近平总书记系列重要讲话读本(2016年版)》,人民出版社,2016年4月版。

6. 肖巍、顾钰民主编《当代中国马克思主义研究报告(2013—2014)》,人民出版社,2015年6月版。

第三章　坚守信念

【本章导读】

信念不是一个"口号"，而是一种行为。只有在身体力行的时候，信念才会显得意义非凡。当代大学生作为祖国未来和民族希望的接班人，肩负着建设社会主义现代化国家的历史重任。他们坚守什么样的信念、坚定什么样的信仰，直接关系到祖国的前途命运和人民群众的切身利益。坚定理想信念是一个人的终身课题，需要一生笃信，一生坚守。新时代的大学生应在追求远大理想的同时坚定崇高信念，在实现中国特色社会主义共同理想的奋斗中，谱写青春旋律，放飞青春梦想！

咬定青山不放松，立根原在破岩中。

千磨万击还坚劲，任尔东西南北风。

——题画诗《竹石》（清·郑板桥）

第一节　坚定马克思主义信仰

马克思主义信仰是历史上最先进的信仰,也是最科学的信仰。历史和实践一再证明,没有马克思主义就不会有我们国家的繁荣富强,更不会有人民的幸福安康。在新的时代条件下,我们要始终坚定马克思主义信仰,不断加强对马克思主义基本原理的学习和领悟,自觉增强思想认同、情感认同和日常实践,做到学懂弄通理论、笃信于思想、执着于意志、矢志于行动。

一、马克思主义突出科学性和真理性

马克思主义是关于世界观、人生观、价值观的科学真理。列宁指出:"马克思学说具有无限力量,就是因为它正确。"马克思主义是人类社会至今为止最为科学,最为严谨,最能体现生命力的世界观与方法论,它给我们认识世界和改造世界以有力的思想武器,给我们观察世界、分析问题和解决矛盾以科学的认识手段,给人类社会的发展与进步以方向,给世界社会主义以前进的正确道路。

(一)马克思主义揭示了自然、社会和人类思维发展的本质和规律

马克思主义的产生是实践和科学深度结合的产物,并不断总结人类社会发展经验,这个经验不仅是过往的,也是现在的,是不断更新发展且极具生命力的。它是人类创造的所有优秀文明成果和最新的自然科学发展成果的结晶。它的理论体系主要由三个部分组成:马克思主义哲学、马克思主义政治经济学和科学社会主义,这三个部分是有机统一的。中国共产党正是运用这一科学的世界观和方法论,推动着党和人民的事业取得了一个又一个胜利,走出了中国特色社会主义道路、拓宽了发展中国家迈向现代化之路,在促进人类文明赓续中贡献出中国智慧、中国方案。

(二)马克思主义蕴含了改变世界的实践张力

实践是人类社会的起源和基础,构成了人类社会生活的基本内容。纵观整个人类

发展史,人类实践推动着历史的发展和变革,是文明和进步的必备条件,实践一直以来都是改变世界的重要力量。马克思对人类实践的本质和作用进行了科学的阐明,从而建立起科学的实践观。哲学从"解释世界"到"改变世界",这是马克思主义哲学的一个重大转折。十月革命的一声炮响给中国送来了马克思主义,自此中国共产党人开始在马克思主义的指导下进行了一场彻底的革命,推翻了三座大山,改变了一百多年来中国任人宰割的局面,使中华民族不断走向复兴。这些令人叹为观止的成就所蕴含的深刻道理就在于,马克思主义具有鲜明的实践品格,拥有强大的实践张力。

(三)马克思主义彰显了与时俱进的生命活力

马克思主义从诞生的那一刻起就注定了它是最具生机也是最具活力的。随着人类社会不断发展,实践不断推进,它们都在不断丰富着马克思主义。马克思主义所具有的实践品格决定着它是一种开放而又发展着的学说,一种保持着生机与活力的学说。恩格斯指出:"马克思的整个世界观不是教义,而是方法。它提供的不是现成的教条,而是进一步研究的出发点和供这种研究使用的方法。"马克思主义认为,共产主义不是应当确立的状况,而是改变现存状况、实现人的解放的现实运动。这正是马克思主义与现实之间贯通的"活的灵魂"。只要人类追求幸福的脚步没有停止,马克思主义的历史使命就不会结束,马克思主义的价值就是永恒的。马克思主义一经传播到中国,中国共产党人就创造性地将马克思主义普遍真理同中国实际相结合、同中华优秀传统文化相结合,新时代要求我们必须在实践中进一步充实和发展当代中国马克思主义、21世纪的马克思主义,使马克思主义在这片神州大地上不断上升到一个崭新的高度,开拓出一个崭新的境界,放射璀璨光芒,永葆生命活力。

二、马克思主义信仰具有崇高性

信仰是信念的最高层次,是人类特有的一种心理现象和活动,是指人们对某一事物、理论、学说、主义等极度敬仰或信服,并以之为精神寄托与行为准则,它是人对某种精神文化所产生的信任感与信赖感。简单来说,信仰是某个人所选择和遵循的人生观、世界观、价值观等观念体系。信仰作为人们全部实践的动机与目的,构成个人的行为支柱、民族凝聚民心的精神和国家意志的核心。

马克思主义信仰是指人们对于马克思主义的信奉和追求,是基于对马克思主义的理论体系、价值指向、实践品格等方面的总体把握,从而形成的对马克思主义坚定不移的信赖和始终不渝的追求。马克思主义信仰是人类信仰史上的一次伟大革新,是一种崭新的信仰。马克思主义信仰具有强大的真理力量,因为这一信仰是以马克思主义科学真理为理论基础的,以马克思主义所揭示出的人类社会客观规律为理论前提的,以服务于人民群众、彻底解放为崇高价值的。

(一)实现共产主义理想

马克思主义信仰之崇高体现为马克思主义信仰追求的最终目标——共产主义理想的实现。这个社会理想符合人类社会发展的前进方向,也与中国优秀的传统文化一脉相承。我国古代儒家学说经典著作《礼记》中就有对理想的大同社会的描述,如"大道之行也,天下为公"等。马克思主义信仰之所以在我国得到广泛的文化认同和心理认同,就是因为马克思主义所设想的共产主义存在某种意义与我国大同社会的理想的共通之处。共产主义理想具有多重作用和含义:一是作为唯物史观与社会形态演变的有机组成部分,它是人类历史必然发展方向与未来社会形态;二是作为无产阶级政党领导广大人民群众所自觉奉行的社会理想与价值目标;三是作为共产主义者的个体精神寄托与憧憬。

(二)人民至上的根本信念

马克思主义信仰之崇高体现为马克思主义信仰的标志性内容——人民至上的根本信念。共产主义远大理想之所以弥足珍贵,值得追求,除了它是历史发展的必然之外,更在于它是"人民"根本利益之所在,是"人民"的彻底解放。脱离人民利益的实现,脱离无产阶级和全人类的解放,脱离每个人的自由而全面的发展,共产主义远大理想的实质和真谛就无从把握。马克思主义始终将"人民"的生存和发展问题摆在最重要的地位。实现"人民"的解放和自由全面发展是马克思主义信仰一以贯之的价值理想。不论是马克思主义的创立者马克思、恩格斯,还是发展着的马克思主义,始终将实现"人民"的解放当作奋斗目标。马克思主义信仰在引领中国近代民族独立和人民解放、中国特色社会主义事业建设和发展的过程中,同中国实际和中华优秀传统文化相结合,始终将对广大人民利益的密切关注放于重要位置。

(三)实现个人自由而全面的发展

马克思主义信仰之崇高体现为马克思主义信仰者追求更高层次的幸福感——实现个人自由而全面的发展。在马克思主义信仰的视域下,对于个体来说,个人的"发展"最为重要,而非"享乐"人生。虽然"享乐"同样是人生幸福比较重要的一面,但绝不是唯一的一面,更不是最重要的一面。人只有通过积极的劳动才能获取幸福,并最终成为一个真正的幸福者。因此，人的本质在于追求理想的幸福，而不是简单满足于物质需要。一个人只有在社会中才能得到更多自由而全面的发展，人生才能更上一层楼，才能获得更高境界的幸福感。马克思主义信仰的价值就在于为每一个个体提供了一种积极向上、健康乐观的精神状态，这是一种积极进取的生活态度，也是一种对生活的信念，这种人生态度也体现了马克思主义英勇无畏的入世品格。所以，虽然我们勾勒出的共产主义理想的画面中蕴含着个人生活状态与精神状态上的美好享受，但是共产主义理想绝非纯粹享乐的乐园。

马克思主义信仰是无产阶级和进步人士为实现人类解放而奋斗的动力源泉，其中涌现的任何一个英雄人物都不可能没有马克思主义信仰。新时代大学生一定要清醒地认识到，只有坚定崇高的马克思主义信仰，才能不负韶华、不负党和人民的殷切希望，承担起时代的重任。

拓展

信仰的味道是甜的

1920年8月，第一本中文全译本《共产党宣言》问世，为中国共产党的建立奠定了思想理论基础，是马克思主义在中国传播史上的一件大事，而翻译这本中文全译本的人，就是陈望道。

1919年6月，陈望道因"五四运动"的感召毅然从日本回国，之后在邵力子的力荐下，陈望道接受了翻译《共产党宣言》的任务。为了静下心来专心译书，陈望道躲回了老家，回到家后的陈望道住在一间小柴屋里，条件异常艰苦。在这样的环境下，陈望道如饥似渴、夜以继日地钻研书中所蕴含的马克思主义思想精髓，字斟句酌、反复推敲中文版本的字词语句，力求贴切、精准、生动。他当时根据日文的《共产党宣言》，还有参考英文的《共产党宣言》版本来进行翻译，他花了比平时要多好几倍的精力才把它翻译出来。

为了把马克思主义的深刻思想，变成中国化的语言表达，陈望道煞费苦心，原本他一天可以翻译8000字，而《共产党宣言》就只是两万来个字，按照他的正常水平，三天就可以把这个工作做完了。但是，这次他足足用了两个半月的时间。

一天，陈望道的母亲特意为儿子包了粽子改善伙食，并叮嘱他吃粽子时记得蘸红糖水。过了一会儿，母亲在门外问："粽子吃了吗？"他答道："吃了吃了，可甜了。"母亲不放心，推门去看，结果发现儿子正奋笔疾书，嘴上全是墨水，手边的红糖水却一口未动。原来，陈望道过于聚精会神，竟错把墨水当作红糖，吃完也浑然不觉。

墨汁为什么像红糖一样甜？因为信仰也是有味道的。1920年8月，印有红底马克思肖像的《共产党宣言》正式出版，受到了工人阶级和先进知识分子的争先抢购阅读。在它的影响下，越来越多的青年走进了革命的队伍，汲取到了信仰之力，从而为共产主义事业奋斗终身。

新中国成立后，陈望道历任复旦大学校长、华东军政委员会文教委副主任兼文化部长、高教局长等职。他在民族彷徨之际，高高擎起马克思主义旗帜，同信仰一并汇入真理、民主、科学、进步的潮流，他以一生身体力行地诠释了"信仰的味道是甜的，信仰的力量是伟大的"这一真谛。

——《主题诵读|胡辉：信仰的味道是甜的》（《赣南日报》2021年12月2日）

三、马克思主义信仰具有突出的实践性

马克思主义自创立之初，就是以解决人类社会发展中的实际问题为立脚点，实践性是马克思主义的本质品格。马克思指出："全部社会生活在本质上是实践的。凡是把理论引向神秘主义的神秘东西，都能在人的实践中以及在对这个实践的理解中得到合理的解决。"实践本身就具有了深刻的哲学意蕴，在实践的基础上确立的马克思主义信仰，不仅仅是为了解释人生和世界是什么，更是要通过特定的实践活动实现对自身的超越与提升，谋求人的自由全面发展，以及实现对未来理想社会的向往。所以，马克思主义信仰就是我们在认识世界、改造世界的过程中，为了创造美好而幸福的生活所产生的一种实践性信仰。

马克思主义信仰与宗教信仰的区别，不仅在于其科学理性的内涵，更重要的是它以改造客观世界为己任。马克思主义信仰并不把追求超自然、超人类的价值作为自己的目的，并不关注"前生来世"，而是关注人的现实需求，追求的是现实世界的幸福社会。共产主义理想，是在实践的基础上总结概括出来的，它不是同现实世界毫无关系的一种空想或一种科学预见，而是要转化为行动，需要通过不断奋斗去追求和实现的目标。马克思主义信仰主张个人要以一种非常积极上进的态度对待生活、对待生命，将命运掌握在自己手里。通过实践，我们在对客观世界进行改造的过程中，也在不断地对我们的主观世界进行改造，从而提高我们的人生境界。马克思主义信仰激发人们与命运抗争，形成一种积极向上、锐意进取的精神状态。生命的意义与价值只能在实

践活动中表现出来，而献身于人类解放事业的实践活动就是一个人最高尚的、最具价值的活动。

马克思主义自诞生之日起，特别是作为一种信仰为人民所接受之后，人民群众实现自身解放和全人类解放的革命性实践得到了深化，人类文明进程得到了持续发展，中国历史命运发生了深刻变化。作为马克思主义信仰者，中国共产党人把马克思主义基本原理与中国革命实际结合起来，开创了伟大的新民主主义革命，建立起人民当家做主的新中国。中华人民共和国成立后，中国共产党人又领导人民完成了社会主义革命，铲除了一切剥削制度，在社会主义革命与建设中取得了伟大的成就，使中华民族历史上发生了最广泛最深刻的社会变革。进入改革开放和社会主义现代化建设新时期后，中国共产党人再次带领中国人民推进了中华民族从站起来到富起来的伟大飞跃。党的十八大之后，中国特色社会主义步入了新时代，中国共产党人在总结和充分利用建党以来历史经验的基础上，立足新的现实，开创了习近平新时代中国特色社会主义思想，创立了中国特色社会主义事业新局面，使中华民族呈现出空前美好的未来。凡此种种，无不说明马克思主义信仰具有鲜明的实践属性和突出的实践价值，显示了其实践优势。

实践是检验真理的唯一标准，也是检验一个人是否真正信仰马克思主义的重要标志之一。一个人是否信仰马克思主义，关键是看他怎么"做"。马克思主义理论只有在具体的实践中才能被激活，我们的理论素养也只有在实践中才能不断提升。中国特色社会主义事业发展到今天，已经进入新时代，这个时代背景为马克思主义注入了强大生命力，也提出了更高的要求和任务。作为新的青年一代，应该如何践行？答案就是行动，行动起来！新时代的青年要坚定马克思主义信仰，立大志，明大德，成大才，担大任；要树立为祖国永远奋斗的坚定理想，为人民永远奉献的赤诚情怀；要认真学习马克思主义的实践品格，不断提高运用马克思主义分析和解决实际问题的能力，在伟大的实践中长志气、强骨气、厚底气，谱写新时代的青春之歌。

拓展

冯理达："把一生献给党"

冯理达是我国著名免疫学专家。在中国医学科学院流行病研究所工作期间，冯理达29次带队奔赴浙江、湖北、广东等流脑、血吸虫病、霍乱等重疫区一线，冒着被感染的危险，挨家逐户防病治病；到海军总医院工作后，她视病人如亲人，为传染病人端屎端尿、擦洗身体；她组建了新中国第一个消毒研究室和我军第一个免疫学研究中心，主编学术专著 8 部，发表学术论文 60 篇；唐山大地震时，她冒着余震转移病人；1998 年抗洪，73 岁的她向医院党委请战奔赴抗洪一线；抗击"非典"期间，她加班加点搜集整理出 5 大本 1200 多万字的疫情资料，自费打印复印后亲自送到一线医护人员手中。2008 年 1 月 11 日住院后，她不顾医护人员劝阻，每天输完液仍回到办公室整理资料、撰写讲稿，直至晕倒在办公室……

冯理达教授是我国著名爱国将领冯玉祥和新中国第一任卫生部部长李德全的长女。从父母爱国和追求社会公平正义的言传身教中，从父亲对中国前途探索的坎坷经历和深刻反思中，尤其是从共产党人身上，冯理达逐步加深了对中国共产党的认识和了解。共产党人为民族解放舍生忘死的精神和可亲可敬的形象，对冯理达产生了深刻的影响。

自 1948 年在美国第一次读到《中国共产党章程》，冯理达就坚定了一生跟党走的信念。从 1949 年递交第一份入党申请书，到 1975 年，26 年间她 35 次向党组织递交入党申请书，入党时已过完 50 岁生日，临终前让儿子代她缴纳 1 万元党费……虽然一心向党，但冯理达的入党经历了常人难以想象的困难和挫折。

…………

1975 年 12 月 23 日，已年过 50 岁的冯理达得知党组织批准自己加入共产党的消息后，泪流满面，激动地说："我终于入党了，我终于实现了自己 26 年的夙愿。"那一天，冯理达在日记本上写道："生我者是母亲，育我者是党，做了党的人，就要为党的事业奉献自己的一生。"

——《信仰的力量——挺起共产党人的精神脊梁》(范晓伟编著，红旗出版社 2020 年版)

第二节　坚守中国特色社会主义信念

中国特色社会主义，是改革开放以来中国共产党带领人民历经千辛万苦、付出巨大代价，为了实现中华民族伟大复兴不断探索而取得的根本成就。以史为鉴，开创新时代之先河,要实现中华民族的伟大复兴,就必须坚持并发展中国特色社会主义。新时代大学生应树立努力实现中华民族伟大复兴中国梦的崇高理想,坚定中国特色社会主义道路这一人生信念,才能在我国全面建设社会主义现代化国家新征程中乘风破浪、披荆斩棘,持续取得新时代中国特色社会主义事业的新胜利。

一、中国特色社会主义是共同理想也是现实事业

中国特色社会主义共同理想,是中国共产党在改革开放后,带领全国各族人民在开辟中国特色社会主义道路中逐渐形成的,是全国各族人民的共同奋斗目标。党的十二届六中全会上首次提出了"共同理想"这一概念,即"建设中国特色的社会主义,把中国建设成为高度文明、高度民主的社会主义现代化国家,这就是现阶段中国各族人民的共同理想"。从此,"共同理想"就成了凝聚和团结中华民族的旗帜。

相对于共产主义远大理想而言,中国特色社会主义共同理想是一种具体的阶段性理想。理想的实现是一个实践的过程,越是远大的理想,其实现的过程就越漫长。想要实现共产主义远大理想,就必须同一定的历史条件结合起来,同一个国家具体的国情民情结合起来,在不同的时期、不同的阶段,转化为一个个特定的奋斗目标。在我国社会主义建设过程中,中国共产党在改革开放后,提出了社会主义现代化建设"三步走"的战略目标。在提前实现了解决人民温饱问题、人民生活总体上达到小康水平这两个目标后,又提出了"两个一百年"的奋斗目标。随着中国特色社会主义事业的深入发展,我国社会也将步入一个崭新的发展阶段,中国特色社会主义共同理想同时也会增添新的内容。所以,中国特色社会主义共同理想可以说是共产主义远大理想在中国发展的阶段性实践。

相对于个人理想而言,"共同理想"是一种具有综合性和系统性特征的社会理想,是一个国家、一个社会凝心聚力的动力源泉和信念支撑,是广大青年要认同和追求的共同信念。一个人只要身处社会,那么个人理想与社会理想是分不开的。能否正确定位和实现个人理想,与正确把握中国特色社会主义共同理想是分不开的。习近平强调:中国特色社会主义是我们党带领人民历经千辛万苦找到的实现中国梦的正确道路,也是广大青年应该牢固确立的人生信念。新时代青年要把中国特色社会主义共同理想视为自己理想信念的至高境界,勇敢把握国家前途的命脉、勇敢担当民族命运的领航、勇敢挑起人民幸福的大梁,把崇高理想和信念视为永不停息的明灯,把实现中华民族伟大复兴中国梦铭刻在心,为民族复兴铺路架桥,为祖国建设添砖加瓦。

拓展

矢志不渝的追梦人

钟扬,男,汉族,1964 年 5 月出生,中共党员,生前担任复旦大学党委委员、研究生院院长、生命科学学院教授、博士生导师,系中组部第六、七、八批援藏干部,教育部"长江学者奖励计划"特聘教授,国家杰出青年科学基金获得者。曾获国务院政府特殊津贴、全国先进工作者、全国对口支援西藏先进个人等荣誉。2017 年 9 月 25 日,在出差途中遭遇交通意外事故不幸去世,年仅 53 岁。

钟扬同志对党无比忠诚,对事业无限热爱,胸怀科研报国理想,毕生致力于生物多样性研究和保护,足迹踏遍青藏高原,收集上千种植物的 4000 万颗种子,弥补世界种质资源库缺乏西藏种子的严重不足,为人类储存下绵延后世的"基因"宝藏;他全心全意贯彻党的教育方针,从教 30 多年来始终将学生放在第一位,立德树人,爱生如子,甘为人梯,当好学生成长成才的引路人,培养出的一大批学生已成长为国家急需的科技骨干;他身体力行党的民族政策,投身援藏,不辱使命,深入偏远少数民族地区开展教育科技精准扶贫,帮助西藏大学申请到第一个生态学博士点,带出了西藏第一批生物学教育部创新团队,填补了西藏高等教育一系列历史性空白;他矢志不渝为人民服务,积极投身国家生态文明建设和绿色发展,热心社会公益事业,在生态保护和科普教育方面贡献卓著,把生命最宝贵的时光献给了祖国最需要的地方和他最钟爱的教育科研事业。

——《种子·钟扬》(陈芳、陈聪,北京联合出版公司 2018 年版)

二、坚定中国特色社会主义"四个自信"

如何坚守中国特色社会主义信念? 简单来说,就是要坚定中国特色社会主义道路自信、理论自信、制度自信、文化自信。坚定"四个自信",是继续把中国特色社会主义伟大事业推向前进的精神动力,更是全面建设社会主义现代化国家和实现中华民族伟大复兴的根本保障。

(一)坚定中国特色社会主义道路自信

坚定道路自信,要求广大青年深刻认识到中国特色社会主义道路是实现社会主义现代化的必由之路,也是创造人民美好生活的必由之路,必须将坚定道路自信贯穿到底。

坚持走中国特色社会主义道路,是中国共产党领导人民不断取得胜利的重要法宝。实践证明,这条道路是通的,是对的,也是好的。只有这条道路,才能引领中国前进、才能增进民生福祉、才能实现民族复兴。在中国特色社会主义道路的指引下,我们离中华民族伟大复兴的目标比任何时候都更近了。站在新的历史起点上,坚定不移地走中国特色社会主义道路是广大青年推动中国昂首阔步迈向现代化强国的信心底气。青年要牢记,只有中国特色社会主义才能发展中国,没有别的路径可以取代。青年必须坚定中国特色社会主义道路自信,坚持一切从实际出发,不为任何风险挑战所惧,不为任何诱惑干扰所累,矢志不渝地沿着这条通往复兴梦的人间正道砥砺奋进。

(二)坚定中国特色社会主义理论自信

坚定理论自信,要求广大青年深刻认识到中国特色社会主义理论体系是党和人民沿着中国特色社会主义道路实现中华民族伟大复兴必须遵循的正确理论。

改革开放以来,我们党坚持解放思想、实事求是、与时俱进,在科学把握世情、国情、党情的基础上,创造性地形成了中国特色社会主义理论体系。它是立足时代前沿、与时俱进的科学理论,是被实践检验了的正确理论。中国特色社会主义已经进入了一个新的时代,近代以来历经磨难而更加强大的中华民族,也正在迎来实现中华民族伟大复兴的美好前景。在辉煌成就的背后,离不开科学理论的指引。因此,新时代的青年要理直气壮地坚定中国特色社会主义理论自信,提高自身的理论水平、认知能力和思想觉悟。

(三)坚定中国特色社会主义制度自信

坚定制度自信,要求广大青年深刻认识到中国特色社会主义制度是具有鲜明中国特色、明显制度优势、强大自我完善能力的先进制度,是当代中国发展的根本制度保障。

中国特色社会主义制度既坚持了科学社会主义的基本原理,又借鉴了古今中外制度建设的有益成果,是系统完备、科学规范、运行有效的制度体系。在打赢脱贫攻坚战、抗击新冠肺炎疫情中,中国制度和中国治理优势凸显。新时代青年想要担当起民族伟大复兴这一历史大任,就必须坚定制度自信。在深刻理解中国特色社会主义制度是具有科学理论指导、历史文化底蕴、鲜明价值取向的同时,也要明白,随着社会的改革和发展,它也需要不断深化和完善。

拓展

既然拦不住时间流逝，那就让它更有意义

武汉市金银潭医院是最早集中收治不明肺炎患者的医院，是这场全民抗疫之战最早打响的地方。金银潭医院院长张定宇，被称为"铁人院长"，不仅是形容他的意志刚强如铁，还因为他身患渐冻症，随着病情日益加重，双腿僵硬，犹如铁具。疫情发生以来，张定宇院长处处身先士卒，率领全院600多名干部职工夜以继日地扑在一线。

2019年12月29日下午，张定宇接到湖北省疾控中心来电，省中西医结合医院出现7名奇怪的发烧患者。由于多年从事传染病防治工作，职业敏感让张定宇第一时间判断，这不是普通的传染病。他果断决策，马上安排黄朝林副院长亲自带队，前往会诊。紧接着，立即组建隔离病区，叮嘱医务人员加大防护。直到当晚深夜12时左右，他们陆续把全部患者接入金银潭医院。这个时候，张定宇的双腿禁不住颤抖起来，他隐隐约约意识到，考验来了。2020年1月3日，金银潭医院新开两个病区，转入50多名新冠肺炎患者。1月5日，金银潭医院的新冠肺炎患者已达100余位。就在形势越来越紧张的时候，金银潭医院的50多名保洁员和18名保安全部离岗。在这个生死关头，张定宇一声令下，所有党员和后勤人员全部上前线，承担起送餐、保洁和保卫工作。

至战"疫"尾声，金银潭医院的820张病床，累计收治2220名新冠肺炎患者，其中大多数为危重症患者。金银潭医院的勇士们，在与病魔决斗的同时，最大程度地保护了自身。作为战斗最激烈的一个主战场，这里只有9名医护人员感染，且全部治愈，堪称奇迹！他们用最大的努力和最小的牺牲，取得了这场疫情阻击战的胜利，而这一切都离不开"铁人院长"张定宇的领导。

多年来，无论是禽流感、甲流疫情，还是新冠肺炎疫情，张定宇院长都雷厉风行、毅然决然地站到抗疫的第一线，担任冲锋在前的"逆行者"。在被问到为什么可以为了别人的生命而豁出自己的生命时，张院长平静地回答道："职责所在，它是我们共产党人的初心和使命，也是我们每一个医务人员的初心和使命。既然拦不住时间流逝，那就让它更有意义。能用我的时间，换回别人更多的时间，没有遗憾了"。

——《信仰的力量——共产党员的信仰故事》（赵朝峰主编，人民日报出版社2021年版）

（四）坚定中国特色社会主义文化自信

坚定文化自信，就是要深刻认识到中国特色社会主义文化是中华民族特色的精神标志，是中国人民乘胜追击、奋勇向前的强大精神力量。

中国特色社会主义文化来源于中华民族五千多年文明历史孕育而成的中华优秀传统文化，它熔铸在我们党带领人民群众进行革命、建设和改革而创造出来的革命文化与社会主义先进文化之中，根植于中国特色社会主义的伟大实践之中。所谓文化自信，就是对本民族传统文化和现代文化价值的高度认同和尊重，并且积极践行。文化自信是一种更为基础，更为广泛，更为深刻的信心，也是推动一个国家和民族发展更为根本、更为深刻和更为长久的动力。中国特色社会主义文化是我们最宝贵的精神财富，是实现中国特色社会主义共同理想的精神支柱，是中华民族最动人的精神底色。新时代的青年要坚定文化自信，做中华优秀传统文化的认同者，做红色文化的继承者，做社会主义先进文化的引领者，打造中华民族共有精神家园，建设社会主义文化强国。

三、坚守和践行社会主义核心价值观

一个时代有着一个时代的精神，一个时代也有着一个时代的价值观念。所谓"核心"价值观，从个人层面来讲，是一个人的精神追求和信念，是一个人对是非、善恶、美丑等问题作出判断的根本标准，是一个人与他人、与社会保持正常交往关系的前提和基础，是一个人处理各种关系的准则和规范；从社会层面来讲，是一个民族、一个国家的精神追求，是社会评判是非曲直的价值标准，是维系一个民族的精神纽带，是一个国家共同的思想道德基础。社会主义核心价值观实际上就是一种德，是个人之德，也是一种大德——国家之德、社会之德。

"四维不张，国乃灭亡。""四维"指的是"礼、义、廉、耻"，这四者共同构成了中华民族传统文化中最基本的价值体系，也是中国先人当时核心价值观的体系。中国共产党第十八次全国代表大会首次用十二个词概括了社会主义核心价值观，即富强、民主、文明、和谐，自由、平等、公正、法治，爱国、敬业、诚信、友善。社会主义核心价值观是以人民为中心的价值要求，既体现了社会主义的本质要求，也是中华优秀传统文化与世界文明相融合的时代精神；与此同时，社会主义核心价值观也回答了我们要建设一个怎样的国家、构建一个怎样的社会和培养一个怎样的公民这一重要课题。

青年是一个特殊的群体，他们正处于价值观形成和确立的关键时期，他们有对未来生活的美好憧憬，同时也有对未来道路的迷茫。青年的价值取向不仅影响着其自身价值观的形成与发展,而且也影响到整个社会的价值观养成。因此,抓好这一时期的价值观的养成就显得十分重要。

培育核心价值观绝非一日之功,必须坚持从易到难、从近到远的原则,广大青年要从内心深处真正想把核心价值观的内涵理解好、认同好、感受好,从而将社会主义核心价值观转化为自己日常行为的基本遵循,继而形成一种自觉追求的信念和观念,并在日常生活中积极推广传播。

明辨

勤学、修德、明辨、笃实

一是要勤学,下得苦功夫,求得真学问。知识是树立核心价值观的重要基础。古希腊哲学家说,知识即美德。我国古人说:"非学无以广才,非志无以成学。"大学的青春时光,人生只有一次,应该好好珍惜。为学之要贵在勤奋、贵在钻研、贵在有恒。鲁迅先生说过:"哪里有天才,我是把别人喝咖啡的工夫都用在工作上的。"大学阶段,"恰同学少年,风华正茂",有老师指点,有同学切磋,有浩瀚的书籍引路,可以心无旁骛求知问学。此时不努力,更待何时?要勤于学习、敏于求知,注重把所学知识内化于心,形成自己的见解,既要专攻博览,又要关心国家、关心人民、关心世界,学会担当社会责任。

二是要修德,加强道德修养,注重道德实践。"德者,本也。"蔡元培先生说过:"若无德,则虽体魄智力发达,适足助其为恶。"道德之于个人、之于社会,都具有基础性意义,做人做事第一位的是崇德修身。这就是我们的用人标准为什么是德才兼备、以德为先,因为德是首要、是方向,一个人只有明大德、守公德、严私德,其才方能用得其所。修德,既要立意高远,又要立足平实。要立志报效祖国、服务人民,这是大德,养大德者方可成大业。同时,还得从做好小事、管好小节开始起步,"见善则迁,有过则改",踏踏实实修好公德、私德,学会劳动、学会勤俭,学会感恩、学会助人、学会谦让、学会宽容,学会自省、学会自律。

三是要明辨,善于明辨是非,善于决断选择。"学而不思则罔,思而不学则殆。"是非明,方向清,路子正,人们付出的辛劳才能结出果实。面对世界的深刻复杂变化,面对信息时代各种思潮的相互激荡,面对纷繁多变、鱼龙混杂、泥沙俱下的社会现象,面对学业、情感、职业选择等多方面的考量,一时有些疑惑、彷徨、失落,是正常的人生经历。关键是要学会思考、善于分析、正确抉择,做到稳重自持、从容自信、坚定自励。要树立正确的世界观、人生观、价值观,掌握了这把总钥匙,再来看看社会万象、人生历程,一切是非、正误、主次,一切真假、善恶、美丑,自然就洞若观火、清澈明了,自然就能作出正确判断、作出正确选择。正所谓"千淘万漉虽辛苦,吹尽狂沙始到金"。

四是要笃实,扎扎实实干事,踏踏实实做人。道不可坐论,德不能空谈。于实处用力,从知行合一上下功夫,核心价值观才能内化为人们的精神追求,外化为人们的自觉行动。《礼记》中说:"博学之,审问之,慎思之,明辨之,笃行之。"有人说:"圣人是肯做工夫的庸人,庸人是不肯做工夫的圣人。"青年有着大好机遇,关键是要迈稳步子、夯实根基、久久为功。心浮气躁,朝三暮四,学一门丢一门,干一行弃一行,无论为学还是创业,都是最忌讳的。"天下难事,必作于易;天下大事,必作于细。"成功的背后,永远是艰辛努力。青年要把艰苦环境作为磨炼自己的机遇,把小事当作大事干,一步一个脚印往前走。滴水可以穿石。只要坚韧不拔、百折不挠,成功就一定在前方等你。

——《青年要自觉践行社会主义核心价值观——在北京大学师生座谈会上的讲话》(习近平,《人民日报》2014年5月5日)

第三节　不忘青春使命　放飞青春梦想

习近平总书记在庆祝中国共产党成立100周年大会上的重要讲话中强调:"新时代的中国青年要以实现中华民族伟大复兴为己任,增强做中国人的志气、骨气、底气,不负时代,不负韶华,不负党和人民的殷切期望!"新时代中国青年正处于中华民族发展的最佳时期,他们面临着难得的人生际遇的同时,也肩负着中华民族伟大复兴的时代使命。机遇和挑战并存,不忘青春使命、放飞青春梦想,当成为广大青年的青春宣言。

一、志存高远

人无志不立。志向,即人生奋斗的目标和方向,也可以理解为理想、抱负。"立志"就是为自己确立一个努力的方向,也就是理想信念的树立。

"志"有大小之分、高下之分。所谓志向远大，就是要立志奉献社会、服务他人、促进社会的和谐和进步；所谓志向低下，主要是立志追求个人的利益，偏功利性，注重眼前利益。如果只为了眼前的功利而去做任何事情，那就会成为愚蠢、庸俗、丑恶之辈。只有自己生活着，是为了让他人活得更好，才能崇高，才能精彩，才能纯粹。

志向，是青春之火，生命之动力。人要有远大的志向，才能激发自己的潜能，才能有强大的动力。伟业源于信念，只有拥有了崇高而坚定的理想信念，人才能以惊人的意志和不懈的奋斗去完成自己的事业，否则就有可能庸庸碌碌、无所作为，甚至腐化堕落，走上邪路。"古之立大事者，不独有超世之才也，亦必有坚韧不拔之志也。"无数杰出人物在异常恶劣的环境中创造了一个又一个奇迹，在普通岗位上取得了非凡的成就，为人类文明做出了有益的贡献，无不来自其远大的志向。同时，也有许多优秀的人才，由于理想信念的丧失，最终走上了一条不归路。

理想和信念，是衡量人们精神境界高低的一个重要标尺。崇高的理想和信念，可以丰富一个人的精神生活，提高一个人的精神境界。庸俗狭隘的理想信念，将使人的格局受到限制。理想信念是一个人于精神世界"安身立命"的根本，理想远大、格局宽广的人，他的抗挫折能力往往很强。人生有高潮也有低谷，崇高的理想信念能够在人们遭遇挫折时提供一种强大的精神力量、经受得住考验，把挫折当作磨砺自己的机会，愈挫愈勇，披荆斩棘，直至战胜艰难险阻；如果缺失理想或者理想狭隘，就会瞻前顾后、患得患失，甚至满腹牢骚、一蹶不振。志存高远就是要打开格局，不甘落后，同时又不屈于一时一地的困难和挫折，更不斤斤计较于个人私利的多寡和得失。

"心有所信，方能行远。"中国共产党自诞生之日起，就在自己的旗帜上鲜明地写下了马克思主义，时刻以造福中国人民、振兴中华为初心使命，时刻坚守共产主义理想与社会主义信念，并一以贯之地反映在百年奋斗史上。从血雨腥风的革命战争年代到艰苦卓绝的建设岁月，从波澜壮阔的改革开放到万象更新的中国特色社会主义新时代，无数青年人以科学思想为灯，照亮坚毅前行的道路，用星光点点汇聚成闪耀神州大地的炫美星河。新时代的中国青年，既要传承革命先辈的光荣传统和优良作风，也要掌握马克思主义中国化最新理论成果中蕴含的立场、观点、方法和道路、学理、哲理。

青年要有崇高的理想，要有坚定的信念。他们是一个国家和民族所向披靡、顽强前行的力量。青年有了雄心壮志，才能激发出奋发向上的潜能，青春岁月才不会如无舵的小船一样漂泊无定。每个人的人生的目标不会一模一样，事业的选择也不会一模一样，但只有把自己的小我融于祖国之大我之中，融于人民之大我之中，和时代同行，与人民共命运，人生的价值才能得到恰如其分的实现，人生的境界才能得到升华。离开祖国的需要，离开人民的利益，任何孤芳自赏，都会陷于狭小的天地之中，越走越窄。

时代在发展,理想要顺应时代潮流,才会实现,才会有意义。革命战争时期,救国图存、百折不挠是顺应潮流;新中国建设时期,自力更生、奋发图强是顺应潮流;改革开放时期,解放思想、锐意进取是顺应潮流;中国特色社会主义进入新时代,立足于"中华民族伟大复兴战略全局"、立足于"世界百年未有之大变局"这一历史性的经纬,自信自强、守正创新就是当今时代的潮流。广大青年要把自己的志向定位在国家发展的时代坐标上,定位在社会进步的脉搏上,坚定"请党放心,强国有我"的思想自觉和行动自觉。国之大者,关乎百姓福祉,关乎民族复兴,关乎党和国家的前途命运。胸怀全局,才不会在纷繁复杂的现象中迷失方向,而是能够透过现象见本质、见规律;才不会陷入多如牛毛的细节中,而是能够抓住主要矛盾、抓住矛盾之要害;才不会因一时一处的成败得失自乱阵脚,而是能够心平气和地研判走势,顺势而为,把准方向,保持定力,永远与时代同向同行。

明辨

新时代的内涵是什么?

习近平总书记在十九大报告中对中国特色社会主义新时代的本质内涵作了高度凝练和科学概括:"这个新时代,是承前启后、继往开来、在新的历史条件下继续夺取中国特色社会主义伟大胜利的时代,是决胜全面建成小康社会,进而全面建设社会主义现代化强国的时代,是全国各族人民团结奋斗、不断创造美好生活、逐步实现全体人民共同富裕的时代,是全体中华儿女勠力同心、奋力实现中华民族伟大复兴中国梦的时代,是我国日益走近世界舞台中央、不断为人类作出更大贡献的时代。"

这一科学概括,从几个维度上揭示了中国特色社会主义新时代的本质内涵:"承前启后、继往开来、在新的历史条件下继续夺取中国特色社会主义伟大胜利",讲的是新时代的历史脉络;"决胜全面建成小康社会、进而全面建设社会主义现代化强国",讲的是新时代的实践主题;"全国各族人民团结奋斗、不断创造美好生活、逐步实现全体人民共同富裕",讲的是新时代的人民性;"全体中华儿女勠力同心、奋力实现中华民族伟大复兴中国梦",讲的是新时代的民族性;"我国日益走近世界舞台中央、不断为人类作出更大贡献",讲的是新时代的世界性。

简言之,中国特色社会主义新时代,本质上就是中华民族实现强起来的时代。我们要在全面建成小康社会基础上,分两步走,在本世纪中叶把我国建成富强民主文明和谐美丽的社会主义现代化强国,实现中华民族伟大复兴的中国梦。

进入新时代的意义是什么?

党的十九大报告阐述了"三个意味着":"意味着近代以来久经磨难的中华民族迎来了从站起来、富起来到强起来的伟大飞跃,迎来了实现中华民族伟大复兴的光明前景;意味着科学社会主义在二十一世纪的中国焕发出强大生机活力,在世界上高高举起了中国特色社会主义伟大旗帜;意味着中国特色社会主义道路、理论、制度、文化不断发展,拓展了发展中国家走向现代化的途径,给世界上那些既希望加快发展又希望保持自身独立性的国家和民族提供了全新选择,为解决人类问题贡献了中国智慧和中国方案。"这"三个意味着"深刻阐明了中国特色社会主义进入新时代的历史意义、政治意义、世界意义。

——《关于新时代的四个问题》(共产党员网,2017 年 12 月 21 日)

二、勇于开拓实践

信念不是一个"口号",而是一种行为,只有在身体力行的时候,信念才会显得意义非凡。信念不能坐而论道,凌空蹈虚,而是需要在学思践悟中慢慢构建。坚定理想信念是一个长期而艰巨的终身课题,需要一生笃信、一生坚守,常修常炼。唯有将信念的坚定落实表现在内化于心、外化于行的行动中,坚持知行合一,以知促行,以行促知,在改造客观世界的同时不断改造自己的主观世界,细致打磨精神世界,用崇高追求充实灵魂,信念之花才会常开不败。

(一)将青春理想与增长知识见识相结合

"人才有高下,知物由学。"学习是成长进步的阶梯,实践是增长才干的方法。梦想始于学习,事业成就靠本领。青年人正处于学习的黄金时期,年轻人正处在求学黄金期。青年时期的知识底子厚不厚,对自己的一生都有影响,甚至是决定性的影响。新时代的中国青年,不仅要在学习的深度上下功夫,要有扎实的专业知识,也要在学习的广度上下功夫,要具备广博的知识面,让勤学苦练成为青春生活的标配。大学生要珍惜学习时光,求知学问做到心无旁骛,增长见识、丰富学识。在学习有字之书的同时,也要多学无字之书,注重人生经验和社会知识的学习,在求真、悟道、明事的方向上不断前进,努力成为可堪大用的栋梁之材。

新时代,是我们的国家日益走近世界舞台的中心、为人类不断作出贡献的时代。

作为新时代的社会主义建设者和接班人，要切实增强知识更新的紧迫感，如饥似渴地学习，既扎实打牢基础知识，又及时更新知识；既刻苦钻研理论，又积极掌握技能，不断提高自身素质和能力，使其与时代发展相适应，与事业要求相适应；要放眼世界，拓展国际视野，既肩负起建设祖国的使命，又肩负起奉献世界、奉献人类的重任。

（二）将青春理想与创新创造相结合

创新是民族进步之灵魂，是国家繁荣昌盛之不竭动力，也是中华民族最深厚之民族禀赋。当今世界正处在新一轮的产业变革和科技革命的时代，科技创新牵一发而动全身，谁抓住了这个关键，谁就能在这场竞争中赢得先机，成为这场竞争的先手棋。反之，则会被淘汰出局。从一大批标志性成果上看，如载人航天、探月工程、北斗卫星导航系统、量子通信、超级计算、海底深潜等，创新的脉动随处可以感知。

青年是一群最有活力和创造力的社会群体，创新创造方面应当最前列。青年要敢于突破陈规，勇于打破传统观念的束缚，大胆进行创新创造；要敢为人先，勇于解放思想、与时俱进，在继承前人的基础上，甘于探索、开拓进取，树立超越前人的雄心壮志。时代是不断发展的，生活也是在发生具体变化的，青年要不等待、不观望、不懈怠，勇做创新创造的生力军。

（三）将青春理想与服务人民、奉献社会相结合

好青年志在四方，应该把理想同祖国的前途、民族的命运紧密联系起来，把目光投向国家发展的航程，在艰苦创业的舞台上挥洒汗水。或为师，心无旁骛，甘爱三尺讲台，传道授业解惑，使更多学生脚下有路、心中有光；或一头扎进军营，在实现强军梦的伟大实践中挥洒青春和汗水；或扎根科研，耐得住寂寞、守得住清贫，大胆假设、小心论证，打通科技"最后一公里"；或到基层去、到西部去，干出一番事业、做好一番事业，在祖国最需要的地方，绽放青春之花。与人民同奋斗，青春才能灿烂；与人民同奋进，青春才能昂扬；与人民同梦想，青春才能无悔。用奋斗书写青春鲜活的注脚，担当时代赋予的重任。

拓展

"我们将科幻变成了科学"

如果你看过科幻小说，想象过太空生存，你也许知道，当人类进行长时间、远距离

的深空探测,必须建设一个"地外生命保障系统",原位循环再生人类生存所需的氧气、水和食物。而这项技术在应用到空间前,要在地面构建地基模拟实验验证系统,进行系统的运行调控技术研究。

在北京航空航天大学,"月宫一号"团队由此而生。"月宫365"实验完成了全球最长时间的一次太空舱人工密闭生态系统生存试验,使中国在载人航天生物再生生命保障领域走在了世界前列。在他们手上,科幻一步步变成了科学。

············

目前,"月宫一号"团队已取得大量宝贵的实验数据,他们一边等待可以将生命保障系统带到地外环境测试的合适机会,一边继续拓展系统在地面极端条件下的应用性。

"这个项目主要针对月球、火星等地外基地,同时还可以应用于高原、极地、岛礁、深海、深地等具有重要国防或科研价值的极端环境,或者应用于现代农业、环境保护与生态科学研究中。"刘红说。

参与过"月宫365实验"的志愿者刘光辉,正通过自主创业,将月宫中一些技术产业化。"我们已经做出了第一台集装箱式植物工厂装备,目前正在试运行状态。"刘光辉说,虽然很忙,但他还是一直关注实验室动态,相信"月宫一号"团队会再接再厉、再铸辉煌。

曾是志愿者的董琛已从当年的博士生成为一名人民教师。他给儿子起了个有纪念意义的小名——"航航"。"希望儿子能传承航天人特别能吃苦、特别能战斗、特别能攻关、特别能奉献的精神,甚至未来能够作为宇航员遨游太空。"

曾经的团队成员学成毕业,新鲜的年轻力量也在不断加入。

"读高中的时候,生物课本上提到的'生物圈2号'(美国建的一座微型人工生态循环系统)给我留下深刻印象,其失败也令人扼腕。之后,在网络上看到中国的'月宫一号',我又激动又振奋。"北京航空航天大学2019级硕士研究生徐子昂说,他一直想加入"月宫一号"团队,终于圆梦。"希望今后我们团队能让更多科幻变成科学。"

回望过去,刘红很感慨:"一个当初没有多少人看好的梦想,最终打破世界纪录,成为国人骄傲,我觉得这半辈子过得真值。"刘红说,16年间很多青年才俊加入进来,有的人留下了名字,更多的人留下的只是一个背影,但大家都一样高兴,因为这是大家念兹在兹的月宫梦、星空梦。

对于将来的科研工作,刘红和团队成员信心满满:"以终点为起点,我们仰望星空永不止步!"

——《"我们将科幻变成了科学"》[叶子,《人民日报》(海外版)2020年9月1日]

三、谱写青春旋律，燃烧青春激情

无论过去、现在还是未来，每一代青年都有自己的际遇和机缘，都应该在自己所处的时代运筹帷幄、创造属于自己的历史，青年人永远是实现中华民族伟大复兴的先锋力量。一代人有一代人的长征，一代人有一代人的担当，青年只有把自己的人生融入国家和民族的事业中，才能在事业上最终有所成就。

青年是最富有朝气，也是最富有梦想的。一百多年前，一批新青年点燃了马克思主义思想火炬，开启了从旧中国走向民族复兴和未来的征程。1921年7月，中共一大13位平均年龄28岁的代表在一间18平方米的屋子里酝酿"开天辟地的大事"，讨论并通过中共第一个纲领，从此中国革命面貌发生了巨大的变化。风雨兼程一百年，一代又一代的中国青年在党和人民事业中融入了自己的青春奋斗，争做中华民族伟大复兴进程中的先锋力量。到延安去、到前线去、到脱贫攻坚第一线去、到抗击疫情最前沿去、到祖国最需要的地方去……成为每个时代的最动听、最优美的声音。在革命、建设、改革各个历史时期，中国青年始终与时代同舟共济、与人民风雨同舟。新时代的中国青年要自觉地把自己融入党和人民的事业中去，勇立潮头、激流勇进、扬帆远航，谱写青春的旋律，燃烧青春的激情。

新时代的中国青年想要有所作为，就必须投身于民族复兴的伟大事业中去。习近平总书记在2014年同北京大学师生座谈时寄语青年大学生："现在在高校学习的大学生都是20岁左右，到2020年全面建成小康社会时，很多人还不到30岁；到本世纪中叶基本实现现代化时，很多人还不到60岁。也就是说，实现'两个一百年'奋斗目标，你们和千千万万青年将全过程参与。有信念、有梦想、有奋斗、有奉献的人生，才是有意义的人生。当代青年建功立业的舞台空前广阔、梦想成真的前景空前光明，希望大家努力在实现中国梦的伟大实践中创造自己的精彩人生。"如今，青春是用来拼搏的；以后的日子，青春是用来回味的。

新时代的青春旋律中，青年是时代的主角。青年要以饱满的青春激情，迎难而上的斗志和逢山开路、遇水架桥、劈波斩浪、披荆斩棘的勇气，闯出一片天地，为实现中华民族伟大复兴目标而努力奋斗！与此同时，广大青年要有"板凳甘坐十年寒"的坚韧和钻劲，不驰于空想、不骛于虚声，不陈空文、不弃微小，脚踏实地、埋头苦干，让拼搏、奋斗、热血和担当成为新时代青春之歌的主旋律。

拓展

严克美:飞回大山的"金凤凰"

曾几何时,离开大山是许多山区孩子读书的目的和愿望;而如今,回到大山正成为更多年轻人的选择。

"新时代中国青年要勇于砥砺奋斗""奋斗是青春最亮丽的底色",这是习近平总书记在纪念五四运动 100 周年大会上对青年提出的要求。一批又一批大学生响应乡村振兴战略的号召,在学成之后回到乡村,勇挑重担,勇克难关,帮助乡亲们一起脱贫致富,实现人生价值。

作为村里第一个大学生,2008 年大学毕业后回到大山作村党支部书记的 80 后严克美已经在脱贫攻坚第一线工作十余年。重庆市巫山县当阳乡下辖的红槽村、玉灵村两个贫困村,648 户,2100 余人,在她的带领下全部脱贫。将自己的青春奉献给乡村振兴的严克美被村民们亲切地称为"深山里飞出的金凤凰"。

更为难能可贵的是,严克美不仅是"金凤凰",更是"领头雁"。"像严克美那样到农村去,可能逐渐会成为一种选择",当阳乡党委书记王鉴鑫说。

在严克美的带动下,红槽村近年来走出了陈安梅、梁远妮等 20 多名大学生,而在整个当阳乡,史学海、杨建国、刘琼、陈宗学等回村任职的外出务工人员、大学生也达 20 多人。

···········

除了影响身边的亲戚朋友,严克美的事迹通过报道被更多的人熟知,也改变了更多年轻人的选择。"这里有我的亲人,也有我的事业。我留在当阳不走了,就像美姐那样,为老百姓干点实事。"和严克美一样回村创业的伍习建说。

更多的"严克美"们,正在用自己坚毅的臂膀砥砺奋斗,行走在乡村振兴的美丽大道上。

——《严克美:飞回大山的"金凤凰"》(董铁莹,《中国青年》2019 年第 11 期)

思考讨论

1.什么是马克思主义信仰？马克思主义信仰具有哪些鲜明的特征？

2.阅读一篇马克思主义经典论著,并谈谈你的阅读感受和收获。

3.作为一名新时代的大学生,怎样将个人理想与中国特色社会主义共同理想相结合？

4.请结合自身实际,谈谈新时代的大学生如何坚守信仰。

扩展阅读

1.[德]马克思、[德]恩格斯:《共产党宣言》,人民出版社2018年3月版。

2.[苏]列宁:《马克思主义的三个来源和三个组成部分》,载《列宁选集》(第二卷),人民出版社2012年9月版。

3.习近平:《在纪念马克思诞辰200周年大会上的讲话》,人民出版社2018年5月版。

4.习近平:《在庆祝中国共产党成立100周年大会上的讲话》,人民出版社2021年7月版。

5.习近平:《青年要自觉践行社会主义核心价值观——在北京大学师生座谈会上的讲话》,人民出版社2014年5月版。

6.习近平:《在庆祝中国共产主义青年团成立100周年大会上的讲话》,人民出版社2022年5月版。

中篇　奋斗

第四章　赓续奋斗精神

【本章导读】

奋斗是指为实现既定的理想或目标而进行的积极向上的一系列的实践活动过程。奋斗精神是一种个体追求和创造幸福的行为方式，它指引着人们为了实现理想和目标而积极进取、百折不挠，它更是中华民族最为宝贵的内在品格，是中华民族自强不息、砥砺奋进的强大精神支柱。如何理解新时代的奋斗精神？怎样看待"佛系""躺平""天上掉馅饼"等影响青年筑牢奋斗精神的社会生态？如何在新征程上赓续奋斗精神？这些问题需要我们理性把握。

天行健,君子以自强不息;地势坤,君子以厚德载物。

——《周易》

第一节　奋斗精神之内涵

奋斗主要指社会个体为了一个目标去战胜各种困难的过程。奋斗的内涵在中华优秀传统文化的继承与发展中得到了不断的发展和创新。就个人而言,奋斗是自立自强的实践过程,所谓"天行健,君子以自强不息";对民族和国家而言,奋斗是人们为争取民族利益、国家发展一往无前、永不懈怠的实践过程。

孙中山曾在《讨袁之役》中表示要"与袁世凯奋斗不绝",这里的奋斗意味着"斗争,奋勇格斗";鲁迅曾在《不满》中写道:"不满是向上的车轮。"正是由于不满于现状,才会锐意进取,继而奋发图强。一个人这样做,会朝气蓬勃;一个社会这样做,将充满希望。

奋斗精神则指社会的普遍个体在实践活动中所表现出来的奋发向上、积极进取的精神与品质,它体现出社会个体在进取拼搏中所表现的精神上的理想信念、意志品格及信心毅力等。它不仅体现在社会个体上的锐意进取,同时也体现在国家与民族层面的砥砺奋进。一方面,"锐意进取"是为奋斗提供不竭的精神动力,它是有锐气、有勇气、有魄力的现实体现。另一方面是砥砺前行,我们要在不断发展过程中实现奋斗的目标,并在实践过程中坚定实践精神。

在社会主义现代化强国新的伟大征程上,大学生作为社会主义的建设者和接班人,更应该不负众望,牢记初心使命,在责任与困难面前"勇担当""能担当",在诱惑和欲望面前"能拒绝""敢拒绝",以昂扬向上的精神风貌勇担实现中华民族伟大复兴中国梦的时代责任。

一、不畏困难的拼搏精神

奋斗是通过意志打破基因对我们开发脑域的封锁,不断学习、不断实践,让自己更加智慧的创造行为。奋斗精神无疑是新时代青年成为时代新人的前提和基础,因此我们要树立伟大的奋斗精神,而这首先体现在不畏困难的拼搏精神上。"士不可以不弘毅,任重而道远。"在追求梦想的道路上肯定会遇到挫折和磨难,只有不畏艰难、迎难而上，才能取得最终的胜利。人是需要永葆拼搏精神的，缺乏拼搏精神的人，将无法实现自己的人生目标。尤其是在当今激烈的社会竞争面前，我们必须有拼搏意识，要养成积极进取、受挫而不短志的奋斗品格。树立理想不需要顽强的毅力，可是实现理想却一步也离不开坚强的意志，"艰难困苦，玉汝于成"告诫我们要坚定百折不挠的进取意志。中国共产党在革命实践过程中展现出的奋斗精神成为青年一代不断奋发图强的精神财富。中国共产党自成立以来，始终坚守初心使命，团结带领全国各族人民在进取中突破，于挫折中奋起。在实现现代化的新征程上，广大青年更要永葆艰苦奋斗精神，不畏艰难险阻，迎难而上，要敢于冲破各种挑战，在艰难的环境中磨炼自己。习近平总书记在第十三届全国人大一次会议讲话中指出：有梦想，有机会，有奋斗，一切美好的东西都能够创造出来。

二、肩负重任的担当精神

时代的责任赋予青年，时代的光荣属于青年。青年学生于国家而言，是成长中的未来梯队，是渐趋成熟的国家栋梁。青年时代，每个人都不应该拘泥于个人的小天地，更应该将目光放长远，将个人与国家相结合，以青春之我，实现青春之中国，将自己的未来与国家、民族的命运维系在一起，学会尽责，勇于担当。有担当的青年，才是有希望的青年。青年有担当，青年永奋斗，国家才有希望。正如梁启超所言："今日之责任，不在他人，而全在我少年。"以习近平同志为核心的党中央在新时代背景下不断强调担当精神所具有的时代价值，是因为担当精神和担当情怀是新时代青年应具有的意志品质，是实现中华民族伟大复兴中国梦的重要保证。

担当是时代新人的鲜明特色。青年一代特有的群体优势决定了青年肩负着国家前途和民族未来的重担。在党的十九大报告中，习近平强调"要以培养担当民族复兴大任的时代新人为着眼点"，以培养有理想、有目标、有能力的时代新人作为育人目标。时代新人的标准，是我们党和国家在时代发展的大背景下，为了激励广大青年的健康成长而设立的。青年不仅是全面建成小康社会的见证者，而且是实现伟大民族复兴目标、建设社会主义现代化强国的主力军。每一个青年都有自己的梦想和抱负，但大多是建立在个人家庭和个人价值之上的。个人梦想的实现离不开国家的支持，只有实现民族的复兴和社会主义现代化强国的建立，每个青年的梦想才能有坚实的保障和实现的基本社会条件。

青年实现历史使命，就必须做到有理想、有本领、有担当。理想、本领、担当这三个方面是相互支撑的，理想是担当的指引，本领是担当的动力。试想，没有个人本领作为能力支撑,没有实现社会主义的远大理想,实现民族复兴的大任也就沦为空谈。如"中国梦"的提出,就包含着从个人富裕、民族复兴到国家富强三个层面的价值意蕴,只有实现三者的同频共振,才能实现从小我到大我的"大美好"。所以,青年既要关注个人当下,也要着眼民族未来,要将理想和担当落到日常学习生活实践行动中,把时代需求、奉献祖国、服务人民、个人价值紧密结合起来。

当前,在世情、国情复杂多变的国内外形势下,共产党人秉持"我将无我"的历史使命感,充分诠释了担当精神的深刻含义。中华民族伟大复兴的中国梦是一个伟大且充满智慧的政治构想,它的实现必须具备国家层面完善的顶层设计以及社会层面行之有效的实践规划。以习近平同志为核心的党中央将实现民族复兴分为两个实践阶段,以实现新中国成立以来由弱到强的百年巨变,制定出"两个一百年"的奋斗目标,它决定着民族复兴的成败。在此过程中,作为全面建成小康社会的标志性任务,脱贫攻坚从根本上改变了中国区域性整体贫困的问题,生动体现了党带领全国人民直面困难的担当精神。当然,在完成民族复兴伟大过程中,我们还会遇到许多新困难,但是不怕牺牲、敢于胜利的勇气支撑着我们大胆拼搏,不懈奋斗。当今世界是全人类共同的世界,任何一个国家都不能独善其身。因此,构建人类命运共同体是大势所趋,各国应共同担当国际责任,各国人民都有责任共同携手打造全球治理格局。构建人类命运共同体是中国梦和世界梦的统一,它通过重塑国家与国家间的良性互动关系,重构国际发展秩序,从而科学把握国际社会的变化趋势,准确应对百年未有之大变局。

结合时代特征和中国国情,担当精神可以理解为个人担当、民族担当、国际担当,它反映了中华民族不畏强敌、克难攻坚的精神品格。正确理解担当的含义,增强担当精神给全体中华儿女指明了担当的明确方向,同时又为每一个实践个体提出了具体的行动要求。青年是实现"两个一百年"奋斗目标、建设社会主义现代化强国的主力军,是我们党和人民事业发展的主力军。应在党的领导下,牢记历史使命,切实担当起党和人民赋予的历史重任,将个人的奋斗与青年学生的责任和担当相结合,坚定理想信念,立足于民族和国家,强化政治责任,全面增强本领,增强对民族命运、人民幸福和个人理想的担当精神,把青春激情和活力集聚为实现中华民族伟大复兴中国梦的正能量,以青春之我,建设社会主义,勇挑重担,在推进实现中国梦的进程中放飞自己的梦想,书写无愧于时代的壮丽篇章。

拓展

习近平同志提倡年轻人要"自找苦吃"

1985年冬天，正在厦门大学读书的张宏樑同学因一封信结识了时任厦门市委常委、副市长习近平，并经常得到习近平同志的指导和帮助。习近平同志指导张宏樑学习《资本论》、开展社会实践、完成毕业论文，并在他的毕业纪念册上亲笔题写"志存高远　行循自然"八个字，嘱咐他工作后一定要下基层，为老百姓做事，"不要把基层当大车店"。习近平同志深入厦大经济系与青年师生座谈，还在中秋节骑着自行车到厦大学生宿舍给同学们送月饼。他提倡年轻人要"自找苦吃"，强调做人做事要"注重细节"，教导青年学生"要给书本上的知识'挤挤水'，才能得到知识'干货'"，"只有和群众实践结合，才能把'水分'挤掉"。

——《习近平与大学生朋友们》（本书编写组，中国青年出版社2020年版）

三、勇于开拓的创新精神

开拓创新的伟大奋斗精神，是当代青年应该具备的优良品质。创新精神包括追求真理的科学精神、敢于质疑的批判精神和勇于挑战的开拓精神。以习近平同志为核心的党中央特别注重创新对国家前途命运和人民福祉的意义，立足国情，放眼未来，提出了新发展理念，将创新作为引领发展的第一动力，制定并实施创新驱动发展战略。作为最富活力、想象力与创造力的群体，青年也应是创新创业的主体力量，只有把人生理想融入建设创新型国家的奋斗中，不断开拓创新，才能实现人生价值最大化。

（一）新时代创新精神的核心要义是勇攀高峰、敢为人先

创新精神是一个人从事创新活动、产生创新成果、成为创新之人所具备的综合素质，表现为运用已有知识提出新问题、新观点的思维能力和进行发明创造、改革革新的能力。它是推动大学生投身于创新创业实践的内在动力，是创新思维、创新能力和创新人格等叠加的综合体。诚如习近平总书记所指出的："当高楼大厦在我国大地上遍地林立时，中华民族精神的大厦也正巍然耸立。"就创造机制而言，美好生活是继承与创新的统一。人们不仅需要继承前人和已有的生活实践成果（如生活资料、经验、条

件、环境等），还要通过劳动创造破旧立新，增添更多美好性的生活因素。假若没有继承，那么人的劳动创造将会缺失根基；同样，假若没有创新，那么生活将永远停滞不前。所以，我们必须将两者相结合，才能创造幸福生活。人们向往和追求美好生活的奋斗目标是永恒的，具有长期性，但从具体历史阶段看，美好生活的实现并不能一蹴而就，而是必须遵循循序渐进的基本原则。"实现新时代美好'生活'就在于人们在坚持中国特色社会主义根本制度中不断实践奋斗，肩负起一代人所应肩负的使命，掌控好一代人所拥有的'时间'，不断拓展新时代人生活全面发展的空间。"

（二）大学生创新精神的五个特点

1. 普遍性。是指新时代大学生普遍具有创新精神，而这种创新精神集中体现在创新思维、自信独立、洞察力敏锐、敢于挑战、综合创造力及协调力强等方面。

2. 特殊性。新时代的大学生朝气蓬勃，好奇心强，容易接受新知识，也敢于质疑和挑战，但又极易受外界影响。他们正处于人生重要的拔节育穗期，正值"三观"形成的关键时期，大学生对人生未来发展有着美好的憧憬与规划。对此，培育新时代大学生创新精神就具有一定的特殊性，既要考虑把握时代青年的共性，更要兼顾该群体的心理特点和认知规律。

3. 复杂性。作为一个兼具各种素质的综合体，由于受到原生态家庭环境、教育环境以及社会整体环境等因素的影响，大学生能力结构具有多样性和复杂性，因此，对于大学生创新精神的培养，也要充分考虑其复杂性和多样性。

4. 时代性。党的十八大以后，新时代背景下创新驱动发展已成为国家战略，实现国家富强亟须激发全体人民的创新精神。就发展层面来讲，创新本身并非静态不变的结构，而是一个随着时代发展而不断更新变化的动态理念。

5. 可塑性。新时代大学生创新精神本身具有可塑性，思想品德素养生成发展具有"知情意行"四个逻辑维度，创新精神的培育也需要经历认知、认同、践行三个阶段。大学生只有科学认知创新精神的内涵、本质、价值等，在主体内心真正形成情感认同、思想认同，才能外化为行动实践，主体的创新能力才能获得提高，主体的创新意识才能逐渐形成。

（三）认知是大学生创新精神形成的基础，是对创新精神认知的初级阶段

首先，大学生在感性认识的基础上，通过对创新精神的认知，即通过对创新精神内涵、特征等核心内容进行概括分析和综合判断，其感性认识逐渐上升为理性认识，逐渐形成抽象思维、掌握其核心要义，这属于认知的高级阶段。其次，认同是大学生创新精

神形成的关键因素。在理性认知的基础上,大学生经过情感、意志等心理过程逐渐对创新精神产生思想认同。可见,创新并不是一件简单的事,而是需要有强大的精神动力和意志力作为支撑,它有助于促进大学生内心形成创造意识,激发创造欲望。最后,实践是大学生创新精神生成的必要过程,"知行合一"是大学生践行创新精神的最高阶段。纯粹的理论说教难以达到教学目的,通过实践,新时代大学生的创新精神才能最终得以生成。勤学苦练是培养青年创新创造能力、增强自身本领、更好成长成才的重要"助推器"。

"恰同学少年,风华正茂;书生意气,挥斥方遒⋯⋯曾记否,到中流击水,浪遏飞舟?"旧中国山河破碎,无数生灵惨遭涂炭,战乱饥寒无处不在。面对奴役和压迫,一代年轻人为了人民能够站起来,为了新中国的成立,把生死置之度外,流血牺牲,敢于斗争、勇于善战,砸碎了旧世界换来了新天地。现在,我们正处于一个伟大的时代,年轻人生逢盛世,青年学生作为新时代最具有生命力和创造力的群体,作为中国特色社会主义事业的接班人和中国特色社会主义现代化建设的建设者,应不负盛世与青春,无论是学习还是工作,青年人都应该把自己的奋斗与努力和时代脉搏紧密地结合在一起,大力弘扬伟大奋斗精神,在实践中练就真本领,不驰于空想,不骛于虚声。肩负起时代赋予的使命,以青年之姿,浮舟于沧海之上,立马于昆仑之巅!

拓展

仰望星空的航天追梦人

仰望星空,我们能看见两个"北斗"。一个有 7 颗星,已在宇宙间存在亿万年之久,自古以来为人类指位定向;一个有 30 颗星,从无到有诞生发展不过 26 年,在浩渺太空却能为人类提供精确到 10 米的定位。

前者名为"北斗七星",是自然的馈赠;后者名为"北斗三号全球卫星导航系统",是一项由中国航天人创造的奇迹。

作为航天科技集团五院北斗三号工程副总设计师、卫星首席总设计师,每谈及此,谢军总是有诸多感慨。

1982 年,谢军从国防科技大学毕业,分配至中国航天科技集团五院 504 所工作,从这里踏上航天之路。

一张蓝图绘到底。1983 年,中国科学院院士陈芳允提出了利用两颗地球同步轨道卫星进行定位导航的设想,即双星定位设想,由此开启了筚路蓝缕般的伟大征程。

1994 年,北斗一号卫星系统工程建设正式启动。2000 年,2 颗北斗一号卫星成功发射,中国成为世界上第三个拥有自主卫星导航系统的国家。北斗一号系统采用有源定位体制,可为中国用户提供定位、授时和短报文通信服务,系统设计建设符合当时中国国情,充分体现了"快、好、省"的原则。

2004 年,当北斗二号卫星系统工程正式启动时,谢军也正式走上了北斗二号导航卫星总设计师的岗位。于谢军而言,这是一个全新的岗位,也意味着一份全新的使命和职责。

…………

仰望星空,那里有中国航天人的梦想。习近平总书记曾说:"探索浩瀚宇宙,发展航天事业,建设航天强国,是我们不懈追求的航天梦。"

对谢军而言,北斗卫星导航系统就是实现中国航天梦的重要体现、重要一站。38年航天路,16 年北斗路,谢军感慨最多的是来路漫漫的不易、无数航天人为之奋斗的可敬,以及今朝回首的淡然与自信。

在这条道路上,26 年春夏秋冬,400 多家单位、30 余万名科研人员万众一心,将自己融入中国北斗事业的浩大工程中,不计小我,成就大我。

"我们的征途是星辰大海。"谢军说,如今,更多的年轻北斗人成为这个征途上的主力军,他们更有活力、更有干劲,也更有对航天强国梦的热忱和期许。

——《"北斗人"谢军:我们是仰望星空、脚踏实地的航天追梦人》(李川,中国青年网 2020 年 9 月 19 日)

第二节　影响奋斗精神之社会生态

一、"佛系"

(一)何谓"佛系"

近年来,源自日本的所谓"佛系"的亚文化,成为中国的另一种新动向,我国青年群体深受此文化的影响。"佛系"来自中华传统佛学里的"佛"字，加以后缀"系"而生成，再与日常社会行为的配对，衍生为"佛系+×"。"90后"为核心的青年群体，由于他们信仰一种"有无均可""随心所欲"的生活方式与人生观，与看破红尘的佛教思想大致接近，所以，这部分青年群体也被称为"佛系青年"。随着互联网媒体的迅速传播，"佛系青年"在年轻群体中产生了普遍的情感共鸣，并从而形成了影响深远的青年人亚文化。"佛系青年"是当今互联网上最流行的"网红"用语之一。作为一种文化现象，"佛系"是指看破红尘、按照自己的方式生活的一种生存境界与人生态度。"没事、都行、随缘"等"佛系"用语为青年人的惯用词，"佛系"在生活状态上表现出"一切随缘"的低欲望状态。

"佛系"一词虽然只是网络流行语，却反映了当代中国社会的动态变化，具体体现了人们特定的生活方式与价值观念。目前，学者从不同角度对"佛系"现象进行了研究解读。有学者认为，"佛系"问题其实是"丧文化"的延续发展，是近年来青年群体社会心态转变的新样本，"佛系"问题汇集了中国现代经济社会的弊病与痛点，从而形成了种种情绪低沉、麻木不仁、缺乏归属、缺少目标、碌碌无为等精神状况与处世态度，是对社会的一种颓丧的消极抵抗。有学者对"佛系青年"群体在复杂的社会自然环境和社会转型升级里的境遇进行了研究。在他们看来，"佛系青年"是社交网络里的抽象化表达，其在个人与社会、理想与现实的关系中发挥着"安全阀"的功效。与此同时，"佛系"还可以作为当代青年缓解情绪和工作压力、表达态度的一种重要的方式。再者，对于青年的所谓"佛系"的"有无均可，随遇而安""不过于追求，不过分执着"的矛盾心理状态，从青年群体自我心理调适和积极心理学视角分析，可能是一种豁达积极的正能量，是一种可以合理调节压抑情绪和紧张心理的应对方法。

"佛系"作为一种青年亚文化，反映了青少年以别样的方式来表达身心的躁动，宣泄个人的情绪，这种"佛系"亚文化是社会多方面因素综合作用的结果。风笑天教授等认为，"中国向市场经济的转型、社会分化加剧、多元的现代价值观、人口结构变迁"是影响当代青年观念与现象的重要原因。迈克尔·布雷克则指出：文化是人类企图克服现存于人类社会构成中的各类冲突时形成的，这种冲突是人类自己共同经历过的，并能导致一个集体认同形式。

因此，"佛系青年"亚文化是以"90后"为主的青年人面对社会转型与变革所带来"工作竞争加剧、生活成本提高、低阶层向上跨越与流动的范围逐渐变小"等社会压力时所采取的应对方式，表现了"佛系青年"在社会压力下的心态。当然，主张"佛系"的青年并不是因为他们信仰佛教，而是由于他们本身体现出来的某些特征和佛教倡导的思想有契合之处，但"一切随缘"的背后折射出的则是当下部分青年人消极的价值取向。

（二）为什么会产生"佛系青年"

一方面,在生活中往往欲望太多,而有些青年却行动太少,导致客观生活环境和主观期许的心理落差;另一方面,社会和家庭对年轻人的要求越来越高,青年的压力过大。为了释放焦虑、逃避困惑,于是便出现了许多"佛系青年"。从本质而言,"佛系"体现着放纵自我的犬儒主义。如果加上了"佛系"的标签,往往代表青少年群体犬儒化,他们拒绝接受正面价值,主张任何事物毫无意义,甚至自身的出现都是虚无,拒绝理想和期望,逐步幻灭对未来生活的憧憬,没有奋进目标和力量,这将影响社会主义核心价值体系和社会主义核心价值观的建设成效,"佛系"对青年亚文化的兴起和发展产生的消极影响应予以重视和警惕。

（三）拒做"佛系青年"

习近平总书记指出,青年一代有理想、有本领、有担当,国家就有前途,民族就有希望。理想是青年一代的立身之本,每一名青年都应该志存高远,涵养自身崇高的人生情怀。

"人无精神则不立,国无精神则不强。"当代广大青年要坚定理想,志存高远,要立大志、谋大事,树立崇高的理想信念,又要脚踏实地、矢志不渝地为之拼搏,用火热的生命在新时代创造价值,勇做新时代的弄潮儿,不辜负美好韶华,在为人民利益服务的努力奋斗中书写人生华章。

"青年兴则国家兴,青年强则国家强。"广大青年要加强政治理论学习,用习近平新时代中国特色社会主义思想武装头脑,坚定信念,强化政治意志、大局意志、核心意志、看齐意志,坚持道路自信、理论自信、制度自信、文化自信,挺起民族文化精神脊梁,处理好世界观、人生观、价值观这个"总开关"的问题。要将自身发展同国家和人民的命运紧紧联系起来,胸怀祖国,服务人民,立志为祖国和人民的利益而奋斗,在为人民服务的过程中充分体现人生价值。

"空谈误国,实干兴邦。"青年一代既要有志向,更要有能力、有责任。使命重在担当,实干铸造伟业。步入新时期,开启新征途,广大年轻人的步履都要和新时期的历史车轮同向同行,广大青年要主动投入社会实践,将远大的志向、端正的品德、深厚的学识贯彻到工作实际中去,以强烈的社会责任心和使命感,踏踏实实做好自己分内的每一项工作,以夙夜在公、只争朝夕的工作状态,全心全意地投入中华民族伟大复兴的宏伟事业中。要自觉到条件艰苦,经济形势复杂的地区接受考验、加强锻炼,利用艰难复杂的工作条件砥砺品质。要自觉到人民群众生活和工作中最需要的地方去,到最能磨炼意志、提高能力、最能发挥的时候去"苦心志""劳筋骨",以失败和困难作为磨炼党性的炉火,在社会实践中吸取养分、增强综合素养,真正成为做人实、创业实、谋事实的新时期青年。

二、"躺平"

(一)何为"躺平"

"躺平"是当下社会的流行语,主要指一些人以降低生存欲望和生活质量的消极方式,对抗社会竞争的风险的处世态度。从心理学上看,"躺平"是指对事物的变化没有任何反应或者反抗,表示一种麻木、顺从的心理状态。而拥有躺平心理的年轻人的生活往往是一种躺平的状态,从躺平心态出发所做出的符合躺平心理的反应和机械性的劳动则称为"躺平"行为。从躺平种类而言,包括暂时躺平和长期躺平、积极躺平和消极躺平两种。无论采用哪种分类方式,躺平都是可以互相转化的,每类躺平者中也会或多或少具有另一类躺平者的特性。尽管积极躺平者躺平的最终目的是改变"丧"的心态,更加认清自己,为了以后能回归初心,理性勇敢地面对未来,但就绝大部分"躺平"而言,其躺平往往是为了逃避短暂的痛苦终日沉溺于消极情绪无法自拔,失去了人生追求,放纵自己,贪图享乐。

首先,"躺平"意味着不争不抢、无意进取、一切随缘。即"在整个社会'内卷'下,在所承担的工作压力冲破个人心灵临界时,选择放弃、消极逃避的精神或行动状况"。面对现实生活的高压力、强竞争,青年选择从奋发进取转向随遇而安的态度,即"躺平"的状态。

其次,"躺平"意味着青年自我效能感较低。"躺平"背后蕴藏着一种社会情绪,即认为自己很难满足家庭的希冀,达到社会的期望以及担当国家的重任。人们在实践中完成任务的态度和结果均取决于自我效能感的高低。个人的自我效能感越低,完成任务的可能性越大;相反,个人的自我效能感越低,完成任务的可能性则越小。

再次,"躺平"意味着对现实"内卷"状况的一种"呐喊",其实质体现了青年亚文化。伴随着网络空间日益扩大的信息交流、自我参与感、身份认同而形成各种负面情绪为主要标识,以嘲讽、挖苦、调侃为主要语言风格的亚文化逐渐形成。

最后,"躺平"意味着青年对劳动价值的否定。随着行业竞争压力的增大,行业的"内卷"问题也日益严重,造成青年上升空间较窄的现状,这与个人发展目标、生活期望值产生现实差距,最终导致部分青年的挫败感和无力感。一些青年甚至怀疑个人能力和存在意义而变得悲观消极,所以,"躺平"在某种程度上也反映了青年对自身主观能动性的质疑。

(二)青年"躺平"的不良影响

青年"躺平"现象是一定时代发展的产物。一方面,我国改革开放已进入攻坚期和深水区,一些深层次的体制机制问题逐渐显现。"青年群体承受着巨大的物质财富积累压力,无论是天价的房子、车子以及孩子的教育、父母的养老等,每一项都是足以使青年倍感焦虑的巨大耗资工程。普通青年试图实现阶层跃迁,却发现房价、彩礼成为他们腾飞的沉重负担,他们在残酷的社会现实面前显得失望却又无奈。"面对社会发生的变迁和经济结构的变化,青年用"躺平"来表达自己的无所适从。另一方面,是外来思潮的影响。全球化的发展不断深化,促进了各国在文化上的交流,先进信息技术为文化交流带来了更便捷的方式,西方的享乐主义和消费主义打着"自由"的旗号,通过在青年广泛使用的媒体和各种娱乐活动中传播违背主流价值观的思想,腐蚀着青年的头脑,"躺平"也正是这些外来思潮的产物。这种思想与社会主义核心价值观相悖,在青年价值观形成阶段产生了负面的影响,误导了青年在人生重要阶段的价值选择。

在繁重的社会压力下,"躺平"现象也是青年应对矛盾的一种手段,表现为"暂时逃避"和"盲目从众"两种状态。一是暂时逃避。青年出于自我保护的目的,往往会对困难选择一种暂时逃避的方法。由于理想和现实差距过大,无所适从,所以部分青年容易产生一种极端化的心态。二是盲目从众。部分青年的道德、心理、思想不够成熟,在面对问题时的态度和立场不够坚定,其价值观念和行为选择容易受到他人意见的左右。而这种"躺平"的状态,大多是受到同辈或者外界网络主流文化的影响,在好奇心的驱使下而做出的行为选择。

青年"躺平"现象极大程度上受到网络文化的影响。首先,"躺平"文化作为一种网络文化,依托于网络。互联网对广大网民来说是开放的、自由的、平等的,在互联网上,每个人都是独立的平等个体。青年群体是网络的主要使用和受众群体,青年在网络上可以自由表达这种"躺平"的方式。也就是说,网络空间为"躺平"提供了展示平台。其次,大数据时代背景下,网络媒体种类繁多,应有尽有,依托网络媒体传播网络文化的方式更便捷、隐蔽。由于网络媒体良莠不齐,自从"躺平"一词出现在大众视野,一些人目光短浅,只在乎眼前利益,为了赚取流量,抓住大众眼球,大肆宣扬"躺平"文化,给"躺平"文化镀上一层高尚的"外衣",鼓吹"躺平是人生的最高境界"。这种观点在网络空间比比皆是,使得青年大学生竞相追逐这种所谓的"最高境界"。

（三）新时代，青年要勇于对"躺平"说"不"

时代呼唤年轻一代不忘初心、时代呼唤年轻一代承担使命。"七一勋章"获得者黄文秀始终把群众安危冷暖装在心间，带领群众发展多种产业脱贫致富，用行动诠释了初心使命，谱写了青春之歌。"共和国勋章"获得者张富清60年来深藏功名，一生坚持初心、不改本色，为下一代建立起一座践行初心使命的精神丰碑。青少年唯有通过不断地向楷模看齐，把坚定的理想信念内化于心、外化于行，才能使自己和社会的脉搏一同跳跃，让青春和祖国的发展同呼吸，共命运。

新时代，青年要拒绝"躺平"，养一身实干之骨。"以实则治，以文则不治"，广大青年一定要沉下去感受身边的小事，身子要俯下去常与百姓打交道，坚持问政于民、问计于民、问需于民，真正理解群众的操心事，了解群众的烦心事，化解群众的揪心事，在为群众解决急难愁盼问题的过程中打造"金刚钻"，练就"十八般武艺"，成为急难险重冲得上、关键时刻顶得住的实干型人才。

新时代，青年要拒绝"躺平"，拥一份担责之勇。广大青年要敢于担当，同时也要注意忌推责于别人、推过于集体，要不怕摊事儿，不怕麻烦，拉满弓、铆足劲，当主力、争先锋，尽力为人民办实事、办好事。勇于挑最重的担子、接最烫的"山芋"、啃最硬的"骨头"，要敢想、敢做、敢当，朝着理想和目标久久为功、奋力前进，书写新时代的"担当答卷"。

三、"天上掉馅饼"

（一）何为"天上掉馅饼"

"天上掉馅饼"是一个汉语熟语，指不用出力即可享受现成的东西。它本指天空中降落类似馅饼那样的既免费又美味的食物，泛指在自然生活中会无缘无故地发生一些能够满足人们欲望的物质或财富上面的事情；主要贬指那些坐享其成、不劳而获的人生观。怀有天上掉馅饼想法的人片面强调物质享受的绝对意义，而无视劳动创造的过程，逃避社会责任。其本质是资本物化逻辑制约下狭隘的利己主义和极端的纵欲主义，集中表现为个人欲望上的贪得无厌和行为上的自由放纵。当人类社会生活受到资本逻辑的宰制，人与物的关系、生活目的与手段的关系发生颠倒，人由物的主宰者沦为物的奴隶，人生价值的前提与归宿倒置，个人物质享乐成为生活的最终归宿。

（二）"天上掉馅饼"的本质与危害

"不劳而获"是指自己不劳作而获得或侵占他人的劳作结果,是个毋庸置疑的贬义词。"不劳而获"真的是非公正、非合法的吗? 从历史来考察,在私有制社会里,奴隶主、地主和资产阶级确有不劳而获,也确有残酷的剥削。比如在今天的社会,丧失了劳动能力的人,无法再向社会进行提供劳动,应不应该"不劳而获"? 毫无疑问,所谓不劳而获、坐享其成的生活观不符合人类社会生活的基本规律,它不能彻底拯救人的灵魂,给人带来真正的幸福感,相反却只能使人们愈发孤独和恐惧,导致人的精神沉沦以及美德的"去圣化"。倘若一味地坐享其成、贪图享乐,将会使个体落入"享乐陷阱",导致其意志消沉、不思进取,从而产生社会上虚假繁荣的毒瘤,助长玩物丧志的不良行为。所以,要正确认识一味幻想"天上掉馅饼"思想的本质与危害,弘扬艰苦奋斗的精神,共创共享新时代的美好生活。

（三）幸福不会从天而降,伟大的梦想终究要靠辛勤的劳动实现

"两个一百年"奋斗目标的实现,更要依靠全体中华儿女辛勤、诚实、创造性的劳动来实现。青年大学生应向劳动模范和先进劳动者学习,学习他们"爱岗敬业、争创一流、艰苦奋斗、勇于创新、淡泊名利、甘于奉献"的劳模精神。作为新时代的群众榜样,劳动模范以高度的主人公精神和责任感无私奉献、艰苦奋斗,为全国各族人民树立了标杆。他们用平凡岗位上的实际行动向人们诠释了社会主义核心价值观的深刻意蕴,通过学习这些劳模的感人事迹,我们更要善于传承和弘扬伟大的精神力量。与其坐而论道、痴心妄想,不如从基层做起,将所学的知识与劳动相结合,用辛勤的劳动,为实现个人梦、民族梦和国家梦助力增辉。

明辨

当代青年还需要艰苦奋斗吗?

有人认为:"艰苦奋斗是老一辈的事,当代青年不需要艰苦奋斗。"这种观点在理论上是错误的,在实践中是有害的。一方面,物质生活条件的改善,社会观念的变化,只是赋予艰苦奋斗以新的时代内涵和实践要求,但艰苦奋斗的精神是永远不会过时的;另一方面,讲艰苦奋斗,也并不是不讲物质条件,而是为了实现既定的理想,吃苦耐劳,迎难而上,不惜奉献出自己的一切。当代中国既面临着重要的发展机遇,也面临着前

所未有的困难和挑战。梦在前方,路在脚下。自强者强,自强者胜。实现我们的发展目标,需要广大青年锲而不舍、驰而不息的奋斗,不断书写奉献青春的时代篇章。

——《思想道德与法治》(本书编写组,高等教育出版社 2021 年版)

第三节　赓续奋斗的精神基因

一、探寻奋斗的精神基因

(一)奋斗精神代表了中华民族乐观向上、勇于实践的精神品格

中华优秀传统文化精神中蕴藏着民族乾健不已、为仁由己、至诚尽性、开物成务的精神基因。革命文化是中华民族的精神脊梁,是共产党和中国人民在革命、建设和改革开放的过程中形成的精神追求、精神品格、精神力量,是中华民族最为独特的精神标识。党的十八大以来,习近平总书记反复提出"新时代是奋斗者的时代""奋斗本身就是一种幸福"等重要观念,强调"幸福都是奋斗出来的",深深说明了幸福的来源和真谛。回望中国古代优秀的历史文化,不论是"愚公移山""精卫填海""囊萤映雪"等传说故事,或是"君子以自强不息""自古雄才多磨难"等古训格言,其间蕴涵的顽强不息和艰苦奋斗的信念始终是支持中华民族绵延至今的精神密码。

(二)中华民族历史其实就是一部中华民族艰苦奋斗、生生不息的奋斗史

一百多年来,党领导着我国人民浴血斗争、百折不挠,最终取得了新民主主义革命的胜利,建立了人民民主专政的社会主义新中国,完成了民族独立、人民解放的历史任务,开创了中华民族不断前进的新时代。新中国建立以来,党团结领导着我国人民自力更生、发愤图强,造就了我国社会主义建设事业的伟大成功;时刻牢记解放思想、与时俱进,不断推动改革开放的深入发展;始终坚持自信自强、守正创新,统揽伟大斗争、伟大工程、伟大事业、伟大梦想,开创了中国特色社会主义愈发兴旺的新时代。习近平

总书记在第十三届全国人民代表大会第一次会议发表的重要讲话,深入阐释了中国伟大民族精神。习近平总书记强调,"中国人民是具有伟大奋斗精神的人民"。

（三）中国人民自古以来都具有伟大的奋斗精神

在几千年的历史长河中,中国人民始终锐意进取,勤耕不辍。广袤美丽的中华大地,物产丰富的辽阔粮田,万千条大江河流的顺利整治,无数场自然灾害后的百废重兴,无一不见证着中华民族和中国人民的百折不挠。而今天,星罗棋布的城乡村庄,门类齐备的现代工业,丰富多彩的物质生活,中华民族所拥有的一切,都是中国人民聪明才智的凝聚,都是中国人民辛勤汗水的浸透。尤其是在鸦片战争之后,面对外国势力的入侵,在内忧外患极度严重的情况下,各族人民团结一心,浴血奋斗,在几十年如一日的坚守之下,那些穷凶极恶的入侵者们最终被赶离了这片孕育了我们千百年的土地。正是中华儿女的共同努力,才换来了中华民族的独立与和平,也是他们用血和汗共同在中华民族的历史中书写了保卫祖国、抵御外侮的辉煌篇章。从抗争外侮到建设内业,这一段又一段的经历,一次又一次的成功,都在向我们传达着团结就是力量,团结才能前进。"积力之所举,则无不胜也;众智之所为,则无不成也。"回望过去一百年,中国共产党团结带领人民披荆斩棘、风雨无阻地奋勇向前,中华民族迎来了从站起来、富起来到强起来的伟大飞跃,民族伟大复兴比历史上任何一个时期都更接近实现的目标。风雨多经志弥坚,关山初度路尤长。展望未来,我们不能遗忘历史,而是应该善于总结和把握规律,坚持中国共产党的正确领导,紧密团结在党中央周围,向着实现社会主义现代化强国的伟大目标努力奋斗,创造美好未来。

（四）新时代我们要一路高歌,砥砺前行

每一朵花的盛开都会经历风雨,每一次高峰的攀登都需要奋力坚持,同样地,每一项事业的成功也必须经过努力奋斗、持续奋斗。习近平总书记曾提出:"奋斗是长期的,前人栽树、后人乘凉,伟大事业需要几代人、十几代人、几十代人持续奋斗。"纵观中华民族悠久的奋斗史,安逸和空想必将导致破灭,唯有奋斗与实干才能真正实现幸福。中国特色社会主义建设的各项任务决不是"轻轻松松、敲锣打鼓就能完成的"。全党和全国各族人民应当为此准备作出更为艰难、更为艰苦的努力。中华民族的伟大复兴,也绝不是喊喊口号就能实现,它必然需要千千万万个普通民众凝心聚力、共同奋斗。在决胜全面建设小康社会的重要阶段、在推动实现国家社会主义现代化建设的过程中、在实现中华民族伟大复兴梦的过程中,广大青年学子决不能把爱国主义之情滞留在情感层面,而一定要贯彻于实处,落实为自己的实际行为,不断接力奋进、共同奋斗、顽强拼搏、艰苦奋斗。

二、领悟奋斗的思想真谛

明确奋斗目标，是正确领悟奋斗精神真谛的关键。马克思指出："历史承认那些为共同目标劳动因而自己变得高尚的人是伟大人物；经验赞美那些为大多数人带来幸福的人是最幸福的人。"新时代的青年奋斗者要把个人幸福同社会幸福紧密地联系在一切，为社会、为他人的幸福而奋斗。

勤俭节约、反对浪费是新时代艰苦奋斗精神的基本含义。社会主义进入新时代，社会矛盾发生了历史性变化，人民的生活不再是过去温饱不足的状态，而是在物质满足的基础上提出更高要求，追求美好生活。2021年，中国全面建成小康社会，实现了人民生活从"温饱"到"高质量"的历史跨越，"落后的社会生产"已经成为永远的"过去时"。虽然人们的生活条件好了，但是艰苦奋斗的精神一点都不能丢，应切实培养节约习惯，保持艰苦奋斗、勤俭节约的优良作风。

脚踏实地、埋头苦干是新时代艰苦奋斗精神的主要内容。中华人民共和国从站起来、富起来到强起来，是中国共产党人前仆后继、接力奋斗，用实干开创的巨大历史成就。中华人民共和国成立七十多年来，用实干从落后的农业国发展为世界第二大经济体，打赢脱贫攻坚战、全面建成小康社会，迎来中国共产党百年华诞，迈上了美好幸福生活的奋进路。只有实实在在地抓工作、出政绩、干事业，才能为中国特色社会主义发展注入行而不辍的强大动力。

攻坚克难、不懈奋斗是新时代艰苦奋斗精神的核心内涵。当今世界正经历百年未有之大变局。科学认识世界格局变化趋势，统筹好国际、国内两个大局，需要迎难而上，夺取新时代中国特色社会主义新胜利。"十四五"新征程上有更多艰巨繁重的历史任务亟待解决，面对"四大危险""四大考验"带来的执政挑战，全面深化改革难题的严峻复杂，巩固脱贫攻坚成果迈向乡村振兴的艰巨任务，应居安思危，攻坚克难，艰苦奋斗精神已成为推动社会主义现代化建设的题中之义。

创新创业、持续探索是新时代艰苦奋斗精神的深刻意蕴。第一个百年奋斗目标实现，全面建成小康社会，意味着第二个百年奋斗目标的征途已经启动。党的十九届五中全会审议并通过了有关"十四五"规划和2035年远景目标的建议，擘画新征程的战略蓝图，进一步明确了中国特色社会主义的前进方向和发展目标。新时代中华民族伟大复兴的光辉远景将逐步呈现，深入拓展中国特色社会主义理论与实践，积极开创新时期新事业，需要驰而不息的艰苦奋斗。

（一）奋发向上，是中国人民开拓进取的积极面貌

半殖民地半封建社会条件下，无数仁人志士前仆后继、上下求索；新民主主义革命时期，中国共产党带领人民浴血奋战、英勇斗争；新中国社会主义建设时期，党同人民团结一心、艰苦创业；改革开放以来，坚持解放思想、锐意进取，保持一往无前的奋斗姿态；新时代，不断开创党和国家事业新局面，尊重实践、勇于开拓，从未停止脚步，始终走在时代前列。

（二）不屈不挠，是中国人民攻坚克难的强大动力

中国人民凝聚力量，在脱贫攻坚战场上冲锋陷阵，在深度贫困地区啃难啃的"硬骨头"，在抗击新冠肺炎疫情中锐意攻关、勇敢逆行、共克时艰，在抗洪抢险第一线同洪水搏斗，奋不顾身、舍生忘死，在国际舞台上彰显大国担当，坚定构建人类命运共同体和共建"一带一路"，这些都是新时代中国人民不屈不挠的深刻体现。

（三）勇于斗争，是党实现初心使命的坚强保障

发展中国特色社会主义，面临着许多具有新的历史特点的伟大斗争，要敢于进行斗争，也要勇于自我革命。要同一切否定中国社会主义制度和削弱党的领导的歪风邪气做斗争，同一切危害我国主权和破坏民族团结的行为做斗争，同阻碍社会主义发展各个领域中的顽瘴痼疾做斗争，同一切危害人民根本利益的行为做斗争，同一切腐败行为做斗争，以正风肃纪反腐凝聚党心、军心、民心，引领和保障社会主义现代化建设发展行稳致远。

（四）实干创新，是开创中国特色社会主义伟大事业的活力之源

中国从一穷二白的落后农业国发展到今天的世界第二大经济体，都是中国人民用实干开辟的盛景。把握历史机遇期、抓住发展主动权，要把创新放在国家发展的重要位置。当前我国在科技创新领域取得了越来越多的成就，探月工程、载人航天工程、"中国天眼"、"悟空"、"墨子"、"北斗"等重大科技成果，实现了从量变到质变的过程。以创新决胜未来，要持续创新、协同创新，努力增强国际竞争力，加快建设创新型国家和世界科技强国。

拓展

弘扬"红船精神"　走在时代前列

1921年8月初，中国共产党第一次全国代表大会在浙江嘉兴南湖的一条游船上胜利闭幕，庄严宣告中国共产党的诞生。这条游船因而获得了一个永载中国革命史册的名字——红船。

红船，见证了中国历史上开天辟地的大事变，成为中国革命源头的象征。红船，一直接受着人们特别是共产党人的瞻仰。上世纪60年代，中共"一大"代表董必武同志两次重访南湖，即兴赋诗。改革开放以来，邓小平、江泽民、胡锦涛等党和国家领导人，亲切关怀党的诞生地，或瞻仰红船，或亲笔题词，勉励我们"沿着南湖红船开辟的革命航道奋勇前进"。2002年10月，我调任浙江后，即怀着无限崇敬的心情，专程到嘉兴南湖瞻仰红船，接受革命精神教育。今年春节后的第一个工作日，浙江省委理论学习中心组成员来到南湖瞻仰红船，举行保持共产党员先进性教育活动专题学习会。在先进性教育活动期间，成千上万的共产党员从祖国各地来到南湖，看一次展览，听一次党课，学一次党章，观一次专题片，瞻仰一次红船，重温一次入党誓词。嘉兴市广泛开展以"精神传承、思想升华"为主要内容的"红船精神"大讨论活动，有力地促进了先进性教育活动。

红船劈波行，精神聚人心。红船所代表和昭示的是时代高度，是发展方向，是奋进明灯，是铸就在中华儿女心中的永不褪色的精神丰碑。"红船精神"同井冈山精神、长征精神、延安精神、西柏坡精神等一道，伴随中国革命的光辉历程，共同构成我们党在前进道路上战胜各种困难和风险、不断夺取新胜利的强大精神力量和宝贵精神财富。80多年来，"红船精神"一直激励和鼓舞着我们党坚持站在历史的高度，走在时代的前列，勇当舵手，引领航向，不断取得革命、建设和改革的一个又一个胜利。

——《弘扬"红船精神"　走在时代前列》（习近平，《光明日报》2005年6月21日）

三、在使命与担当中赓续奋斗精神

习近平总书记在致全国青联十二届全委会和全国学联二十六大的贺信中指出：

"国家的前途,民族的命运,人民的幸福,是当代中国青年必须和必将承担的重任。"习近平关于青年担当的一系列重要论述指出了新时代青年担当使命的具体内涵,为新时代青年担当使命指明了前进方向,激励着青年以更加积极主动、更加顽强拼搏的状态肩负起历史重任。

(一)对国家富强的使命担当

民族振兴和人民幸福的基石是国家富强。国家建设的富强发达,民族振兴和人民幸福才能有可靠保障。回望我国近代发展的历程,社会动荡不安,人民水深火热,中华儿女期盼中国能够真正完成从站起来、富起来到强起来的飞跃。何为"富强"?富即人民富裕,而强为国家强大,只有实现人民富裕,生活安康,才是真正做到了国家富强。当然,这里的"富裕"指物质生活和精神生活的共同富裕,国强则是指经济、政治、科技、文化、军队、生态的整体优化。它不仅是国家经济、政治、文化、军队、科学技术等软硬实力的整体提高,而且是国家富强与百姓富裕的理想样态有机结合。一个国家的兴旺发达离不开每一个"年富力强"的青年的努力奋斗,更离不开全体中华儿女的齐心协力、奋勇向前。当今的青年群体出生于民族崛起的新时代,接受着国家发展带来的各项便利,这样的他们不仅应该是中华民族伟大复兴中国梦的见证者,更应该是积极的建设者。马克思说:"作为确定的人,现实的人,你就有规定,就有使命,就有任务,至于你是否意识到这一点,那都是无所谓的。"习近平也指出:"青年兴则国家兴,青年强则国家强。"实现国家富强的伟大梦想,需要一代代青年手胼足胝地进行艰苦奋斗。比如,我国社会主义革命和建设期间,曾出现过无数像雷锋、王进喜这样的为国奋斗,矢志报国的青年,他们勇担使命,激励了更多的青年奋勇向前,为社会主义建设贡献自己的力量。新时代,刘勇等新一代的科技青年,顽强拼搏,勇创一流,积极地投身于推进我国和发展社会主义现代化事业中去。新时代孕育新青年,秦玥飞、黄文秀等青年人坚持初心,继续发扬艰辛奋斗的精神,热情地投身于实现中华民族伟大复兴的实践中。作为新时期的新一代青年,要接载时代精神的接力棒,从优秀青年中汲取营养,以"强国有我"的责任感和使命感担负起国家富强的使命。

(二)对民族振兴的使命担当

民族振兴作为中华民族不懈追求的伟大梦想,带有强烈的历史厚重感。作为世界文明古国之一,中华民族具有五千多年的光辉灿烂文明历史,在思想文化、社会制度、经济发展、科学技术等方面为人类进步做出了重大贡献。据统计,16世纪之前,世界上最重要的300项发明和发现中,我国占173项,远远超过同时代的欧洲。但近代以来,随着西方列强的侵略以及清朝的腐朽统治,我国逐步沦为半殖民地半封建社会。在非常漫长的一段时间里,中华民族遭遇到了极大的艰难困苦,也经历着前所未有的民族浩劫。为此,全国各族人民群众共同挑起重任,汇聚了实现中华民族伟大复兴的共识,展开了艰苦卓绝的抗争奋战。革命战争年代,无数青年以"天下兴亡,匹夫有责"的精神肩负起历史重任,拯救民族危亡,无私奉献自己的青春力量。比如,五四运动时,当时李大钊、毛泽东、王尽美等有志青年在中华民族危亡之际,为挽救民族命运、捍卫民族尊严而奔走呼号。当前,中国特色社会主义事业已步入新时期,同样是热血青年,新时代的大学生更要锐意进取,不畏牺牲,主动承担起实现中华民族伟大复兴中国梦的历史重任。

（三）对人民幸福的使命担当

中国梦的实现不仅仅是国家富强,而应该是国家富强与人民幸福的统一。人民群众是历史的创造者,创造着社会物质财富、精神财富,是中国社会变革的决定力量。中国共产党也始终坚持把为人民服务作为根本宗旨,把最广大人民群众的根本利益作为不懈追求,把实现人民对美好生活的追求作为奋斗目标,坚持一切为了人民、一切依靠人民,努力让人民群众学有所教、劳有所得、病有所医、老有所养、住有所居。中国梦不仅是国家、民族的梦,更是每一位中华儿女的梦。同样,中国梦的实现也需要每一个人的艰苦奋斗。青年作为"筑梦队"的主力,就应该像马克思那样选择最能为人类谋福利的职业,把个人幸福融入人民幸福之中。只有这样,才能在遍布荆棘,充满坎坷的人生路上走得充实与幸福。现实生活也从不缺乏以党的初心为导向、义不容辞为人民福祉而无私奉献的青年。

四、新时期青年与赓续奋斗精神

首先,作为新时期的青年,不仅要将奋斗精神内化于心,更要外化于行。艰苦奋斗精神只有在实践中才能体现,只有在每个青年主动担当、敢于担当的实干中才能诠释。担当意识就代表着主动和自觉,是以一种"舍我其谁"的气概自觉担负起个人家庭、国家民族的重任。党和国家需要"强国一代"以时不我待、只争朝夕、勇立潮头的精神来担负起对党忠诚、为党分忧、为党尽职、为民造福的政治担当,担负起守土有责、守土负责、守土尽责的责任担当。尤其是在"百年未有之大变局"和"中华民族伟大复兴战略全局"背景下,应对重大挑战、抵御重大风险、克服重大阻力、解决重大矛盾,迫切需要每个青年迎难而上、挺身而出。

　　其次,新时期青年要永葆昂扬向上的奋斗精神。党的十九大明确回答了我们党在新时代的旗帜、道路、精神状态、历史使命、奋斗目标的重要课题。当然,前途漫漫,在民族复兴的伟大征程中,一定还会遇到许多新的困难和挑战,我们必须以时不我待的精神,以无私忘我的付出积极投入党和国家的各项事业当中。行百里者半九十,越是接近实现民族伟大复兴的目标,困难和阻力就会越大,就越不能懈怠,越要加倍努力。对于新时代的青年大学生而言,应该时刻保持昂扬向上、积极进取的奋斗精神,筑牢远大的理想信念,科学合理地规划人生发展和事业发展方向,将个人理想与社会发展、民族复兴紧密结合起来,为美好生活奋斗,为崇高使命奋斗。全体广大青年只有树立远大理想,历练敢于担当、不懈奋斗的意志,不断培养奋斗精神,做到刚健有为、自强不息,才能用辛勤劳动浇灌出美好生活的幸福花朵。

　　最后,新时期青年要投身脚踏实地的奋斗实践。奋斗是实现幸福生活的必由之路,但这条路从来都不是一帆风顺的,必须付出极为艰巨的努力。所有前行途中的懈怠者、无为者终会被历史淘汰;相反,唯有那些奋斗者、有为者才能一路生花。杜富国同志用生命担当重任,用信念铸就辉煌,新时代的青年应该学习他的伟大精神,把担当和责任扛在身上,把忠诚和信念刻在心里;在急难险重工作中勇挑重担,不怕艰辛风险,披荆斩棘、勇往直前,"在担当中历练,在尽责中成长",在奋力打拼中体现人生价值。广大青年要认真实践习近平总书记提出的殷切希望和要求,忠于祖国、忠于人民,立鸿鹄志、做奋斗者,求真学问、练真本事,卷起袖子加油苦干,脚踏实地投入中国特色社会主义的生动实践当中,勇当时代弄潮儿,勇做时代先锋,在实现伟大中国梦的生动实践中放飞人生理想,在为民族事业发展的无私奉献中谱写生命华章。

　　新时代青年意气风发、奋发向上、富有朝气活力,广大青年应积极进取,怀揣理想,树立自己的抱负,为实现理想和自我人生价值而努力奋斗。广大青少年正处在生命的黄金阶段,是积累学识、丰富经历的最好时期,而奋力竞争的开拓进取能力则是年轻人在求学和工作过程中有效提高自我素养的巨大力量。广大年轻人都应抓住时间,抓好青春年华期,确定个人努力奋斗方向,努力学习和工作。唯有继续保持奋力竞争的开拓进取信念,理想才能变成事实;唯有继续保持奋勇争先的进取意识,才能在面临困难与挫折之时奋勇前进,迎难而上;唯有始终保持着奋勇争先的进取意志,方可实现自身的最大价值,以奋进的色彩来描绘出最美好的图景。

思考讨论

1. 什么是奋斗精神？

2. 新时代大学生为什么要弘扬奋斗精神？

3. 如何科学认识当下"佛系"思想的本质及危害？

4. 怎样理性看待部分青年"躺平"现象？

5. 如何正确认识"天上掉馅饼"现象？

6. 新时代大学生应该怎样赓续奋斗精神？

扩展阅读

1. 习近平：《习近平谈治国理政》（第 3 卷），外文出版社 2002 年 12 月版。

2. 本书编写组：《习近平与大学生朋友们》，中国青年出版社 2020 年 11 月版。

3. 习近平：《致全国青联十二届全委会和全国学联二十六大的贺信》，《人民日报》2015 年 7 月 25 日。

第五章　砥砺奋斗情怀

【本章导读】

情怀,砥砺奋进力量。青春从砥砺中出彩,生命因拼搏而升华。奋斗的人生是壮美的。勤劳,是中华民族的传统美德,是浸润在华夏儿女血液中的品质。因为勤劳,因为奋斗,中华民族创造出了五千年的灿烂文明,古人的智慧和文化得以代代相传、生生不息,新时代的中国能够实现快速发展、以一个崛起的强国姿态屹立于世界之林。因为勤劳和奋斗,越来越多的人过上了向往的生活、美好的生活、幸福的生活。奋斗过的人,不会有虚度年华的慨叹,不会有岁月蹉跎的无奈,不会看到"时间如白驹过隙,从指缝间流过"而内心恐慌不已。奋斗着的人生,才是最充实最有意义的。勤劳,就是以奋斗的姿态生活,以奋斗的状态过日子。愿我们为了共同理想,奋力拼搏。勤劳,是以奋斗的姿态活着,在奋斗的状态中生活。而当一个人的生活充实和有意义,他就更能感受到幸福,更能感受人生的精彩。

青春的光辉,理想的钥匙,生命的意义,乃至人类的生存、发展……全包含在这两个字之中。……奋斗!只有奋斗,才能治愈过去的创伤;只有奋斗,才是我们民族的希望和光明所在。

——[德]马克思

第一节　奋斗的现实主义情怀

一、为自己的理想而奋斗

马克思说:"人们的社会历史始终只是他们的个体发展的历史,而不管他们是否意识到这一点。"

每个人都有自己的理想,每一种理想都不相同。习近平总书记指出:"追梦需要激情和理想,圆梦需要奋斗和奉献。"对一个年轻人来说,怎样的生活是成功的? 如何实现梦想呢? 这绝不只是一句空喊的口号,而是需要付诸实际的行动。理想愈高尚,人生就愈纯粹。理想者,生命永远炽烈,理想为生命之稳固支柱。若丧失生命之理想,则精神涣散。

没有付出就没有收获,必须付出努力,以奋斗的姿态投入为实现理想的征程中,人生的目标才有可能实现。在向着理想奔跑的路途中,总会遇到许多曲折和困难,有时甚至会使人陷入绝望,但只要有坚强的意志和顽强的毅力,就一定能克服千难万险,实现人生价值。

(一)要有正确的奋斗观引领,坚定奋斗方向

奋斗观是关于奋斗的认识论,即对奋斗的总认识与总观点。鉴于个人身心发展的特点,及受客观环境的制约因素牵制,阻碍了青年树立正确的奋斗观。因此,必须引领青年树立正确奋斗观。奋斗没有捷径,唯有通过奋斗和努力,方能到达成功的彼岸,而且通过不懈努力后也一定能实现理想。坚定奋斗方向,才能指引其迈向正确的奋斗道路,迸发出真正的奋斗精神,才能在中国梦的建设中放飞青春理想。

当青年人为了梦想拼搏的时候,会感到茫然和失落,这一刻要给自己多一些信心,不要彷徨和困惑,要看清远方的路,要有坚定的奋斗方向,要相信自己可以做一个有理想、有信念、有毅力、有能力的人,定会光彩夺目。

（二）要有踏实的实践锻炼，增强奋斗本领

习近平总书记曾讲，"空谈误国，实干兴邦"。一个人若想成功，不仅要有正确的奋斗方向，也要具备高超的奋斗本领。只有具备了高超的斗争本领，才会有斗争的底气和魄力。要想有卓越的拼搏能力，就要从自己开始，从一点一滴开始，用辛勤的劳动创造出自己的精彩生活。

"纸上得来终觉浅，绝知此事要躬行。"实践是认识的源泉，人类的正确认识只能来自实践，各种认识都是人类直接或间接的经验总结；要想提升自身能力素质就必须坚定实践为本，敢于实践锤炼。无论是自身的进步或工作的进展，其实质都是实践行为，而主观世界或客观世界的改造则必须靠实践来完成。

实践锻炼是人才成长的必由之路。实践锻炼是提升青年奋斗本领的有效形式。当前社会给青年提供了各种实践锻炼的机会，如大学生的创新创业孵化基地，爱心帮助和志愿服务等实践锻炼平台，切实引导广大青年在实际工作中寻找奋斗理想、提高专业技能、锤炼奋斗意志、掌握奋斗方法、增长本领。

（三）要有明确的奋斗目标，激发奋斗自觉

陈独秀在《新青年》的发刊词《敬告青年》中提出："惟属望于新鲜活泼之青年，有以自觉而奋斗耳！"这其实也是对一个新的现代的中国的期望。其所呼唤的"自觉"就是对自身与世界的清醒认识，"奋斗"就是建立于"自觉"之上的一种努力与执着。如果仅仅有正确的奋斗方向和高超的斗争本领，而缺乏奋斗的自觉前提，那么奋斗就只能成为一句空话。

一个人有了清晰的目标，就会有向前奋进的动力。所以确定了奋斗目标，既是为之奋斗，也是在鞭策自我。有目标才有激情，才有使命感、成就感。奋斗自觉表现在青年能明确认识到奋斗的目标与意义，主动、自愿支配自身行为，其实质在于将对奋斗的认识能动性和主动性作为青年彰显奋斗精神的自觉前提。因此，青年不仅要有清晰的目标，而且要有正确的目标，只有如此，才能使自己的人生有一个方向。只有确定了一个方向，才能将自己的长处最大化。只有当达到目标时，青年才能检验自己的创造力，并激发沉睡于内心的那些卓越的特质，从而锻炼和成就自己。新时代属于每个人，奋斗是新时代的最强音，需要中国年轻一代肩负起新的历史重任，像先辈们那样，对得起这个壮丽的伟大时代。

二、为家庭的幸福而奋斗

马克思认为："人的本质在其现实性上是一切社会关系的总和。"

幸福是什么？幸福就是能有一个美满和完整的家庭，自己和家人身体健康，一家人和睦相处，努力拼搏，为了梦想而不断奋斗。"家和万事兴。"家庭作为一个社会细胞，是青年赖以生存的首要环境。家，是一个人避风的港湾，和谐而温暖的家庭，会让人们获得成功与快乐，每个人都要为建立一个和谐、幸福的家庭而努力。

（一）中国梦是国家富强梦，也是家庭幸福梦

幸福的家庭是国家的根本大事。要发挥家庭建设的独特功能，让社会主义核心价值观深入人心，必须坚持以德立家，构建和睦家庭，树立文明家庭典范，养成优良家风。

奋斗是一种创造的行为，可以使个体和社会的价值得以实现。它教育和鼓舞人们，要实现自己的理想，要使自己的生命价值得到充分的体现，就要努力地投入艰苦的工作中。也唯有如此，人们才能得到充分的解放与发展。

（二）要想实现家庭幸福，帮助群众圆好小家的梦

奋斗本身是一种幸福，只有奋斗的人生才称得上幸福的人生。家庭很重要，但一个家庭的力量却很渺小。一个家庭，最注重的是和谐，但一个和谐的家庭，不是一个人就能建立起来的，而要每个人的共同努力，包括政府对群众的支持和帮助。政府要做的、必须做的事情有很多，只有把每件事都做好了，才能为群众实现家庭幸福打下良好基础。

（三）要想实现家庭幸福，社会要营造和谐家庭氛围

奋斗是一种美德。人是一种高层次的理性动物，具有自然人、经济人、社会人等多种现实需求与价值追求。道德力究其根源就是一种由传统习惯、社会舆论和人们的内心信仰组成的精神力量，是社会的一种永不枯竭的精神力量。

奋斗是一种崇高的行为，是在道德的激励和引导下，勇于承担社会责任，是一种巨大的创新和社会的表率。在奋斗的过程中，道德力量具有净化人的内心、激活人的精神、提升人的精神境界、调和人与自然、人与社会和谐共处、共同繁荣的力量，使人在奋斗的道路上创造出更美好的人生，达到孝敬父母、夫妻恩爱、教子有方的目的。无论外界环境多么美好，都要有家庭内部的和谐才有可能去体验和享受快乐。孝敬父母、夫

妻和睦、自我完善，给予子女优质的家庭教育可以减少矛盾、心情愉悦、健康幸福。在家庭的幸福中要努力干出新事业，干出新天地，在奋斗中创造光彩，提升获得感、幸福感、安全感指数。

（四）要想实现家庭幸福，个人也应培养业余爱好，丰富业余精神生活

家庭幸福是指家庭成员在家庭中感到快乐，也就是所有的家庭成员都在发挥其创造性的同时，也可以充分利用家庭的积极作用，比如亲情、温暖等。政府营造的大环境、和睦的家庭固然是幸福的源泉，但若个人的业余生活丰富了，家庭幸福将更加完满。

温馨的家庭是每个人都想拥有的，如果没有家，再大的成功和谁分享？又有何意义呢？但也不能放弃自己的理想，要协调好这点很重要，但也有点难度。要想有一个幸福的家庭，就得拼命地努力，要一直坚信，只要有付出，就一定会有收获。幸福之路就在脚下，只有努力奋斗才能体会到沿途的幸福与风景。

拓展

奋斗的力量

闽宁镇的今天，离不开移民干群的努力，更离不开闽宁对口协作的帮扶。

"移民群众一直游说我，希望我们也把工厂搬过来，我回去一定把这好消息传递给企业。"在永宁县闽宁镇团结广场，厦门闽宁劳务协作服务基地正式揭牌成立。活动现场，各个招工的福建企业被闽宁镇移民群众围了个水泄不通，年轻的"麦苗""得宝"们，既希望去福建厦门实现就业梦想，也希望更多的福建企业来这里开设工厂。火热的招聘场面，也让落户闽宁镇的厦门企业燃起了信心，"公司9月10日就要投产了，最大的问题就是用工。今天看到应聘的人这么多、这么热情，我们发展也有信心和动力了！"宁夏闽宁盛生物科技有限公司运营总监罗火辉高兴地说，相信未来山海携手还有更广阔的合作空间。

火热的产业发展，火爆的就业招聘，映射出闽宁镇光辉的前景之路。作为闽宁协作、东西部扶贫协作以及对口支援的生动样本，近年来在闽宁协作帮扶机制的作用下，闽宁镇与厦门市湖里区、思明区逐步开展全方位、全领域的合作，通过招商引资，目前已有12家企业入驻闽宁协作产业园，为推动当地群众实现就近就地就业提供更多机会。德龙酒庄、宁闽合发双孢菇、富贵兰服饰等10余家福建企业相继落户闽宁镇，带动 5000 余人稳定就业,每年全县有 500 余人赴福建务工,转移就业工作稳步推进。

同时,闽宁镇还先后与漳州台商投资区和厦门市湖里区、思明区结对共建,落实东西协作资金 4800 万元,规划建设项目 10 个,推进厦门市与闽宁镇的"七对一"(1 个区、1 个街道、1 家国企、1 个省级乡村振兴示范村、1 个社区、1 家社会组织、1 家其他企业)结对协作,促进医疗、教育、农业领域对口协作。近年来,先后有 200 余名福建援宁干部和专业技术人员在闽宁镇开展帮扶工作,累计培养本地技术骨干 900 余名,先后投入 3.4 亿元闽宁协作资金,用于闽宁镇经济社会发展,累计引进闽籍企业 35 家(其中生产性实体企业 24 家,年产值达 3.17 亿元),持续推动闽宁镇产业明显提升,基础设施明显改善,移民群众生活水平明显提高。闽宁镇人均可支配收入由建设初期不足500 元增至 2021 年的 16098 元,超过全国脱贫地区人均可支配收入 2047 元。闽宁两省区党委、政府认真贯彻落实习近平总书记关于深化东西部协作和定点帮扶工作重要指示精神,牢记总书记的殷殷嘱托,推动农业高质高效、乡村宜居宜业,农民富裕富足,全力将闽宁镇打造成为东西部协作、移民致富提升、乡村振兴和民族团结示范镇。

从无到有、从穷到富,再到全面小康的变迁,是以闽宁协作为代表的东西部协作的缩影,是易地搬迁脱贫的成功典范,是各民族"共同团结奋斗、共同繁荣发展"的生动写照,更是社会主义制度优越性的集中体现。随着乡村振兴战略的推进,闽宁镇正在迎接更加美好的未来。

——《闽宁镇:幸福是奋斗出来的》(孙楠,《银川日报》2022 年 9 月 5 日)

三、"先天下之忧而忧"的情怀

(一)奋斗是一种积极向上的精神追求

"天行健,君子以自强不息",激励人们要主动,要努力,要有出头之日。范仲淹的"先天下之忧而忧,后天下之乐而乐",倡导积极的生活态度,教育人们在实现自己的价值时,要努力为国家、民族和他人谋福利,实现自己的价值最大化。

(二)奋斗鼓励人们在逆境中奋发图强

《荀子》曰:"道虽迩,不行不至;事虽小,不为不成。"教导人们在挑战面前要有勇气,要脚踏实地,要主动去做。孟子曰:"故天将降大任于是人也,必先苦其心志,劳其筋骨,饿其体肤,空乏其身,行拂乱其所为,所以动心忍性,增益其所不能。"这是在告诫我们,要想取得成功,必须经过艰苦的磨砺,面对困境不怕困难,逆流而上,方能到达成功彼岸。

（三）奋斗是新时代的新担当新作为

幸福的生活,就是奋斗着的生活。而要拥有幸福的生活,也必须奋斗,唤起勇往直前的使命担当。必须在新时代将每一个个体的智慧与力量最大程度地引向奋斗的伟大实践中去,促进青年建功立业。提高青年工作能力,推动每个青年成长与进步,是激励青年、凝聚青年之先决条件。要把青年放到直面群众工作的第一线,走基层最艰苦的道路,让青年在更加宽广的平台上展示才华、体现价值、增进自我认同。

一个拥有远大理想的人,在最艰苦的日子里依然觉得快乐,正是因为理想的存在,生活才是甜蜜的,正是因为理想存在,人生才是完满的。当然,并不是任何理想都可以实现,但我们可以怀着一颗热爱生活、向往未来的心一路前行。追求自己的理想是自我教育的原初动力,没有自我,就不可能设想拥有完满的精神生活。当一个人毕生孜孜以求地追求理想,才能有所学习和感悟,才有光明的未来。

明辨

先天下之忧而忧,后天下之乐而乐

"先天下之忧而忧,后天下之乐而乐"出自宋·范仲淹《岳阳楼记》,原句为:其必曰"先天下之忧而忧,后天下之乐而乐"。意思就是把国家,民族的利益摆在首位,为祖国的前途、命运担忧分愁,为天底下的人民幸福出力,表现出作者的远大政治抱负。同时,他也在勉力后人发愤读书。

范仲淹两岁丧父,家道中落,母亲带着他改嫁到朱家,所以他小时候的名字叫朱说。小朱说读书学习特别勤勉,常常忍饥挨饿,也不以为苦。据说他在淄州醴泉寺读书的时候,每天的饮食仅仅是一碗稀粥。他把晚上熬好的粥先冷却成固体,然后切成四块,作为第二天的口粮,早晚各两块,就着咸菜末吃。"划粥断斋"说的就是他这段生活故事,是他励志苦读的深刻写照。

范仲淹在27岁的时候考中了进士,并立即把母亲接到自己身边奉养,这是孝顺的范仲淹的第一个人生理想。实现这个为家奋斗的理想后,他的人生向为国奋斗的目标大踏步地前进。范仲淹最大的两项成就是边防和推行新政。

除此之外,范仲淹也一直是忧国忧民的。在任职泰州(今江苏泰州市)时,针对海潮泛滥的问题,他带领老百姓用了三年时间修固了一条150里的捍海大堤,从此周围一带水旱无忧。老百姓把捍海大堤取名为"范公堤",用来纪念他的功绩。像这样的事情范仲淹做了很多,他三次被贬官,都没有垂头丧气,而是一直兢兢业业地为国为民干实事儿。而且他为官清廉、生活朴素、洁身自好,受到官员和百姓们的敬佩、爱戴。后人评价他是"天地间第一流人物""北宋第一人物""天下第一有气节之人",他无愧于此。

我们可以看到,范仲淹之所以受到非常高的评价,是因为他从小就有志向、有操守,甘于清贫、勇于奋斗,文功武略,学习了一身本领,并一生坚持不懈地实践着自己为国为民的理想和目标。就像他在《岳阳楼记》中说的那样"先天下之忧而忧,后天下之乐而乐"。

奋斗是实现理想的阶梯,化学家诺贝尔为研制炸药,废寝忘食,四年里做了几百次实验,最后一次实验他甚至负了重伤,但他却成功了。由此可见,纵然理想与现实常有矛盾,青年们仍应以奋发有为的精神作为通往理想境界的阶梯。

——《先天下之忧而忧的范仲淹》(古树,《新少年》2017年第Z1期)

第二节　奋斗的浪漫主义情怀

一、每一个伤疤都是一枚"特殊勋章"

人生路漫漫,我们在为了生活而四处奔波的同时,内心却在不知不觉中逐渐陷落,陷落于社会的喧闹而无法自拔,得不到片刻的安宁。只有当我们接纳了真正的自己,看到了自己内心最深处的样子,才能够让自己恢复到原本的纯净,让自己变得更加美好。总有一天,我们会按照自己的意愿生活,甚至伤疤都会成为"特殊勋章"。

（一）通过奋斗，愿我们成为无惧岁月的人

每个人都走过一段颠簸的人生之路，回望身后的风景会有别样的感慨。可生活就是如此，你永远不知道会遇到什么人，会发生什么事，永远也不知道谁会离开。当往事随风飘散时，不论对与错，能够做的只有忘记过去，收拾好心情继续前行。

记住该记住的，珍惜该珍惜的，忘记该忘记的，比如你犯过的错误、你说过的错话、那些让你愤恨的……当你冲破自己这一关，努力奋斗，漫长的幸福路就展现在眼前！

拓展

千年的愿望

总希望

二十岁的那个月夜

能再回来

再重新活那么一次

然而

商时风

唐时雨

多少枝花

多少个闲情的少女

想她们在玉阶上转回以后

也只能枉然地剪下玫瑰

插入瓶中

——《千里香》（席慕蓉，长江文艺出版社 2017 年版）

（二）真正的强者，都是以伤疤为勋章

在人类的发展史上，由于信仰坚定，人类创造了一个又一个奇迹！然而，世上没有一次可以不受伤就夺取胜利旌旗的战役，那些最美丽的逆行者，那些真正的战士，他们身上的每一处伤口，都是人生的奖赏！

生活是一场旷日持久的战斗,每个人都在不知不觉中解决人生的种种难题,每个人都要承受鲜血和泪水的痛苦,还有汗水的浸泡。战斗之后,难免会留下一些伤痕。那些伤痕,是一种坚韧,一种坚强的烙印,一个战斗中最美丽的徽章!

托尔斯泰说:"人生的一切变化,一切美丽,一切美,都是由光明和阴影构成。"人生,就像是光明与黑暗的交错,痛苦与希望交织在一起。然而受伤并不可怕,重要的是,当你陷入绝境时,要有一种强烈的信仰,这是你复活的保证!不治之症不是最可怕的,而是对生活失去信心!最可怕的不是绝望,而是没有信心!

有了生命的信仰,有了坚定的信念,有了满身的伤痕,有了强大的徽章,就能在绝望中活过来,迎来自己的灿烂春天。

(三)阳光总在风雨后,努力不会被辜负

生命中有痛苦,也有甜蜜,每个伤口都是一个成熟的过程、一个坚强的过程。一个强大的人,是在品尝过甘甜的滋味后,也能乐观地面对生活中的苦涩。勇敢地去面对痛苦,乐观地去战胜它。没有永远的黑夜,也没有永远的冬季。

有的时候,可能付出再多,也不会得到想要的结果。但这并不重要,生活中一定会有许多缝隙,正是因为这样,阳光才能照射进来。一次的努力,未必能得到什么,但只要坚持下去,就一定会有收获。

生命是要努力的,生命是要奋斗的,我们更要有毅力去克服生活中遇到的重重困难。"勇敢是在逆境中盛开的一束光,是一种宝贵的财富,只要你有了勇气,你就有机会去改变!""强者不是没有眼泪而是含着眼泪奔跑的人。"但愿我们无论身处何地,都能保持一颗坚强的心。为了那些注视着你的眼睛,为你的守望者,我们要"凤凰涅槃",像凡·高笔下的向日葵一般在夏日绚丽地绽放。

阳光总在风雨后,请相信有彩虹。人生难免有挫折和磨难,但是,我们要敢于迎接挑战。人生有着憧憬和理想,我们也正是迎接着一个个美好而在不断地前进着。坚定的信念总是源源不断地给我们以力量。

二、行到水穷处,坐看云起时

这个世界很复杂,但也很简单。如果你能一直保持自己的光芒,那么你的生活就会充满温暖,充满无限的希望。尽管走过了无数的坎坷,见证了无数的苦难,经历了无数的迷茫,经历了无数的漂泊,但是脚步没有丝毫的停顿,对自由的渴望从未停止。

"行到水穷处,坐看云起时",有两种境界在其中。第一种境界是处于绝境时不要

丧失信心，因为那正是希望的起点——山里的水是因雨而有的，有云起来就表示雨快来了。另外一个境界就是，即使现在没有雨，那也无所谓，将来总会有的。

（一）知足常乐，平淡是真

有人说人生是一张平凡无奇的白纸，也有人说人生是一杯甘甜的清茶。人生本来就是日复一日的重复，快乐高兴与否，全取决于自己如何去看待。空闲时读一本书，跟家人一起做饭，看着自己的孩子一点点成长，看着自己的父母慢慢老去，这是一种幸福，也是一种很好的体验。

（二）期许未来，做好自己

走过了岁月的沧桑，才会发现有一片风景在等待我们，总是有一段美好的回忆温暖我们的心灵。人生永远是充满挑战的，而一切的美好，都会留给那些准备充分的人。或许我们会更加辛苦，更加疲惫，但是当我们走到了更远的地方，最终一定会抵达梦想彼岸。明确自己的定位，让自己静下来，不慌不忙，不断地丰富自己，等待着破土而出的那一天。

人生最美的风景一直在路上，不论是凋零还是盛放，都有属于自己的美丽。蓦然回首，我们又何尝不是别人眼中的风景。人生所有的努力都是为了更好地生活，所有的一切都是为了遇见更好的自己。

拓展

行到水穷处，坐看云起时

"行到水穷处，坐看云起时。"众所周知，这是唐代山水田园诗人王维的《终南别业》中的名句。

面对新冠肺炎疫情，数以万计的白衣战士和相关工作人员奋战在一线，争分夺秒，救死扶伤，不辱使命，当歌之颂之，赞之扬之。而大多数国人，如我，在家中避疫，不添乱。

彼时，王维身居辋川别墅，在终南山，常常是独来独往于山水自然之间，他避的是烦扰的尘世，却能如此悠闲自在、淡定从容。他说，走着走着，哎，水不见了，便索性坐下来，看看山岭上云朵涌起。原来这水是上了天了，变成了云，云又可以变成雨呀，到时候山涧里又会有水了，我又何必绝望呢？！

是呢，前方有义无反顾、誓死不退的战士与病毒殊死搏斗，后方有强大的国家后盾，作为普通居民，听从指挥，做好隔离与防控，蜗居斗室，虽说有些许不便，但心若淡然，看清前境，又何必慌乱？倒不如科学而理性地去面对，做自己的事，忙自己的活，理顺生活，理顺心情。

依稀记得《两地书》中记载了鲁迅先生这样一段话："选一条似乎可走的路再走……如果遇见老虎，我就爬上树去，等它饿得走去了再下来，倘它竟不走，我就自己饿死在树上，而且先用带子缚住，连死尸也决不给它吃。但倘若没有树呢？那么，没有法子，只好请它吃了，但也不妨也咬它一口……在刺丛里姑且走走，但我也并未遇到全是荆棘毫无可走的地方过，不知道是否世上本无所谓穷途，还是我幸而没有遇着。"这也是一种豁达，一种通透到极点的可爱。网络上很热门的那句话"没有一个冬天不可逾越，没有一个春天不会来临"，大概说的也是这样的道理。

人生境界大抵如此。拼尽所能，坐等晴天。在没有路的地方，不要急，不妨静下来，坐下来，等等自己的灵魂。看看远方，有路的话继续走，没路的话，不妨看山看水看树看云彩，把这样特殊的经历当成一种难得的风景。

试着让自己忙起来——读书，学习，锻炼，教育孩子，打扫庭院，准备一日三餐，关注时事，心系武汉……做到忙而不慌，急而不乱。焦虑多是因为想得多，想的坏事多。忙起来，过日子，向前走路，即使"山重水复疑无路"，还会"柳暗花明又一村"呢，更何况武汉必胜，春天必来。成都某中学老师的开课致辞中有此句："我们避免不了灾难，我们却能做好自己；我们预知不了未来，我们却清晰地知道，未来在孩子们的手里。"读罢，真是豁然开朗，无所畏惧。

朋友，这个时候，你在做什么？看见了什么？想到了什么？你是心急如焚还是焦虑无助，你是悲叹世事难料还是硬着头皮熬煎时光？在这个隔着玻璃看到的春天里，我和你一样"行到水穷处，坐看云起时"。

——《行到水穷处，坐看云起时》（郭小郭，《人民周刊》2020 年第 6 期）

三、奋斗本身就是一种幸福

伟大的作家屠格涅夫曾说："你是否愿意做一个快乐的人？我希望你能先学会忍耐。"唯有努力，才能使未来更加美好。唯有努力，方能使自己变得更好。

幸福观是人们对幸福的理解，反映了人们的世界观、人生观、价值观。共产党人的

"奋斗幸福观"融科学性、时代性及实践性于一体,其内涵极为丰富。

（一）奋斗是幸福的来源

"与天奋斗,其乐无穷! 与地奋斗,其乐无穷! 与人奋斗,其乐无穷!""人世间的一切幸福都需要靠辛勤的劳动来创造。"快乐不是一种固定的存在,也不是等待的产物,它是劳动的产物,是努力的结果。世界上所有的成就,所有的幸福,都来自劳动与创造,努力奋斗的过程就是获得快乐的过程。新时代属于每个奋斗的人,一个人要想取得成功、寻求快乐,就必须不断地努力;一个国家和一个民族要兴旺发达,就必须不断地努力。

（二）奋斗是幸福的本质

幸福的真谛就在于奋斗。只有奋斗,才能创造更多更好的物质财富和精神财富,不断丰富幸福的内涵、提升幸福的层次;只有奋斗,才能不断增强成就感、尊严感、自豪感,在创造美好生活的过程中感受幸福。奋斗可以拓展生命的宽度,增加生命的厚度。奋斗,让我们超越环境和命运的困锁,在不断超越中前行,那些酣畅淋漓的笑与泪,本身就是一种幸福。

（三）奋斗是幸福的尺度

奋斗的人生才称得上幸福的人生。衡量一个人的幸福,取决于他为之奋斗的规模和数量。人类的实践是人类所有的价值创造的唯一源泉,是实现自身存在的理由。雷锋曾说:人生最快乐的事情,就是努力工作,努力奋斗,用自己的双手去创造财富,为人类的解放事业,共产主义的实现奋斗终生。

当秦世俊在 16 年的坚持和拼搏中,完成了 715 个技术革新,从一个普通的工人变成一个优秀的航天技术专家的时候,他的奋斗一定是幸福的。当姚启明在 20 多年的时间里,潜心于汽车运动,创造了 20 多个"中国第一",被称为"中国最好的赛道设计师"的时候,他的奋斗也是幸福的。就是因为这些奋斗,一点一滴地创造了我们的当代社会生活,也让他们的生命价值得到了肯定。

四、幸福是奋斗出来的

幸福来自奋斗。只有努力奋斗,才会留下深刻的痕迹;只有努力奋斗,才能保持年轻的活力。在新的时代背景下,我们最美好的青春誓言就是奋斗。美好生活在新时代有着全新的内涵,创造更好的生活,实现更好的社会生活,这是我们党和人民共同努力的目标。每个平凡人的努力,都是时代潮流中不可或缺的强大音符,它们将会凝聚成实现中国梦的强大动力。

新时代是奋斗者的时代。习近平总书记多次强调奋斗的重要性,表示要幸福首先必须奋斗。"奋斗本身就是一种幸福",激励着中国社会各行各业的人们努力奋斗,奋勇向前。新时代是属于每一个人的,我们每一个人都是这个时代的先驱者和见证者。只有奋斗,才能创造幸福生活;只有通过个人的不懈奋斗,才能战胜困难障碍,为中华民族的伟大复兴和中国梦的实现注入强劲动力。我们渴望的幸福,从来都不是无缘无故就能实现的。只有在青年、在岗位、在基层、在创新、在建功立业、在工作中担当起使命和责任,生活的道路才能越走越宽。

青春,只有在激情的奋斗中,在坚韧的奋斗中,在为人民服务的伟大事业中才能留下充实、温暖、持久、无悔的记忆。青春的宝贵时光,不能浪费,要懂得珍惜。我们应该做一些有意义的事情来实现青春的价值,这样才不会浪费自己的青春! 1835 年,17 岁的马克思在高中毕业论文中充满激情地写道:"如果我们选择了最能为人类福祉而献身的职业,那么,我们就不会被它的重负所压倒,因为这是为人类而献身! 我们的幸福将属于千百万人。"青年马克思在充满激情的宣言中,用他那充满活力的青春,为人类的幸福而战。

明辨

幸福是奋斗出来的

谈起共同富裕,有人以为可以"吃大锅饭"了,有机会躲在"平均主义"的背后"乘凉"了。这种想法显然错误。共同富裕提倡共建共治共享,但绝非均贫富,决不"养懒汉",也决不能"等靠要"。幸福生活都是奋斗出来的,共同富裕要靠勤劳智慧来创造。

"一滴汗珠万粒粮,万粒汗珠谷满仓""扁担是条龙,一世吃不穷""不想流汗,休想吃饭"……我们品一品这些深入人心的民谚俗语,就知道中国百姓从不作"天上掉馅饼"的非分之想,有的多是勤劳致富的朴实信仰。

再看浙江大地,在"七山一水二分田"的自然条件下,哪一份辉煌不是靠饱蘸汗水的打拼换来的? 浙江精神、"四千精神"、浙商精神都是这份打拼的结晶。高质量发展建设共同富裕示范区的当下,我们同样坚信:只有张开双手,迈开双腿,拼尽全力,才能迎来美好新生活。

中央文件和省委全会都反复强调：共同富裕不是少数人的富裕，也不是整齐划一的平均主义；共同富裕是普遍富裕基础上的差别富裕，不是同等富裕、同步富裕，更不是均贫富、杀富济贫；共同富裕要靠全体人民通过辛勤劳动和相互帮助实现……我们必须调动一切能调动的力量，众人拾柴、众人划桨，勠力同心、共赴彼岸。

在创建共同富裕省域示范的过程中，全社会都要弘扬勤劳致富精神，鼓励劳动者通过诚实劳动、辛勤劳动、创新创业实现增收致富；主动提升人力资本和专业技能，提高就业创业能力，增强致富本领；共同营造鼓励勤劳致富的社会环境，畅通向上流动的通道，推动人人参与，避免"内卷""躺平"；旗帜鲜明地鼓励、倡导、践行先富带后富、帮后富。

劳动换来的面包最香甜。在追求共同富裕的路上，每个人的能力或许有大小、起点或许有高低，但奋斗的冲劲是一样可贵的，创富的志气谁也不输谁。每个人都要主动投身到时代的洪流中寻找机遇，让个人的发展与国家社会发展同向而行。勤劳致富，这个刻进浙江人血液中的精神基因，必将在率先探索建设共同富裕美好社会的过程中创造出无限可能。

——《幸福生活都是奋斗出来的——共同富裕先行示范系列谈③》（本报评论员，《浙江日报》2021 年 10 月 16 日）

第三节　奋斗是青春亮丽的底色

青春就像早晨初升的太阳，是人生中最珍贵的时光，怎样才能使青春的底色最鲜艳？

拓展

奋斗是美好青春的靓丽底色

提起青春,人们会想到初升的太阳,想到含苞待放的花蕾。是的,青春是美好而难忘的,她是杜甫诗中的"白日放歌须纵酒,青春作伴好还乡",是辛弃疾词中的"少年不识愁滋味,为赋新词强说愁",是毛泽东笔下的"恰同学少年,风华正茂,书生意气,挥斥方遒"……

一代人有一代人的青春,没有哪一代人的青春之路是一帆风顺的,青春的底色永远离不开"奋斗"二字,正如习近平总书记对广大青年的殷殷叮嘱:"现在,青春是用来奋斗的;将来,青春是用来回忆的。"

青年在社会中拥有无处不在的身影。无论是为了工作还是为了家庭,他们都无畏风雨、不惧艰辛。有人说现在的 80 后、90 后乃至 00 后都很浮躁、都很肤浅,但其实每一位热血沸腾的有志青年都有着自己的美好梦想。而奋斗,则会让青春的日子阳光明媚,让梦想照进现实。

有志者,事竟成,破釜沉舟,百二秦关终属楚;苦心人,天不负,卧薪尝胆,三千越甲可吞吴。成功从来都不会辜负笃行奋斗之人,从"外卖小哥"到"中国诗词大会冠军",快递小哥雷海为就向我们生动展示了一位青年劳动者坚持梦想、不懈努力终获成功的感人事迹。

当然,天上没有掉馅饼的事情,努力奋斗才能梦想成真,谁的青春不迷茫? 不可否认,有些青年的意志品质的确很薄弱,人生追求存在偏差,一旦事业轨迹未能按照自己既定的时间表或路线图进行,就会立刻在进退去留问题上表现低沉,或者在实际工作中一遇阻力便唉声叹气、牢骚满腹,将种种自认为的"不顺"归咎于运气不佳、他人与自己过不去等外因,从此气馁、泄气,甚至一些本来表现优秀、前途可期的青年,就是因为在遭遇挫折之后表现失态,导致一蹶不振,最终贻误终身。

虽然挫折是一笔谁也不愿拥有的财富,但不可否认,挫折的确能够加速一个人的成长、成熟与成功。因此,每一位青年都不要在一帆风顺的时候看山是山、看水是水,一遇挫折就怀疑动摇,看山不是山、看水不是水。广大青年在成长过程中,都要学会正确对待一时的得失成败,把失败当成磨炼自己成长的一种经历。多年之后你会发现,青春路上的那些汗水和眼泪,其实都是人生宝贵的财富。因为青春的步伐不会因困难而停留,青春的旋律不会因风雨而停滞,我们不能在迷茫中消亡,不能在悲欢中自沉。

习近平总书记在北京大学师生座谈会上的讲话中提道:"青年是国家的希望、民族的未来。我衷心希望每一个青年都成为社会主义建设者和接班人,不辱时代使命,不负人民期望。"这对于广大青年来说,既是一种暖心的殷切嘱托,更是一种莫大的鼓励和鞭策。

奋斗是美好青春的靓丽底色,面对实现中华民族伟大复兴中国梦的历史使命,广大青年重任在肩,一定要在青春灿烂的日子里牢记历史的担当,向着阳光美好的明天出发,一起为无悔的青春奋斗,让青春在为国家、为人民的奉献中绽放出更加绚烂的光芒、谱写出更加壮丽的诗篇!

——《奋斗是美好青春的靓丽底色》(许海兵,《思想政治工作研究》2018 年第 9 期)

一、把小我融入祖国的大我

一代又一代人不断地书写着历史。每一代人都是在奋斗中书写自己的青春篇章。历史和实践证明,青年是最积极、最有生气的社会力量,国家的富强在青年,民族的振兴在青年。青年始终是中国建设社会主义现代化强国和实现中华民族伟大复兴的先锋力量。

(一)树立远大理想,坚定理想信念

五四运动是一次由广大人民群众、先进知识分子为先锋,广大群众参与的全面反帝、反封建的伟大的革命运动,是中国人民为挽救民族危亡、维护民族尊严、凝聚民族力量而进行的一次伟大的社会革命运动,是一次新思想、新知识的伟大思想启蒙。新文化运动,以浩瀚的力量鼓舞着中国人民在实现中华民族伟大复兴的过程中努力拼搏奋斗。

五四运动,作为一场彰显民族精神的伟大运动而彪炳史册,是一份珍贵的思想财富,它鼓舞着中国的每一代年轻人。习近平总书记指出:"五四运动以全民族的搏击培育了永久奋斗的伟大传统。"五四一代青年创造了具有划时代意义的历史里程碑,验证了奋斗是青春最亮丽的底色。

习近平总书记在纪念五四运动 100 周年大会上指出:"中国社会发展,中华民族振兴,中国人民幸福,必须依靠自己的英勇奋斗来实现,没有人会恩赐给我们一个光明的中国。"从中华民族五千多年文明史、中国共产党一百多年奋斗史的角度上来认识和把握五四运动,可以更加深刻地领会这一论断的历史指向,从而增强做中国人的志气、骨气和底气,进而担当起自身的历史责任,不负党和人民的殷切希望。

(二)担当时代责任,勇于克服挑战

孟子曰:"先立乎其大者,则其小者弗能夺也。""大者"是一种以大局为重,胸怀"大我"的民族精神,"大者"立起来,追梦人就不会迷茫和害怕。要树立家国情怀,就要从自身做起,在自己平凡的岗位上取得优异的成绩。无数"小我"的辛勤工作,是国家富强、城市发展的动力。

新时代的青年要在担当起实现中华民族伟大复兴的历史重任中磨砺过硬本领,培养担当意识和提高防范化解重大风险的思维能力,争做德智体美劳全面发展的社会主义建设者和接班人。

(三)发扬艰苦奋斗,锤炼品格本领

幸福源自奋斗,成功在于奉献,平凡造就伟大。在为隆重庆祝中华人民共和国成立70周年时,通过群众推荐推选和网络投票,入选的722名先进人物囊括了新中国成立70年以来的不同历史阶段,不仅包括新时代的楷模,还有历史上的英雄模范;涉及各个行业和各个省份,具有广泛的代表性。这些英雄模范人物,使人感到敬佩。他们身后都有着精彩、生动和令人信服的故事,成为万众瞩目的人生偶像,又一次在神州大地上燃起了"燎原之火",为建设中国精神、中国价值、中国力量提供精神营养。

精神的力量是巨大的。铭记英雄模范、时代楷模对祖国的重大贡献,铭记新中国艰苦奋斗的艰难历程,可以凝聚出团结一致的力量,奋力奔跑、接力奋斗,以昨日的成就为根基,以脚下的艰难险阻为起点,书写中国人民奋斗的新篇章。

新时期的青年要敢于拼搏,要发扬吃苦耐劳的精神,要在每件小事、每项任务中体现出来,就是要不畏艰难险阻,敢于开拓,在困难面前取得成绩。练就过硬本领,就是要珍惜韶华,不辜负青春,刻苦钻研,掌握科学知识,提升自身素质,磨炼能力,通过阅读来增长学识,锻炼性格,通过工作来提高自己的能力。磨炼道德修养,就是明辨是非,恪守正道,保持定力,守规矩,饮水思源,知感恩,追求高尚、有境界、有品位的生活,为社会营造一种积极的风气和氛围。

拓展

黄文秀：返乡扶贫 奉献青春

"天再热，我每天也要到果园看看，这些砂糖橘是文秀书记带领我们种下的致富树，我一定要照顾好。"广西壮族自治区百色市乐业县新化镇百坭村，村民班统茂正在自家果园忙碌着。黄文秀生前工作的这个小村子，如今红红火火，充满生机。

黄文秀，广西田阳人，2016年从北京师范大学硕士研究生毕业后返乡工作。2018年3月，她主动申请到国家扶贫开发工作重点县乐业县担任百坭村第一书记。

百坭村村民黄仕京曾问过黄文秀："你是大城市的研究生，怎么会想要来这么偏远的农村工作呢？"黄文秀说，"百色是我的家乡，更是全国脱贫攻坚的主战场之一，作为一名党员，我有什么理由不回来呢？"她曾在入党申请书中写道："一个人要活得有意义，生存得有价值，就不能光为自己而活，要用自己的力量为他人、为国家、为民族、为社会做出贡献。"

百坭村村民居住分散，为了在最短时间内掌握全村贫困户的详细情况，黄文秀翻山越岭，用近两个月时间遍访全村195户建档立卡贫困户。

"靠山吃山，靠水吃水。"黄文秀和村"两委"干部一起，带领群众种植砂糖橘、八角、杉木等，发展特色产业，提高村民收入。经过努力，全村种植砂糖橘面积从1000余亩发展到2000余亩，八角从600余亩发展到1800余亩。为打开市场销路，她还多次组织大家学习电商知识，建立了百坭村电商服务站。

2019年6月17日凌晨，她在返回工作岗位的途中遭遇山洪不幸牺牲，年仅30岁。黄文秀担任驻村第一书记1年又82天，带领干部群众帮助全村88户418人脱贫。2020年底，百坭村脱贫摘帽。

黄文秀被追授"时代楷模""全国三八红旗手""全国优秀共产党员""最美奋斗者"等称号，获"全国五一劳动奖章""中国青年五四奖章"。2021年，黄文秀荣获"全国脱贫攻坚楷模"称号。

——《黄文秀：返乡扶贫 奉献青春》（庞革平、李纵，《人民日报》2021年6月18日）

二、把小我融入人民的大我

奋斗是青春最亮丽的底色,作为新时代的中国青年,要勇于砥砺奋斗。

(一)同人民一起奋斗,青春才能亮丽

中国正处在一个新的历史时期,青年要在中国共产党的领导下,同全国人民一起,为实现"两个一百年"奋斗目标、实现中华民族伟大复兴而奋斗。青年是一个时代的风向标,历史经验表明,青年越强大,国家就越强大,要把他们培养成为社会主义事业的建设者和接班人,为巩固和发展中国特色社会主义而奋斗。

(二)同人民一起前进,青春才能昂扬

在人的一生中,青春是最让人不舍、怀念的时代。因为青春充满了激情、充满了幻想,更充满了活力、充满了希望!在纪念五四运动100周年大会上,习近平总书记发表了重要讲话,其中,最让人难以忘怀、记忆犹新的就是"奋斗是青春最亮丽的底色"这一句话。

青春不仅仅是年纪,也不仅仅是一种象征,是需要去拼搏的。青春是短暂的,但在短暂的青春里,如果有了远大的理想,那就是一生的财富。只有有了远大的梦想,我们才能朝着那个目标努力,为自己的梦想而奋斗,让自己的青春变得更有意义,更有色彩。习近平总书记说:"幸福是奋斗出来的。"艰苦创业是中华民族的优秀传统,中国人民以百折不挠、勇往直前的拼搏精神,使中华民族从站起来、富起来到强起来。青年兴则国家兴,青年强则国家强。中国梦要实现,不能坐享其成,要依靠一代代中国人为实现美好的梦想而奋斗。

"爱国、进步、民主、科学"的五四精神,所蕴含的最珍贵的财富是"爱国"和"拼搏"。从李大钊"以青春之我,创建青春国家",到周恩来"为中华崛起而读书",再到方志敏"欲求中国民族的独立解放,决不是哀告、跪求哭泣所能济事",让我们携起手来,在新的民族复兴道路上,在风雨中前行,在困难中开拓新的天地,用奋斗开创新的事业,让我们的青春更充满活力。

(三)同人民一起梦想,青春才能无悔

梦想,是一种信念、一种对未来的期待、一种可以实现的事情、一种需要付出很大的努力才能实现的愿望。焦裕禄是模范干部,他领导着兰考人民同严重的天灾作了艰

苦的抗争,为兰考的面貌而奋斗。他得了肝癌,但还是忍受着疼痛继续工作。他"亲民爱民,艰苦奋斗,科学求实,迎难而上,无私奉献",被后世称为焦裕禄精神。梦想不会自然而然地实现,努力奋斗是它的桥梁;目标不是自己来的,只有奔跑,才能看到更远的目标。

每一代人有每一代人的长征路,每一代人都要走好自己的长征路。今天的长征同当年的红军长征相比,同改革开放以来我们已经走过的新长征之路相比,仍是一项具有开创性、艰巨性、复杂性的事业。怀揣家国梦想的中国青年跟随中国共产党,从懵懂到觉悟,从幼稚到成熟,从苍白到绚丽,一路走来,如今又进入一个成长黄金期。这个黄金期的显著特征是,中国青年在政治上更有远见,精神上更有担当,行动上更有智力。历史总是把最绚丽的色彩涂抹在青年身上,青年更要有历史担当,同人民一起梦想,不辱使命、不负厚望。在新长征路上,青年一代更要努力创新,奋发进取,大显身手,为实现人生价值和梦想,为国家强盛、人民幸福谱写青春交响曲。

三、把小我融入时代的大我

"弘扬爱国奋斗精神,建功立业新时代",是国家对青年人的一种号召,它鼓励年轻人将爱国心和爱国志融入伟大的祖国建设和人民创造历史的伟大事业之中。

年轻人胸怀大局,胸怀大我,把国家至上、民族至上、人民至上的理想代代相传,具有强烈的国家意识和强烈的社会责任感,重道义、勇担当。回顾过去,像钱学森、邓稼先、郭永怀这样的老一辈先进知识分子,冲破层层障碍,回到自己的家乡,在极其艰难的环境中进行科研工作。黄大年、李保国、南仁东、钟扬这些杰出的新一代知识分子,将爱国的奋斗精神变成实际的行动,写下了一段段动人的绚丽篇章。

(一)青年要勇做新时代的奋斗者

"大我"是一种大格局、大志向,将小我与大我相融合,才是开启生命的正确途径。一滴水流入大海,永远不会干涸。每个"小我"的努力都要与时代的潮流相结合,而个人的成就,则要扎根于爱国这棵长青的大树之上。中国的巨大变化,是由一代又一代"小我"的努力和奋斗造就的。钱学森、邓稼先、黄大年、于敏……几十年来,他们在极其艰难的环境中,用科学为国家服务,只求国家强盛;张黎明、孔祥瑞、马继东……扎根基层,扎根人民,在平凡的工作中做出了卓越的成绩。无数楷模以最朴素的爱国奉献精神,诠释了"大我"中"小我"的真正含义。

当前,我们正处于新一轮的科学技术、工业和发展的历史交汇期,既有着前所未有的历史机遇,也面临着巨大的挑战,差距越来越大。广大的知识分子应该为民族的需要和发展的需要而努力,充分利用自身独特优势,为实现中华民族伟大复兴提供智力和人才支撑。

(二)青年要将个人的奋斗与时代的潮流结合起来

一代人有一代人的奋斗,一个时代有一个时代的使命。广大知识分子要立足于自己的岗位,以居安思危的思想,积极为党和人民的事业发展献计献策;要站在世界的前沿,引领创新,勇于走别人没有走过的道路,在国内、国际创新的制高点上拥有一席之地;要以楷模为镜,扎根于人民,为祖国服务,自觉践行爱国奋斗的精神,将个人的理想自觉地融入祖国的伟大事业中去。

每一代人都肩负着历史的责任,有着属于自己一代的担当。五四一代面临着黑暗的军阀统治,刻骨铭心的"国耻",民不聊生的悲惨处境,以及"国势日衰,环境逼人生存不下去",担负着民族独立与解放的重任。他们勇敢地站出来,高举爱国、进步、民主、科学的旗帜,肩负起时代的重任。

五四运动后的一百年,是中国新一代年轻人继续奋斗、奋力前行的一百年。一百多年来,中国青年以一颗爱国的心,积极投身于党领导的革命、建设、改革事业,为人民、为祖国、为幸福而奋斗,将自己最美好的青春献给祖国和人民,谱写了一首首壮美的青春之歌。

如今,我们已步入中国特色社会主义新时代,中国青年正处于中国发展的最佳阶段,他们既面临着千载难逢的人生机遇,也肩负着时代任务。我们要继承和发扬艰苦奋斗的光荣传统,肩负起民族复兴的时代重任,要有报国之心,要练就真本事,要做实干者,在实现中华民族伟大复兴的征程上贡献自己的一份力,让奋斗的青春底色更加鲜艳。

(三)青年要成为新时代的奋斗者中的大多数

当前,我们离实现中华民族伟大复兴的目标越来越近,更加迫切地要求我们拓宽贤者之路,吸纳天下人才。各地、各部门、各单位要礼敬人才、厚待人才、激励人才、服务人才。对来自知识分子的意见和批评,要正确地接受、引导、宽容、包容,使广大知识分子能够充分发挥自己的才能和活力,为中国梦的实现做出更大的贡献。

中国新一代的年轻人,爱国是根本,也是成才的根本。只有将个人与国家和民族融合起来,把实现自我价值与实现社会价值结合起来,才能实现自身价值最大化。但不论是实现自己的人生理想,还是担当时代赋予的重任,都要掌握过硬本领。当今社会,知识和信息的更新速度越来越快,社会的分工越来越明确,新的技术不断涌现。当今社会不仅为青年施展才华、展示风采提供了良好的平台,同时也对青年能力和素质提出了新的要求。我们要珍惜时间,刻苦钻研各类学问,提升自身素质,磨炼自己的能力,用自己的才华为人民服务,用自己的创新和创造为国家做出自己的贡献。

新时代是努力奋斗的时代,也是追求梦想的人的舞台。新时代,各行各业的青年都要在自己的工作岗位上努力奋斗。青年正是苦练本领、增长才干的黄金时间,要向那些奋发有为的开拓者、奉献者们学习,将"小我"融入国家和人民的"大我"中。在新的历史时期,我们要不断前进,在为国家和为人民服务的过程中谱写壮丽篇章,创造属于自己的精彩人生。

拓展

新时代中国青年要勇于砥砺奋斗

在纪念五四运动100周年大会上,习近平总书记要求广大青年积极投身新时代中国特色社会主义伟大实践,做实现中华民族伟大复兴的先锋力量:"新时代中国青年要勇做走在时代前列的奋进者、开拓者、奉献者,毫不畏惧面对一切艰难险阻,在劈波斩浪中开拓前进,在披荆斩棘中开辟天地,在攻坚克难中创造业绩,用青春和汗水创造出让世界刮目相看的新奇迹!"

奋斗是中国青年最鲜明的标识。100年来,中国青年满怀对祖国和人民的赤子之心,积极投身党领导的革命、建设、改革伟大事业,为人民战斗、为祖国献身、为幸福生活奋斗,把最美好的青春献给祖国和人民,谱写了一曲又一曲壮丽的青春之歌。正如习近平总书记所强调,五四运动以来的100年,是中国青年一代又一代接续奋斗、凯歌前行的100年,是中国青年用青春之我创造青春之中国、青春之民族的100年。新时代,中国青年更要砥砺奋斗。

事者,生于虑,成于务,失于傲。习近平总书记在庆祝改革开放40周年大会上的重要讲话中指出:"我们现在所处的,是一个船到中流浪更急、人到半山路更陡的时候,是一个愈进愈难、愈进愈险而又不进则退、非进不可的时候。"只有勇立潮头、奋勇搏击,才能取得最后的胜利。百年来的奋斗史、新中国的建设史,特别是40多年的改革开放实践生动地证明了,没有广大人民特别是一代代青年前赴后继、艰苦卓绝的接续奋斗,就没有中国特色社会主义新时代的今天,更不会有实现中华民族伟大复兴的明天。在实现中华民族伟大复兴的新征程上,特别需要广大青年发扬艰苦奋斗精神,接续奋斗，永不懈怠。

中国青年始终是实现中华民族伟大复兴的先锋力量。今天，青年更应该成为勇往直前的开拓者。青年人积极努力，富有生气和创造力，是国家的希望、民族的未来。今天，新时代中国青年处在中华民族发展的最好时期，既面临着难得的建功立业的人生际遇，也面临着"天将降大任于斯人"的时代使命。新时代中国青年要继续发扬五四精神，以实现中华民族伟大复兴为己任，不辜负党的期望、人民期待、民族重托，不辜负我们这个伟大时代。

功成不必在我。新时代青年更须甘于奉献，乐于把个人命运与时代需求结合起来，为更远大的目标而努力，为更宏伟的事业而拼搏，把有限的生命投入无限的为人民服务之中去。新时代青年更须具有广阔的世界眼光，正如习近平总书记所指出的那样：新时代中国青年，要有家国情怀，也要有人类关怀，发扬中华文化崇尚的四海一家、天下为公精神，为实现中华民族伟大复兴而奋斗，为推动共建"一带一路"、推动构建人类命运共同体而努力。

一代人有一代人的长征，一代人有一代人的担当。新时代中国青年运动的主题，新时代中国青年运动的方向，新时代中国青年的使命，就是坚持中国共产党领导，同人民一道，为实现"两个一百年"奋斗目标、实现中华民族伟大复兴的中国梦而奋斗。让我们更加坚定地树立对马克思主义的信仰、对中国特色社会主义的信念、对中华民族伟大复兴中国梦的信心，到人民群众中去，到新时代新天地中去，让理想信念在创业奋斗中升华，让青春在创新创造中闪光。

——《勇做走在时代前列的奋进者开拓者奉献者——三论学习领会习近平总书记在纪念五四运动100周年大会上的重要讲话精神》（本报评论员，《光明日报》2019年5月3日）

思考讨论

1. 为什么要有砥砺奋斗情怀？

2. 奋斗的现实主义情怀主要体现在哪些方面？

3. 为什么说奋斗是浪漫的？

4. "奋斗本身就是一种幸福"主要体现在哪些方面？

5. 为什么说奋斗是青春最亮丽的底色？

6. 怎样在奋斗中实现自己的人生价值？

扩展阅读

1. 习近平:《中共中央关于党的百年奋斗重大成就和历史经验的决议》,人民出版社 2021 年 11 月版。

2. 中央党校采访实录编辑室:《习近平的七年知青岁月》,中共中央党校出版社 2017 年 8 月版。

3. 本书编写组:《习近平与大学生朋友们》,中国青年出版社 2020 年 11 月版。

4. 中华全国总工会编《争做新时代的奋斗者》,中国工人出版社 2018 年 8 月版。

5. 韩庆祥:《中国道路及其本源意义》,中国社会科学出版社 2019 年 11 月版。

6. 李捷:《奋斗与梦想:近代以来中国人的百年追梦历程》,中国社会科学出版社 2021 年 6 月版。

第六章　磨砺青年奋斗意志

【本章导读】

　　人在青年时期面临的两大任务——适应社会和发展自己。同时面临社会变迁的挑战。这个社会的发展进化越来越精密，每个人越来越被片面使用。青年人都向往城市生活，而城市人口密度增大，人际冲突增加，人与社会的矛盾加剧。现代家庭的结构和功能也发生变化，家庭小型化，家庭人口数量减少，造成青年个体心理困扰增加。互联网对社会的深层渗透，移动终端设备的普及，使得青年人际联系方式变化，直接交往减少，虚拟交往增加。想要更好地应对面临的困境，现代青年人要正确认识自我，反思自己遇到的困惑。磨砺奋斗意志，健全身体和心灵，强健体魄，养成求真向善的终生奋斗意志。

古之立大事者，不惟有超世之才，亦必有坚忍不拔之志。昔禹之治水，凿龙门，决大河，而放之海。方其功之未成也，盖亦有溃冒冲突可畏之患。惟能前知其当然，事至不惧，而徐为之图，是以得至于成功。

——《晁错论》（宋·苏轼）

第一节 青年人生两大基本任务——适应和发展

一、适应社会

每个人来到这个世界上,便面临着一个基本的问题,就是适应社会,适应体现着生物存在的基本规定性。

(一)怎样从心理上适应社会

中国传统文化对人生的理解,有一种自然主义的倾向,谈得最多的就是宿命论。什么时候生、什么时候死,生下来以后状况如何,是出生在一个农夫家庭,还是出生在一个富豪家庭,是出生在一个有教养的家庭,还是出生在一个粗俗的家庭,讲究生死有命富贵在天。实际上这种想法是不对的,命运真正掌握在自己的手中,人生的道路在于通过人的自我实践去创造。

人与地球上其他生命的最大区别就在于,其他生命主要靠先天的遗传,越是低端的生命,刚出生的时候,就越具有这个种群的全部特性,而人类不一样。如果人的寿命以 80 年为限,一个人要先用 20 年来学习,然后用 40 年来工作,再用 20 年来养老。学习时间占据了整个生命的四分之一,人的生命价值是通过人自身的活动来创造的,但是在生命活动中间,一个人的目标,往往并不能全部实现,总会遇到挫折。

在心理学中,适应是指生物以行为改变为手段,对环境条件的顺应。任何人出生来到这个世界,都必须承受许多个人无法选择的生活条件,比如父母、家庭、种族、国家等。人终其一生,都是在一个受限制的环境中生存,在一个受限制的舞台上表演。所谓适应,其实是尽可能地利用受限的生存条件,使自己的需要得到满足,同时也使得自己的生命尽可能地丰盈和有意义。

明辨

人才的价值

那些被我们描述成"人才"的人决定了其所在团队的工作速度。作为工作进度的决定者，他们以其榜样和热情的作用调动、激励他人，他们周围的人在他的影响下会更加勤奋地工作。通常情况下，整个团队会变得更有干劲、更团结向上、更有工作效率。

对于在研究、开发、生产和服务领域内工作的人来说，和那些拥有示范效果的人才一起工作将更容易获得激励。由于有这样一个热忱的员工所展示出的高水平的竞争实力，使得他周围的人信心倍增。当"有才"的技术人员参与到工作中来时，工作的质量和准确度都会有明显的提高。

当那些尽职尽责的专业人员从事销售和营销工作时，所产生的效果更加显著，这些人才使得公司长期拥有大量稳定的、有利可图的业务。

当今，许多组织急需创造力和创新。那些能够解决难题的人和那些能够用新的非凡的方法迎接挑战的人对整体的成功发挥了重大作用。

当今，许多组织中也高度重视持之以恒，专注于某一项目或任务直至完成是最关键因素。为了完成工作，一丝不苟、尽职尽责地完成日常和特殊任务非常重要。实际上，每个团队都需要这样可以信赖的人。大多数组织的有效运行需要精确、注重细节、控制质量和进行严谨的科研和分析，担当此任的人对组织的持续发展至关重要。每个人才都为组织带来与众不同之处。如果这些人才置于那些能把他们组织起来并塑造成高效团队的人才的领导之下，他们将具有更大的价值。这些人才团结协作，使工作得以完成，人们会从工作中获得乐趣，预期的目标也就可以实现。

——《留住雇员心：21世纪人才战略》[（美）罗杰·E.赫尔曼著；战凤梅、刘永祥译，机械工业出版社1999年版]

（二）怎样适应社会

社会性是人类的本性之一，人类社会的文明就是建立在"社会"二字基础之上。只要生活在文明社会，就一定要适应社会。

适应社会，第一就要汲取前人智慧，主动思考人生意义。适应需要思考和智慧，对人生意义的怀疑是很多心理问题的缘起和症结。有人觉得这个世界似乎没什么意义，那些所谓成功的人也未必过得很幸福。无论怎么努力，最后还是要走向死亡。既然如此，人生的意义在哪儿？但是，如果人不会死，人生还有必要去探讨有没有意义吗？正是因为生命的有限性才凸显了人生的意义。

适应社会，第二就要活在当下，发现生命的价值。每一个生命本身具有不可替代的意义。蚕吐丝、蜂酿蜜，它们的生命注定要完成这样的使命。花、草、树的种子从生长到枯萎，从一开始就注定了其形态和颜色，它们只有在属于自己的天地里达到生命的极致，哪怕卑微，哪怕平凡，它们本身就是意义。

适应社会，第三就要超越自我，超越自我的局限、苦难和失败。人的一生中，难免有风雨有坎坷，但不必哀叹，不必埋怨，这是生命的一部分，应该对苦难和失败保持开放和接纳的态度，品尝人生百味，欣赏人生路上每一处风景，把人生的绊脚石变成垫脚石。

适应社会，第四就要超越自我的欲望和利益。当一个人不仅仅只关注自身的成败得失，而是关心他人、帮助他人的时候，他就不再整天患得患失，他的人生就不再仅仅属于他一个人，他的幸福也不仅仅属于他一个人。人生的意义不在于你拥有多少，而在于你创造了多少，为他人能做多少贡献。

明辨

社 会

人类的进化不同于地球上的任何其他物种，因为人类发明的工具始终在帮助他们。20世纪无疑是"工具制造"的极盛期，由于工具在创造人类的未来中发挥着作用，它们变得益发精密复杂起来。发明和设计工具，这在当前表现为发掘精致的技术性解决方法，已经成为解决人类问题的主要手段。其实，我们如此深沉地迷恋于自己的"工具制造"的能力之中，以至于我们正在为种种尚未经历的问题发明和设计着解决办法。荒谬的是，技术水平大大提高的结果却是涌现出许多更新的问题，于是，我们被迫去寻找更新的技术方法以弥补早先的技术方法所造成的问题。

我们的当代世界已成为一个技术性修补的社会。不幸的是，这种对技术性解决办法的投入使得真正的问题变得模糊了，而原本正是这些问题才把我们置于"工具制造"的营生中。尽管技术性解决办法对于我们的身之生存，并且在很大程度上对于我们的心之生存，起了难以估量的作用，可它们造成的拖累比这更多。在心灵深处，我们不单单是在寻求技术性的解决办法，我们是在寻找生命的意义。

工业革命和启蒙运动中的种种事件合在一起，大大推动着我们进入了技术时代。工业革命刺激并激发了我们以种种新方法、在种种新领域中制造工具的能力，与此同时，启蒙精神把力量与对世界的责任公平地置于人类的智力范畴。这种精神鼓励我们独立自主并且技术精湛。它一直鼓励我们过于注重那些认识宇宙及其奥秘的、理性的、分析的和简化归纳的方法。我们渐渐相信，不管那些向我们挑战的问题的复杂性和人文因素怎样，我们总能找到"科学的"答案。

这种学术气氛风行的结果之一就是，在试图剥去世界神秘性的过程中，使用大量的抽象模型和技术性解决办法。这种世俗化的影响一直是20世纪的中心背景。

20世纪又转过来把我们推入了技术时代的中心。这是一个充满了新思想、新发明的时期，并且出现了新的"范式"。在这个世纪中，对技术灵丹妙药的重视达到了令人生厌和难以容忍的地步。不论什么问题，公共的、组织的、还是个人的，我们都诉诸技术性修补。它或许是一粒阿司匹林、一家堕胎诊所、一张福利支票、一些减肥药片、一次重组抑或是一项缩减规模的计划，它可以使我们感觉年轻、成熟、漂亮、苗条抑或更强有力。我们或许有了更多的选择，并且可能感到更能掌握了，可是我们如此轻易地"修补"的种种问题的根本原因真正得到改变了吗？我们变得如此执迷于工具制造性的、技术性的解决方法，已然忘记了它们不过是达到目的的手段而已。结果可好，它们反倒成了目的本身。

这类手段与目的相混淆的一个例子是，在多数社会中发现，对于财产分配存在着过分的成见。对财产再分配制度的调调改改几乎总是一种用来解决复杂的系统问题的技术性修补，这种做法很少会产生可接受的长期解决办法。真正的适应性挑战在于着力创造新的财富，而不是对旧有的财富分来调去。这种新财富不只是物质财富，它是使人生气勃勃和茁壮成长的财富，是促进转变的财富，是不以牺牲后代利益而获得的财富，因而是一种可持续的财富。这种财富形式就是中国人所说的"繁荣昌盛"，其含义远远超出了资产的积累。繁荣昌盛意味着全面的健康幸福、有踏实感、忠于明确的价值、注重人际关系以及关心自己给后人留下的东西。看起来繁荣昌盛是种种技术性解决方法所应指向的一个富有意义的目的。

——《领导与战略规划》[（美）安娜蓓尔·碧莱尔著，赵伟译，机械工业出版社2000年版]

二、发展自己

人的一生，最大的竞争对手就是自己，最难的就是自我超越。事实上，那些能够自我否定、自我超越的经历，往往是一个蜕变成长的过程，也是向更高的高度起跳的过程。成功的宽度有多宽，同样也没有人测量过，这暗示着人生的高度无止境，成功的宽度无极限，人们获得的一次次的成功只是其中的一段而已，如果能够摆正心态，继续努力挑战、超越，长期严格认真地坚持不懈，就有可能获得更卓越的成功。如果能够把坚持的时间放得再长点，超越自我的目标定得再高些，那样将产生越来越伟大的力量，也将获得越来越辉煌的成功。

首先，青年只要生长在一个基本正常的环境中，就不可避免地要有所发展，比如身体一天天长大，能力和知识越来越丰富。其次，每个青年都要经历大致相同的发展阶段，从嗷嗷待哺到追逐嬉戏，从上学读书到成家立业。再次，每个青年的发展总是在特定的环境中进行的，而这个环境既存在客观性又存在偶然性。一个青年所面临的经济条件、教育条件和人生际遇，会对其发展过程产生重大影响，使其自身的发展有时顺利，有时出现障碍和差错。最后，每个人在发展过程中自己的努力程度，也影响着他的发展水平。许多心理学家认为，虽然每个人都有一个由个体遗传的发展潜质所决定的心理上的发展上限，但大多数人并未达到这个上限。在人生的道路上，无论做任何事情，哪怕做得再细、再好，也会有不完美的地方，这就要继续努力做得更好。只有不断地发展自己，超越自己，才能够获取更大的成功。

拓展

发　展

优秀的员工希望在专业方面有所发展。他们希望学习并实践新知识、新技术，通过这一被亚伯拉罕·马斯洛（Abraham Maslow）描述为"自我实现"的过程，员工提高了自身的价值，同时，也提高了其对雇主的价值。

让这些关键员工以最快的速度成长是非常重要的。不要担心当他们羽翼日益丰满就有可能离开你。如果员工感觉自己仍有发展余地，而你给他这种空间，他就会留下来。

你要认识到当员工成长时，他们需要更多的机会来运用智慧和专业知识来帮助你的公司，并发展自己的职业生涯。他们会寻找挑战、新的挑战。给他们这种机会，每个人都会从中受益的。

把教育和培训一股脑地抛到员工身上也不是明智之举。聪明的做法是为团队的每一位成员制订一个适合于个人的发展计划。精心设计该计划,使其重点放在达到某一特定目标上以支持员工的职业生涯,但也要保持其灵活性。

有些计划也许强调获得大学学位,其他计划也许面向其他方向,最有效的方式是提供不同的学习经验来使员工有全面的背景。根据你的需要和欲达到的目标来选择个人或群体、团队的学习方法。

——《留住雇员心:21 世纪人才战略》[(美)罗杰·E.赫尔曼著,战凤梅、刘永祥译,机械工业出版社 1999 年版]

第二节　青年人生面临的挑战——社会变迁

21 世纪是一个发生了深刻的社会变迁的世纪,变化的速度之快、幅度之大、范围之深为人类文明史上所罕见。

一、社会分工逐渐精细,使得人的片面使用

当代社会分工更加精细化、专业化,这种分工要求生产者必须具有某种单一能力,生产者其他的思想、感情、创造性都变成了累赘。

现在社会的分工又导致了另一个严重的问题,即劳动的可替代性。其实大部人焦虑痛苦的不是社会分工本身,而是自我劳动的可替代性。由于社会分工让原本复杂的一项劳动分成若干简单机械的劳动,这就导致岗位门槛降低,很容易被替换,同时很多的劳动岗位被机器替代。随着社会的深入发展,人们物质水平的提高,社会分工会越来越精细化,人们的需求也越来越多。第三产业的兴起就证明了这一点,例如现在有专门的采耳技师,有专门的直播中控师,每一次社会分工的进一步精细化,对年轻人来说都是一个机会,年轻人可以大胆尝试新的行业,这是这个时代赋予年轻人的机遇。

拓展

普遍联系

当人们结成团队一起工作时,他们在工作的数量和质量方面都将取得更大的成就。尽管有些任务最好是独立完成,但是大部分工作还是得益于共同参与。

人们单独工作还是结成团队工作是组织经营哲学作用的结果。由高层管理者来建立并保持这种经营哲学,但中层管理人员各主管也会施加影响。通过你的行为,通过你布置工作和领导的方式,你将决定多少人在一起工作以及它的效果。

为了建立这样一种鼓励人们共同工作的组织气氛,就要强调结成团队工作的价值。要鼓励员工之间的合作与协作、网络化工作、共同分担及友情相助等。要把任务和项目布置给各个组(而不是个人),或建议接受任务的每个人寻求别人的帮助。

团队工作要求使所有相关人员对目标理解并取得一致意见,共同奋斗,实现目标。作为领导者,你要明确这些目标,组织讨论,以使参与工作的单独团队和整个组织取得一致意见。有效的团队工作要求员工彼此交流,确保每人能够获得所需信息。除此之外,团队工作意味着更加活跃的信息交流,以使所有员工知道别人在做什么,他们为什么做,以及将来做什么。这是一个认真的、坚定的过程。

你可以帮助员工以团队的形式工作,要为团队之间的相互交流提供便利,以增强团队工作意识,如为员工的团队工作提供方便的工作场所等。为员工彼此之间必要的接近创造条件,使他们更易于合作。这包括在人们共同完成合作项目时,给予足够的合作场所。如果人们都在足不回旋的狭小空间中工作,别指望他们很好地进行团队工作,也别指望那些隔得很远的人能够密切地合作及协作。

——《留住雇员心:21 世纪人才战略》[（美）罗杰·E.赫尔曼著,战凤梅、刘永祥译,机械工业出版社 1999 年版]

二、城市逐渐拥挤,人际冲突增大

在生产力不断进步的工业化和城市化过程中,大量人口迅速向大城市聚集。作为工商业中心的大城市,人口数量迅速增加,人口的密度急剧增大,而大城市的生存资源增长则相对缓慢,使得大城市发生人际竞争和冲突的概率大大增加,包括但不限于工作机会、晋升机会、婚恋、住房、交通、教育、医疗。激烈的竞争催生激烈的冲突,使得青年个体经常处于不安和焦虑之中。

一个工作岗位,十几个甚至几十个求职者在同时竞争;一套市中心的次新小三房,几十个年轻人同时想买;上班的早高峰,一条城市主干道堵得水泄不通;一个重点小学或者重点初中,大家挤破头都想去上;市中心三甲医院的门诊部,所有人都拿着号码牌,排着等叫号的长队。在大城市,就连坐地铁、过马路,也要打起十二分的精神。

拓展

竞　争

在美国,竞争是受到认可的行为。它是民族文化的一部分。我们自幼学会竞争,它已经成为生活中的自然组成部分。

在生活中的许多方面,我们都在和他人相互竞争:在体育比赛中,在学校的学习中,在排队结账的柜台前努力找个好位置,在每天的上下班途中争取更好的行车路线。我们和自己竞争,要比以前做得更快、更好、更节省。

因此,人们在工作环境中竞争是很正常的。人们争取最佳的停车位和办公场地,争着引起老板和大客户的关注,升职和被委以重任都是被看重的竞争对象。成功者"赢得"伴随成功而来的利益,而失败者如果认为失败是不堪忍受的话,他就可能离开原有的竞争领域而去寻找别的获胜机会。

在工商领域,我们竞争更多的资源以完成工作。这些资源包括资本、原材料、场地、时间和人等。这些要素都是在工作中需要处理的。我们的成果取决于对这些资源的应用情况。

要想获得竞争优势,就需要员工对这些资源进行有效的利用。利用人力资源的方法是竞争的最后防线。员工在创造性、技术的应用与开发、任务完成等方面取得优势所做出的贡献,是取得成功的关键。

——《留住雇员心:21世纪人才战略》[(美)罗杰·E.赫尔曼著,战凤梅、刘永祥译,机械工业出版社1999年版]

三、人际情感联系淡化,直接交往减少,虚拟交往增加

随着社会科技的不断进步和发展,人们在日常生活中除了可以进行面对面的交往

外,还有一种虚拟交往已经深入人们生活中的每一个角落。

虚拟交往,是指人类借助网络技术,以计算机硬件和软件为中介,以数字化语言符号为载体的交往方式。虚拟交往是人们在虚拟世界中进行的一种交往活动,是现实世界中面对面交往在虚拟世界的延伸。虚拟交往的重点就是指以计算机网络为中介的交往活动,即形成"人—机—人"的交互作用关系。这种关系主要是通过网络技术把各地域的计算机连接起来,它的实质是把不同空间、地域,不同阶层的人联系起来,使人们突破传统的交往方式,无须面对面,使人们有了一个全新的、实时的、方便的交往平台。

随着网络、计算机的普及,当代年轻人已经成为网络人际交往的主体,计算机及网络已成为年轻人日常生活与学习的必备工具,网络人际关系成为新时代人际关系的一个新特点。网络人际关系不仅影响着年轻人人格角色的形成,还会潜移默化地对年轻人的世界观、人生观、价值观产生影响,对年轻人社会化的完成和真正步入社会产生重要作用。

拓展

互联网

讲到互联网的历史,就得从美国政府成立 ARPANET(Advanced Research Projects Agency Network)谈起。成立这个机构,是为了防止苏联或其他国家丢个原子弹在重要的区域,阻断了电脑之间的通信。ARPANET 的成员,发展出了一套简单的电脑语言,让电脑能够自己说话,进而创造一个网络或是渠道(pipes,可传送资料的连接管线),好让所有的电脑都能连接,东岸的情报员也才能和西岸的情报员联络。回想起来,互联网一开始是为了减轻战争的伤害而存在的,不过现在看起来,网络所带来的爆炸性,似乎远高过安全性了。

早期的互联网是只有文字,没有影像或音响的。互联网的主要功能就是联系。一开始的联系,是一个跨越东西岸之间的大管线,叫作骨干网(Backbone)。只是连上骨干网,任何人都可以互相交换数字文本。而大学是研究的重镇,所以许多学校就连接上这个主干线,利用它来传递所有的讯息,当然有时候也包括个人的问候和消息。到了 80 年代晚期,连到骨干的管线越来越多,网络就延伸到世界各地去了。

早期的网络先锋,组成分子可真是复杂呢! 这些家伙来自全球商业界、政府机关,还有学校,包括了研究者、学生、黑客(hackers)、业余玩家等。他们组成了虚拟村落

（Virtual Village），彼此交换信息，并通过各种方法，靠他人的经验传授来学习各种网络技巧。那时候，他们的语言相当丰富，但是充满了行话。他们大都用了许多 UNIX 语言，那是当时主要的电脑语言，如果能懂得这些深奥难懂的网络通信协议语言，他们就觉得非常了不起。这些人通过 BBS、chat、telnet 等等交流，并且促使更有效率、更有趣的沟通方式诞生。在过去，网络的成长是靠口授的，当学徒出师了以后，他们就会去教别的新手，好像传福音一样。

到底是什么吸引了这些开路先锋呢？过去，网络是很难相处的，又很没效率，而且规模也相当有限。其实，吸引这些人上网的原因，就和很久以前吸引人去西部拓荒的原因是很像的：没有人拥有它！政府虽然补贴互联网，但是并没有加以控制，所以网络基本上是无政府状态的。而且网络里还有匿名的性质。套句一位开路先锋说的话："在网络里，就算你是狗也没人知道！"

网络文化在这个通信年代里慢慢地成长。在通信及娱乐业者试图掌控使用者的野心下，网络成为沟通的另一种选择。以前的开路先锋很重视网络上沟通的隐私性。隐私性就是网络文化的核心，通过键盘呈现出来。可能是因为这种无政府状态，加上没有什么规范，所以网络上的商机就没什么人去注意。网络的发展潜力，就连大型电信通信公司或是软件巨子也都忽略了。

那么，到底是什么原因让网络不断成长呢？因为网络媒介的神秘色彩消失了，"茧居"成了人们生活的趋势，还有许许多多因素，让人们渴望能有新的沟通方式，都是网络发展的原因。历史学家如果要追溯网络爆炸的原因，可能分成两个阵营，一是注重原因，另一种是注重结果。无论如何只要记得，网络一开始是种媒介，但它后来却演变成一种潮流，这种潮流变成一种复杂的沟通文化，并且改变了世界。

——《网络赢家：征服数字天地的方法》[（美）瑟雷丝·维布莱、（美）汤尼·雷恩格编著，邢宾译，机械工业出版社 2000 年版]

四、现代社会价值观的变化

价值观的变化反映着实际社会生活的变化。近几十年来，世界发生了巨大的变化。在如此广泛而深刻的社会变迁中，现代人的心理适应变成了一场艰苦卓绝的斗争。好不容易建立起来一个适应的模式，但持续没多久就变得不适应了，根源在于社会的变化实在是太快了，这一情况的突出例子是改革开放以来中国社会价值取向的演变。例如,"文凭热""经商热""出国热""下海热""从政热""直播热",各种热潮此起彼伏。每一种"热"都体现着社会的价值取向,每一次"热"的转换,都意味着社会价值取向的转换。

在现代社会中,生活似乎永远在向青年人的经验、能力和现有模式发出挑战,青年人似乎永远也没有"准备好了再上阵"的时候,总是需要仓促应战,总是刚刚适应了,又立刻变得不适应,由于适应状态持续的时间变短,青年人面临的应急压力增加,常常诱发心理障碍。

第三节　陷入困境的现代青年人——认识自我

一、如何正确认识自我

每个人都有一颗大脑,这是我们每个人思维和意识的全部主宰。国际通行的判断一个人生与死的标准,是看一个人是否脑死亡。因为人的身体器官几乎都是可以移植的,唯一不能移植的就是大脑。如果说以 18 岁作为一个人成人的标志,那么意味着,至少要花十几年时间,把自己的大脑和心灵向外部世界开放,要自觉或者不自觉地从外部世界吸纳各种信息,然后转化为自己内在精神世界的组成部分。而这些吸纳来的信息,可能是健康的,也可能是不健康的,可能是让我们欣喜的,也可能是让我们悲伤的。因此,大脑最重要的功能就在于与外部世界进行信息交换,让外部信息以多种方式进入我们的心灵世界。

而各种信息的进入,一方面成为人成长重要的信息来源,另一方面也是引起人产生大脑和心灵困惑的重要原因,所以大脑和心灵问题是一个复杂而深层次的问题。青年在情感方面的问题会影响到大脑和心灵,在知识方面的问题会影响到大脑和心灵,青年的成功会影响到大脑和心灵,失败同样也会影响到大脑和心灵。诸多的外部因素对于青年人的大脑和心灵到底是发生正面的、积极的作用,还是负面的、消极的作用,是因人因事因情境而异的。

迄今为止,人类在探索自然方面有了很大进步,但是对人类自我的认识却是缺失的。世界顶尖的哲学家都认为,研究人类精神心理活动的认知科学,是 21 世纪哲学研究最让人困惑的课题之一,越研究,奥秘越多。

明辨

论自我控制

按照完美的谨慎、严格的正义和合宜的仁慈这些准则去行事的人,可以说是具有完善的美德的人。但是,只靠极其正确地了解这些准则,并不能使人以这种方式行事:人自己的激情非常容易把他引入歧途——这些激情有时促使他、有时引诱他去违反他在清醒和冷静时赞成的一切准则。对这些准则的最充分的了解,如果得不到最完善的自我控制的支持,总是不能使他尽到自己的职责。

古代的一些最优秀的道德学家,似乎曾经把这些激情分成两种不同的类型来研究:第一,要求作出相当大的自我控制的努力来抑制的激情甚至是片刻的激情;第二,容易在转瞬间,甚或在较短的时期内加以抑制的激情;但是,由于这种激情频繁地而且几乎是连续地进行诱惑,它们在人的一生中非常容易把人们引到偏差很大的歧路上去。

恐惧和愤怒,同与它们混合和有联系的其他一些激情一起,构成了第一种类型。对舒适、享乐、赞扬和其他许多只是使个人得到满足的事情的喜爱,构成了第二种类型。过分的恐惧和强烈的愤怒,常常难以抑制,甚至难以抑制片刻。对舒适、享乐、到满足的事情的喜爱。

但是,由于它们无休止的诱惑,它们常常把我们引入歧途,使我们陷入今后很有理由对此感到羞耻的许多弱点之中。前一种激情的趋向常常可以说是促使我们背离自己的职责,后一种激情的趋向常常可以说是引诱我们背离自己的职责。对前一种激情的控制,被上述古代的道德学家们说成是意志坚忍、刚毅和坚强。对后一种感情的控制,被他们说成是节制、庄重、谨慎和适度。

——《道德情操论》[(英)亚当·斯密著,夫余译,红旗出版社 2017 年版]

二、反思困惑

我们每个人每天都在设定目标,并且按照具体的目标去行动,但大多数时候往往事与愿违。恩格斯说过,在人类社会中存在一种特殊的情况,就是意志的碰撞。你希望达到这样的目标,他也希望达到这样的目标,但是机会有限。你希望通过某种途径达到这样的目标,他也希望通过这种途径达到这样的目标,而通道有限。你需要这一种方法,他也需要这样一种方法,而这个方法有限。在这样的背景下,我们普通人往往会产生很多挫折感,挫折使人丧气,有些人在挫折面前选择了放弃。反思挫折和困惑,主要体现在以下几个方面。

（一）学业的困惑

作为年轻人,作为大学生,最大的挑战,来自学业。学业的忧虑给他们带来了成就感或者挫败感。在这种背景下,如何解决学业的困惑,很重要的一点就是学习方式的转变。很多大学生在高中时名列前茅,但是随着大学学习方法和学习环境的变化,在强手如林的校园中,有人难免会产生学习的困惑——在高中名列前茅的进大学之后,不知不觉就落在了后面。

（二）情感的困惑

进入大学之前,老师家长严令不许谈恋爱,但是进入大学之后就没有老师家长管了。大一、大二的时候还看不清楚,不知道该找谁,到了大三的时候看见别人出双入对,大四毕业了老师家长问,对象找好了没有? 可是还没有人喜欢我呢,还没有人对我表白呢,是我的问题还是别人的问题呢? 这时年轻人的心里一定会产生困惑。

马克思说,男女之间的关系可以看作是社会进步的尺度。由于生理的成熟,人要有相应的情感的期盼,这是完全正常的,不应该压抑,当然也不能放纵。面对情感的困惑,有三点建议:一是敢于追求,让自己的情感得到释放。二是善于放弃,避免极端事情的发生。懂得自尊,尊重对方,就是尊重对方的选择,才能使自己的情感建立在真正坚实的基础之上。三是勇于承担责任。爱情就是责任,爱就意味着为他人付出,一个有责任感的人才是真正懂得如何去处理好自己感情的人。

（三）交往的困惑

大学生人际交往不仅给大学生带来许多积极、正面的影响,也会带来一些负面、消极的影响,要扬长避短,通过更多的正能量的发挥,使大学生健康成长和发展。年轻大学生花费很多时间用于网络人际交往,一旦置身于网络空间这样一种全新的虚拟人际交往形式,会对年轻人大学生产生了巨大的影响。

网络人际交往对大学生人际交往产生的正面影响。网络的广泛性、便捷性使年轻人通过网络人际交往,进一步扩大了他们人际交往的范围。大学生可以通过网络搜索寻找到学校之外的世界,了解到更多、更新的资讯,接触到不同国家、不同种族、不同语言的朋友。年轻人不仅用最少的时间和金钱成本了解到了世界各地的风土人情,也进一步增加了他们的交流能力和适应社会的能力。

网络人际交往可以增进当代大学生在现实生活中的人际交往平等意识。由于网络的虚拟性,在大学生网络人际交往中,个体在现实世界具有的角色、财富、地位、社会身份等都得到隐藏。大多数时候,人们在网络上交际,如果不是你本人告之,人际交往双方一般只会根据自己的判断来猜测对方的具体情况,也不会过于询问。因此,大学生在网络上形成的人际关系实现了一种比现实社会更容易实现的平等。这样的平等关系给那些在现实生活中相对缺乏自信、不善于自我表达的大学生提供了一个展现自我和表达自我的平台。同时,也能避免一些非常自信、优越感过强的年轻人过于锋芒毕露,进一步强化了他们的人际平等观念和意识,做到尊重他人、关爱他人。

但是,网络人际交往也有它的局限性。许多大学生还没有办法很好地分辨各类信息,受到这些影响,一小部分大学生产生了对传统价值观的背离,网络人际交往更加深了这方面的影响,这对如何正确引导当代大学生人际关系带来了一些困难。比如大学生对于网络黑客的行为普遍呈肯定的态度,许多大学生还想学习此类技术,甚至以此作为未来谋生的手段。又比如大学生通过网络人际交往进行不健康的交友,窃取他人隐私,发布各类不实和不健康信息,随意谩骂、攻击、造谣他人,这些都是网络人际交往虚拟性引起的相关问题,需要道德法律进一步规范。

网络人际交往中虚拟化、数字化使更多个体信息隐身,在这样的虚拟保护下,一些年轻人大学生在网络社会和现实生活中出现截然不同的表现,有的甚至表现出人格分裂的状态。尤其值得注意的是,现在许多所谓的“网虫”“宅男”几乎是把网络当成自己的生命,他们在网络生活的存在与现实社会生活中大不相同,有的甚经无法适应正常的社会生活。他们在网络空间里,可以随意暴露自己人性的阴暗面,可以轻松克服现实生活中不易逾越的障碍。由于过度依赖网络人际交往,有的大学生不能适应现实的人际交往。

大学生网络人际交往的流行,虽然进一步扩大了大学生的交际空间和范围,但是回归到现实生活中,有可能造成大学生对现实的感情冷淡。这些都给大学生在现实生活中造成许多问题。

（四）工作前途的困惑

很多大学生确实为了工作前途在焦虑。适当焦虑是有益的,但大可不必过分焦虑。大学生和年轻人经常会面临这样的困惑,到底是先就业,还是先择业。其实这个问题的本质是年轻人面临的到底是无业可就，还是有业不就。实际上，年轻人只要勇敢地走进社会，都会拥有主动施展自己长处和才华的场所。当自身的发展和社会的需要之间发生矛盾的时候，要选择到社会最需要的地方，最能够实现自己的才华的地方。年轻大学生要避免两种情况：一个是急功近利，另一个是好高骛远，只有脚踏实地才能够实现自我价值。

三、积极健全身心，打造奋斗人生

（一）强健体魄

年轻人应该注意爱惜自己的身体，加强锻炼，使自己的身体更健康，接纳自己与生俱来的特征。在经济学中，一些社会的矛盾只能依靠发展才能解决，在保持身心健康这个问题上，要依靠坚持锻炼，才能做到健身强心。当感到迷茫焦虑无助的时候，尝试一下锻炼身体吧，去大汗淋漓地锻炼吧，每天锻炼一个小时，对于任何人都足够了，这也只是你一天全部时间的 4% 而已，真的不多，这 4% 至关重要。做 40 个深蹲，30 个俯卧撑，围着操场跑 3 公里，很多烦恼都会烟消云散。不用过分为明天担心，相信自己，锻炼好身体，做好今天，为今后打好坚实的基础。

（二）奋斗意志

很多时候能把人拉入深渊的消极力量，是隐藏在人内心的自我批评、心理障碍、怀疑、破坏性的想法和负面情绪。它们不仅阻碍年轻人积极向上，还让年轻人轻易走向下坡路。

这些"内心的敌人"总是与人形影不离，因为它们就是人的思想的产物，所以就像无法逃避自己的思想一样，年轻人也很难逃避这些负面情绪和消极力量。与这些负面情绪和消极力量斗争的唯一方法就是奋斗，使自己变强大，从身体和心理上都变得强大。

年轻人任何有价值的转变，都需要经历漫长的时间和不懈的努力。类似于"有始有终""言出必行"这类品质，比所谓的天赋更重要。年轻人从哪里开始并不重要，重要的是在哪里结束。没有人能预测未来如何，所以如果年轻人不奋斗，那就绝不会知道结果是怎样的。只要坚持下去，年轻人一定会取得成就，这就像明天的太阳一定会升起来一样确定无疑。

思考讨论

1. 青年人应该如何正确认识自我？

2. 青年人的困惑都有哪些？

3. 青年人应该如何反思困惑？

4. 青年人应该如何健全身心,打造奋斗人生？

扩展阅读

1. [美]罗杰·E.赫尔曼:《留住雇员心:21世纪人才战略》,战凤梅、刘永祥译,机械工业出版社1999年11月版。

2. [美]安娜蓓尔·碧莱尔:《领导与战略规划》,赵伟译,机械工业出版社2000年1月版。

3. [美]瑟雷丝·维布莱,[美]汤尼·雷恩格编著:《网络赢家:征服数字天地的方法》,邢宾译,机械工业出版社2000年12月版。

4. [英]亚当·斯密:《道德情操论》,夫余译,红旗出版社2017年9月版。

5. [德]马克思:《资本论》,姜晶花、张梅编译,北京出版社2007年10月版。

下篇 愛情

第七章　学会选择

【本章导读】

　　爱情,这个古老而又新鲜的话题,仿佛是人类永远无法解开的一个谜,它是人类最高级的一种情感。爱情最美好的样子,应是用一生的忠诚,去诠释专一的浪漫。但作为大学生,面对爱情却充满了迷茫。真正的爱情是什么样子? 应怎样选择爱情? 如何正视自己的情感?

真诚的爱情的结合是一切结合中最纯洁的。

——［法］卢梭

第一节　理解爱情

一、马克思主义爱情观

马克思主义认为爱情是建立在一定的物质基础上,男女双方基于共同的世界观、人生观和共同的生活理想,彼此相爱,渴望对方成为生命伴侣的一种高尚的情感。

（一）爱情是自然的,不可强求

爱情是人类社会所特有的,建立在生理需要和两性相吸基础上的情感。爱情是由恋爱双方的共同意志产生的,功利的、强迫性的爱情并非真爱。马克思认为,爱情不是一厢情愿或委曲求全获得的,而应是双方共同情感的产物。恋爱的双方具有平等性,需要互相爱慕而非强求。爱情是双方感情的共鸣。人类作为一种高级动物,也有许多自然的生理需求。性欲是人类的一种自然本能,是人类对性行为的要求。但是,爱情不能仅仅从性欲的层面来定义和理解。爱情不仅包括基于自然属性的性爱,还包括基于社会属性的其他内容,社会属性制约和净化着自然属性,使之发展成为理性的人类感情。

（二）爱情是一种非常高尚的道德情感

爱情把人提升到一个新的道德高度,使人更敏锐地意识到生活的美好和自我责任感。在个人生命中,爱情生活需要全心全意地投入,虚伪的感情、逢场作戏只能使爱的情丝被斩断。马克思说:"如果你的爱作为爱没有引起对方对你的爱,那么你的爱就是无力的,就是不幸。"爱情的来临,不仅使人生理上获得对异性形象崇拜的愉悦,而且从心理上也可以得到充实或幸福的某种满足。在谈到女人收到情人的情书时,马克思说:"情人所表达的真诚的爱,无疑是被爱者最大的自我享受,是她对自己的信任。"马克思认为,这种爱可以"使人成为真正的人"。如果一个人在事业上成绩斐然,而在爱情上却郁郁寡欢,那未免是一种精神上的缺憾。

（三）爱情要以平等互爱为前提

男女双方要想得到真情，不仅要具备爱的能力，还要有相互的好感，否则就只能叫"单恋"。因此，爱情具有对等的特征。女性由于其特殊的生理和心理气质，尤其需要男性的特别关心和尊重，这也是爱情和婚姻的文明表现。因此，相互尊重和关爱是爱情的重要条件。马克思指出："男女关系是人与人之间最自然的关系。因此，这种关系显示了人的自然行为在多大程度上成为人的行为。"建立家庭是爱情的必然趋势，双方必须有义务承担建立家庭的各种准备工作，而不是沉迷于无休止的精神交流。在给拉法格的信中，马克思提出要了解他未来女婿的经济状况。这说明青年要有实事求是的客观态度，把爱情的根牢牢地扎在现实生活的土壤里。

拓展

致燕妮

（1856 年 6 月 21 日）

我的亲爱的：

我又给你写信了，因为我孤独，因为我感到难过，我经常在心里和你交谈，但你根本不知道，既听不到也不能回答我。你的照片纵然照得不高明，但对我却极有用，现在我才懂得，为什么"阴郁的圣母"，最丑陋的圣母像，能有狂热的崇拜者，甚至比一些优美的像有更多的崇拜者。无论如何，这些阴郁的圣母像中没有一张像你这张照片那样被吻过这么多次，被这样深情地看过并受到这样的崇拜；你这张照片即使不是阴郁的，至少也是郁闷的，它决不能反映你那可爱的、迷人的、"甜蜜的"，好像专供亲吻的面庞……你好像真的在我的面前，我衷心珍爱你，自顶至踵地吻你，跪倒在你的眼前，叹息着说："我爱你，夫人！"

暂时的别离是有益的，因为经常的接触会显得单调，从而使事物间的差别消失。深挚的热情由于它的对象的亲近会表现为日常的习惯，而在别离的魔术般的影响下会壮大起来并重新具有它固有的力量。我的爱情就是如此。只要我们一为空间所分隔，我就立即明白，时间之于我的爱情正如阳光雨露之于植物——使其滋长。在这爱情上集中了我的所有精力和全部感情。我又一次感到自己是一个真正的人，因为我感到了一种强烈的热情。

你会微笑，我的亲爱的，你会问，为什么我突然这样滔滔不绝？不过，我如能把你那温柔而纯洁的心紧贴在自己的心上,我就会默默无言,不作一声。我不能以唇吻你,只得求助于文字,以文字来传达亲吻……

诚然,世间有许多女人,而且有些非常美丽。但是哪里还能找到一副容颜,它的每一个线条,甚至每一处皱纹,能引起我的生命中的最强烈而美好的回忆?甚至我的无限的悲痛,我的无可挽回的损失,我都能从你的可爱的容颜中看出,而当我遍吻你那亲爱的面庞的时候,我也能克制这种悲痛。"在她的拥抱中埋葬,因她的亲吻而复活。"这正是你的拥抱和亲吻。

再见,我的亲爱的,千万次地吻你和孩子们。

你的卡尔

1856 年 6 月 21 日于曼彻斯特

——《最美丽的爱情——马克思爱情诗文选》(龚维才编,花城出版社 1987 年版)

二、柏拉图论爱情

(一)灵魂爱欲与肉体爱欲共存

柏拉图认为,人是灵魂和肉体的结合体。因此,他将爱欲分为灵魂爱欲和肉体爱欲。灵魂爱欲是指灵魂的契合和默契,肉体爱欲是指先天的性。柏拉图认为爱人有两种,一种是爱灵魂而不爱肉体,另一种是爱肉体而不爱灵魂。柏拉图承认灵魂的同时,并不否认肉体的存在。柏拉图认为,"爱"的行为,就是在美中孕育、繁衍,让美好的事物永远属于自己。《会饮篇》中,柏拉图讲到一切人都有爱的本性,包括身体的爱和灵魂的爱。凡人通过生与死延展自己的生命。柏拉图关注爱的两个方面,认为人不能仅仅陷入对肉体的欲望,这是可耻的,但柏拉图也认为人会在身体的欲望中得到满足,从而找到幸福。他强调身体的欲望和灵魂的欲望相组合。因此,柏拉图的爱情观并不是我们通常所理解的纯粹的精神之爱,更不是抛弃肉体,而是将肉体之爱与灵魂之爱结合起来。

(二)爱情是非理性的

柏拉图认为,爱情与利益无关,爱是非理性的。这种非理性的爱不需要理由,不需要利益的交换和约束,也不需要小心取悦对方。爱是一种执念。爱之所以"迷狂",是因为爱的对象是善与美的综合体，是无法用世俗价值衡量的无价之宝。相反，如果偏离这个原则，就不是柏拉图式的爱，也不是真爱，所以爱是一种超越世界的爱的状态。同时，即使爱情是"迷狂"的、非理性的，爱情的本质是让双方成为"懂得爱"和"能够爱"的主体。之所以这样，柏拉图认为，为了彼此相爱，必须有明确的目的和共同的形式。除了情爱，还有另一种以善为目的的爱。柏拉图认为，爱的高级模式是遇到美与善时的冲动，而局限于肉体愉悦的爱是爱的最低级表达。只有在爱中学习审美和追求，才能使人自身得到升华。人们只有在爱情的指引下，才能想到超越。

（三）爱的真谛——节制

柏拉图的爱情观既不是指精神恋爱，也不是纯粹的欲望之爱，而是有节制的爱。崇尚节制是柏拉图爱情观的核心和本质。如果爱可以释放灵魂中的美好力量，那么一个人就可以过一种自律的哲学生活，享受爱带来的光和伟大。但是，在不完全忘记灵魂之爱的情况下，做一些"满足欲望而高兴的事情"是可以接受的。古希腊人虽然对爱和欲望做了严格的区分，但他们并没有回避欲望，而是将爱和欲望结合起来。人与人之间只要有爱，那么欲望就不是什么可耻、低等的东西。柏拉图认为，人只有在爱情中有所节制，才能过上真正幸福的生活。

明辨

柏拉图式的恋爱观

我们经常会听到有人说，不如我们来一场"柏拉图式的精神恋爱"吧。为什么大家在探讨精神层面的爱情时，会想到柏拉图？柏拉图的恋爱主张到底是什么？"柏拉图式的恋爱"这个说法，是由文艺复兴时期的学者巴尔德沙尔·卡斯诺提创立的成语而来的，是指心灵与心灵之间的彼此吸引，是精神层面的爱慕和交流，刨除了身体层面或者说肉欲层面的交流。在后来的文艺作品中，"柏拉图式的恋爱"也被阐释出了更多的内涵。例如，恋爱不仅可以超越性别、年龄、空间和时间，甚至可以发生在两个种群相异的世界。但"柏拉图式的恋爱"就是大家理解的精神恋爱吗？

柏拉图式的恋爱，是将精神之爱和肉体之爱并存的恋爱。如果仅仅把柏拉图式的爱情简化为精神恋爱而没有了肉体关系，这并非柏拉图原意。柏拉图式的爱情是一个循序上升的过程。精神恋爱不可能凭空出现，真正的爱情和万事万物一样，是从个别到普遍、从有形象到无形象的金字塔式的上升过程。

　　总体来说,柏拉图式的恋爱观念更崇尚精神上的爱慕,但绝对不排斥肉体的愉悦。只有和对方有了灵魂的共舞后,才能达到灵与肉的真正融合,触达到美,触达到最终的善。柏拉图式的爱情超越一切,是一种超越性别、年龄、时间和空间的恋爱。

　　柏拉图的一生都没有恋爱,他既没有爱上姑娘也没有爱上男孩,当然更没有结婚。柏拉图说,别人都是来寻找自己另一半的,而我生来就是完整的,我不需要恋人。我只爱智慧,爱真理,爱知识。而凝结在其上的美,与恋人的美是一样的。

　　这就是柏拉图式的恋爱观。

　　　　　　　　　　——《哲学 100 问:从古希腊到黑格尔》(书杰,华文出版社 2019 年版)

三、爱情的本质与基础

(一)爱情的本质

　　爱情是自然的,还是社会的? 是狂热的,还是理智的? 不同时代、不同阶层的学者对这个问题有不同的看法。人类历史上关于爱情本质的看法有唯精神论和唯性欲论两种观点。唯精神论认为爱情纯粹是精神上的,绝对排斥性欲,与性欲无关,它是男人和女人的精神依附。与唯精神论相反,唯性欲论认为爱是一种纯粹的性本能,性欲是爱的唯一来源,爱的目的只是满足性欲。在"文艺复兴"时期,这种唯性欲的爱情本质观在欧洲很流行。到 19 世纪末 20 世纪初,许多学者仍然持这种观点。

　　在马克思看来,男女关系最能反映人与自然的原始关系。男女关系既是人的自然关系,也是人最原始的社会关系。马克思主义爱情观认为,爱情具有自然和社会的双重性质。它是自然性与社会性的统一,也可以理解为人的生物性与社会性的统一。因此,爱情是男女双方在一定的物质条件和共同的理想基础上,对异性最真诚的倾慕,是彼此最强烈、最稳定、最持久的感情。恩格斯把爱的本质理解为一种社会关系,认为爱情离不开社会现实。它要求男女双方共同承担社会责任和义务。因此,社会属性是爱情的本质特征。

(二)爱情的基础

1. 生理基础

英国学者的一项实验表明,人类的爱情绝不是单纯的心理现象,而是有相应的生理基础。他们在一个房间里放了十几把椅子，只在其中一把椅子上喷洒了雄性激素。除此之外，椅子之间没有任何区别。然后，他们各自邀请840名女性进入房间，并让她们选择一把椅子坐下。结果，共有811名女性选择了喷有雄性激素的椅子。然而，在同样的男性实验中，511名受试者中没有人选择那把处理过的椅子。研究者认为，气味有可能影响生理机能，在一定程度上决定了两性之间的吸引力。

在对人类的研究中，学者们发现，在性交过程中，男性和女性的激素水平也会增加。脑下垂体后叶荷尔蒙水平越高，双方就越兴奋。对恋爱中的大学生大脑状态的研究表明，当被试人员按照研究人员的指示在大脑中描绘出恋人的形象时，他们脑细胞的愉悦区血流明显加快。这一区域在人们着迷于某种兴趣或交合时也会活跃起来。其他研究发现，大脑中的四种化学物质苯乙胺、多巴胺、催产素和慈母素是激发男女之间爱情的因素，当他们恋爱超过 1.5 ~ 3 年时，双方的爱情刺激物质就会被人体内的抗体抵消掉。

2. 心理基础

仅有性的生理基础还不足以产生爱情，爱情的产生必须有双方的心理基础。恋爱的心理基础是指双方在性格、气质、兴趣、爱好等方面的基本和谐。这样就会产生一种欢愉的感情和长期生活在一起的良好愿望。在精神生活中，他们经常可以相互沟通，产生共鸣。反之，如果性格不和谐，往往就不容易互诉衷肠，彼此内心深处的爱的火焰就不会被点燃。对于男女关系的这种质变，苏格拉底有一种解释，称之为"在美中孕育"，即使爱情具有美感，追求真善美，他认为性本能是自然之道，是为了后代的繁衍，但这并不意味着可以随便寻找结婚的对象，而是要找一个赏心悦目的另一半，即爱情一定要有美感。除此以外，人们还必须在爱情的最高层次——道德层面上做进一步的筛选，才能挑选出真正爱的对象。

3. 道德基础

道德基础是指具有相对一致的人生观、世界观和价值观的两个人之间的精神认同和默契。在生活中，有这样的现象，青年男女之间有一定的好感，彼此也愿意接近和相处。但随着对彼此了解的加深，他们对彼此的感觉会发生变化，甚至会感到失望。他们可能曾是热恋的对象，希望成为彼此的恋人，但由于缺乏共同的生活态度和价值取向，彼此感受不到心与心之间的联系，最终以分手告终。因此，两个兴趣不一致，又缺乏道德和情感基础的双方不太可能在爱的道路上一帆风顺。因此，如果你想在生活中找到一个真正的爱情伴侣，让爱情之花在春天绚烂绽放，在秋天硕果累累，建立一个幸福的家庭，相恋的男女就不但要在彼此那里获得审美情感，找到两情相悦的心理感觉，更重要的是要了解彼此的人生观和价值观,寻找能够支撑和坚固两人爱情的基石。

拓展

斯腾伯格"爱情三角理论"

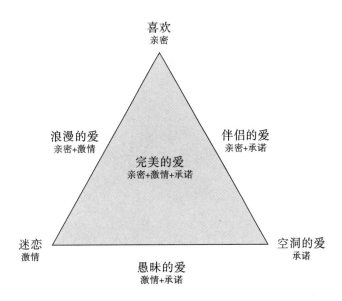

斯腾伯格认为,爱情包括亲密、激情、承诺三种成分。亲密是指与伴侣间心灵相近,互相契合,互相归属的感觉,属于爱情的情感成分;激情是指强烈地渴望与伴侣结合,促使关系产生浪漫和外在吸引力的动机,也就是与性相关的动机驱力,属于爱情的动机成分;而承诺则包括短期和长期两个部分,短期的部分是指个体决定去爱一个人,长期的部分是指对两人之间亲密关系所作的持久性承诺,属于爱情的认知成分。上述三种成分组成一个三角形,随着认识的时间增加及相处方式的改变,三种成分将有所改变,爱情的三角形会因其中所组成元素的增减,其形状与大小也会跟着改变。三角形的面积代表爱情的质与量,面积愈大,爱情就越丰富,三种成分结合在一起才是圆满完美的爱。斯腾伯格进一步提出:在三种成分下有八种不同的爱情关系组合。

非爱:这三种成分都没有。

喜欢:由于长期相处,异性间产生了相知感,彼此了解对方的经历、兴趣爱好,有一种朋友般的默契感,这种关系只能称作亲密,缺乏激情与承诺。

迷恋:某一特定时空不期而遇,由于强烈的性吸引,既无了解也无承诺,身体上的亲密之后,形同陌路。

空洞之爱：双方既无生理的吸引，又缺乏相互了解，仅由于某种承诺结合在一起。

浪漫之爱：有性的激情与深刻了解，但不能作出承诺。

伴侣之爱：既亲密又有承诺。

闪电之爱：既无深刻的了解，但由于强烈的性吸引而闪电般地结为夫妻。

圆满之爱：有相知的亲密、生理的吸引和对婚姻的追求与承诺。

——《大学生心理健康教育——发展与适应》（王文鹏、王冰蔚、王永铎主编，教育科学出版社 2012 年版）

第二节　树立正确的爱情观

对于大学生来说，如果在大学时代与爱情相逢，就要正确处理好恋爱中爱情与学业、爱情与人生、爱情与婚姻的各种关系，树立正确的爱情观。

一、爱情与学业

大学阶段是人的一生中精力最旺盛、学习能力最强，也是智力发展的顶峰时期。爱情是人生的重要组成部分，但不是人生的全部。从长远角度来看，爱情和学业一样，都应当服从于一个人的人生终极目标。大学生应该把学业放在首位，如果因为恋爱而放松甚至放弃了学业，是得不偿失的。

（一）爱情与学业，孰轻孰重？

大学是一个预备队，大学生正处于人生成长的关键阶段，应努力学习，培养自身成为品格高尚、作风顽强、富有创新精神的人才。在大学阶段，学习科学文化知识、完善知识结构、培养和锻炼能力是大学生生活的主题。不重视学习、不树立终身学习意识和观念的大学生，在未来的生存竞争中肯定会被淘汰。大学生正风华正茂，思维敏捷，富有想象力、精力充沛，人生的事业在大学打下基础，人生的历程从这里开始。这一时期知识、道德、能力的培养，不仅有利于事业的成功，也是爱情存在的基础。追求爱情并不一定意味着放弃事业,但生活的残酷在于,当我们只能在众多需求中选择最重要的一个时,我们必须冷静地思考自己最需要的是什么。风华正茂的大学生应该充分利用进入这个殿堂的良好环境和条件,把精力集中在学业上,从而实现自己未来在社会中的价值。

(二)如何处理学业和爱情的关系

大学生既需要爱情,也需要事业成功,但必须摆正二者的位置。学习和恋爱相得益彰,会促进他们学习和事业的进步。在学业里得到爱情的滋养,是一种幸福,但没有爱情的支持,未必就不幸。许多大学生在大学期间刻苦学习,追求崇高的事业,他们可以在事业上充分发挥自己的潜力,但一些学生在爱情和学习中迷失了方向,爱情惩罚了他们,学业也被耽误。总之,两者既不能偏向,也不能期望过高,要努力实现两者的和谐发展,同时学会与人沟通,自我反思,及时调整学习目标和恋爱目标,分清主次。只有树立正确的爱情观,学业和爱情才能兼得。

拓展

当专业第一遇上专业第一,会发生什么?

陈诚是扬州大学农业水利工程专业第一名,王洁是扬州大学水利水电工程专业第一名。大学霸带飞小学霸,8年爱情长跑终成正果。

陈诚,扬州大学水利学院博士在读,CSC国家公派留学生,行业顶级SCI杂志审稿人。他以本硕博成绩专业第一的成绩获得江苏省"优秀毕业生",曾获得3次国家奖学金、朱敬文特别奖学金等各类奖学金10余项,国省级奖项10项,校级荣誉40余项。他以第一作者发表学术论文16篇,其中1区SCI收录2篇、EI收录3篇;授权软件著作权10项,参与国家自然科学基金面上项目等10余项省部级以上纵向课题研究。

王洁,本硕就读于扬州大学水利学院水工专业,本硕成绩位列专业第一,被评为全国水利优秀毕业生(全国仅10人)。她曾获国家奖学金、中国电信奖学金(全校仅3人)等各类奖学金,曾获全国大学生水利创新设计大赛二等奖,全国大学生制图大赛二等奖,校"科技先锋""三好学生""优秀团干部"等校级荣誉30余项,现就职于水利部太湖流域管理局。

陈诚回忆:"在大二下学期刚开学,我们两人都被选入学院的工程制图VIP班,为全国制图大赛做准备。早就听说她是绩点年级第一的学霸,在第一次集体培训的时候,我就主动加了她的 QQ,想蹭一蹭她的学霸光环。"

熟悉后,他们每天都在一起自习,2013 年 3 月 31 日,他们彼此告白,确定了恋爱关系。"在最美的年华,遇到最美的你,是我读到过的最美的童话。"陈诚说。

陈诚用"大学霸带飞小学霸"来形容他们最初的关系。

他说:"在王洁的学霸光环下,我的存在感太低了。但是我也没有气馁,而是化压力为动力,不断提升自己的技能,挖掘自己的潜力,找准自己的定位,努力成为与她一样优秀的人。"

王洁时常主动帮助陈诚解决学习中遇到的问题。在她的帮助下,陈诚的成绩从大一时班级第四,进步到了大二时班级第一。

在这期间,陈诚逐渐发现自己的科研潜质,在王洁的鼓励下,他撰写学术论文,自学软件编程画图,主动参与到学院老师主持的国家科技支撑计划项目的研究当中,发表 CSCD 核心论文,逐步走上科研的道路。

王洁强大的提前规划、未雨绸缪的能力对陈诚帮助非常大,正是在她的建议下,陈诚争取到 CSC 国家公派出国的机会。

陈诚打趣说:"如果说我像战士,那么她更像一名军师,一旦发现我的努力方向不对,或者某段时间有所懈怠,就会鞭策我,让我及时调整。"

2020 年,陈诚继续留在学校攻读博士学位,而王洁则选择就业。

今年 5 月 23 日,陈诚约王洁回到了扬州。陈诚郑重向王洁求婚,开启了他们新的人生旅途。

——《甜炸!当专业第一遇到了专业第一……》(中国青年网,2021 年 5 月 28 日)

二、爱情与人生

每个人对爱情的理解不同,这反映了一个人的爱情观,影响着他们的爱情生活。爱情观是人们对待婚恋问题的基本观点和态度,是人生观的重要组成部分。

(一)爱情在人生中的意义

首先,爱情是人生的重要组成部分。黑格尔指出,爱是生命的一部分,没有它,生命是不完整的。人们对爱情的追求,也是对自我实现的理想追求。在追求爱情的过程中,要想被别人爱,就必须让自己成为一个有价值的人。男人想要更聪明、更勇敢、更有创造力；女人想要变得更优雅、更有魅力、更有学问。因此，爱的价值在于人类通过爱来确认和实现自己，从而塑造理想的自我。

其次，爱给我们的生活增添了美丽的色彩。爱以其独特的方式，使人自觉或不自觉地培养自己人格中高尚的精神品格，培养公正、同情、关怀、责任等深刻的品格。正是因为这种力量，诗人泰戈尔才会唱道："爱就是充实了的生命，正如盛满美酒的酒杯。"

最后，爱不仅对个体人生有意义，而且对社会也有意义。爱情之花总是需要结果的，它为人类宗族的延续和后代的繁衍，为人类的发展和社会生产提供了优质的人口资源。爱情的终点是婚姻，家庭因为婚姻而形成。持久稳定的爱情是家庭稳定和睦的前提，家庭稳定和谐是社会稳定发展的基础，是社会物质文明和精神文明的前沿。如果家庭发生病变，就会影响社会的稳定，影响社会的健康发展。

（二）人生需要爱情，但人生不只有爱情

爱情在人的一生中具有十分重要的地位，人生需要爱情，但人生不只有爱情。除了爱情，人生还有事业。失去事业基础的爱情是结不出人生的硕果的。革命者在对待人生问题时总是把事业放在第一位，"生命诚可贵，爱情价更高；若为自由故，二者皆可抛"，即把祖国和人民的自由解放放在高于一切的位置上，当爱情与祖国、人民的自由发生矛盾时，可以毫不犹豫地抛弃它。相反，搞恋爱至上，为爱情而生活，不仅愚蠢，而且十分危险。爱情之于人生，并不是不可或缺，而是锦上添花，是人生路上的美丽邂逅，是命定的相见相守相思，是机缘巧合，是天意自成。

（三）爱情是人一生的功课

大学是爱情意识与行为迅速发展的阶段，然而大学生自我发展尚未成熟，此时面对两性关系，常常会误入歧途。你以为你很懂爱情，但你仍处于"心理早恋"时期，仍需引导和学习，因为爱是一生的功课。

人生观决定恋爱观，同时也决定着一个人的择偶标准。一个人有什么样的人生观，就会有什么样的恋爱观和择偶标准。人生观的变化，往往会导致恋爱观和择偶标准的变化。大学生恋爱观的形成和择偶标准的确定，需要正确而稳定的人生观的指导。但是，稳定的人生观大都需要大学生到社会现实中工作一段时间后才能最终确定。大学生恋爱时大多没有社会工作经验，虽然他们的人生观已经确立，但大多数人仍然不稳定，容易受到外界的影响。当代大学生人生观的不稳定性主要表现在对人生意义的理解、对人生价值的定位、对人的本质的理解等方面。他们的认识往往是片面

的、消极的，甚至是错误的。同时，大学生在他们的人生观未定型以前，择偶标准也是不稳定的。在恋爱时觉得符合自己择偶的标准的对象，有可能待到参加工作人生观定型准备结婚时，突然发现对方与自己心中的标准相隔太远而不得不重新选择。

谁更容易一见钟情？

两个异性从陌生到相识，从相识到相爱，似乎是一个相当奇妙的过程。在浪漫的爱情故事背后，是什么在左右着人们对配偶的选择呢？为什么会一见钟情地爱上了他或她呢？男女两性谁更容易一见钟情呢？

有资料研究显示：男人往往比女人更容易一见钟情而坠入爱河，但是女性的感情更持久。这一点似乎与传统的观点存在出入，一般认为，男人偏向理性，女人偏向感性。甚至有人开玩笑说：在恋爱中的男人的智商是个位数，女人的智商则忽略不计。这可以说是一种社会偏见。研究结论揭示，在男女关系中，男性常常比女性更早体验到所谓爱的种种激情，而一旦女性体验到爱的激情时，往往容易沉溺于其中，甚至把爱情、爱人理想化。这个结论似乎可以从两性的生理差异上找到解释：从生理特征上看，男性的肌肉构造决定了他们的爆发力强于女性，而女性在持续性的耐久力上面占有优势。

——《爱情心理读解》（章震宇、张磊，上海人民出版社2001年版）

三、爱情与婚姻

如今，大学生恋爱已经成为一种普遍的行为，但很少有大学生思考他们爱情的责任和未来。大学生恋爱、婚姻中存在着感情与责任、现实与未来的矛盾。

（一）大学生恋爱与婚姻的矛盾性分析

1. 感情与责任的不统一

感情与责任的统一，主要是指恋爱与婚姻不仅要有感情，更要懂得自己应负的家庭和社会责任。大学生恋爱、婚姻中的责任是多样性的统一，这种责任的多样性也是由他们所扮演的多重社会角色所决定的，主要包括对恋人、对双方的父母、对未来孩子的责任。对恋人的责任就是对恋爱对象一生的幸福负责,一辈子与之相依,一辈子与之相伴。目前,恋爱已经成为大学生的一种常见行为,但在恋爱的过程中,他们缺乏应有的责任感。受人格、环境、修养等诸多内外部因素的影响,当代大学生的恋爱感情纯洁、强烈,但对感情的理解模糊。然而,大学生必须以高度的责任感对待爱情。只有培养大学生无私的品格和奉献精神,在恋爱中培养他们对恋人负责、对双方父母负责、对未来子女负责的责任感,做到感情与责任的统一,才能铸就幸福的婚姻。

2.现实与未来的不统一

现实与未来的统一,是指恋爱双方在恋爱时的主客观条件因趋于稳定而与未来结成婚姻时的主客观条件的一致性。现实与未来的统一是爱情与恋爱成功步入幸福婚姻的又一前提和基础。大学生爱情中现实与未来的不统一,是指大学生恋爱时的主客观条件因为不稳定和不成熟而与未来准备步入婚姻时主客观条件的巨大反差和冲突,具体表现为大学生恋爱时的理想、个性、人生观、价值观、恋爱观的不稳定,个性、心理发展的不成熟,以及毕业去向的不可预测和前途未来的不一致。这种反差和冲突发展到一定程度,就会导致感情的冲突和破裂,恋爱关系瓦解。

大学生恋爱与婚姻的矛盾是客观存在的,这是由青春期和求学期特殊的年龄阶段和环境所决定的,也是我国传统教育中责任意识教育的欠缺所影响的。只有正确引导和帮助大学生认识恋爱中的这些矛盾,才能有效化解这些矛盾给部分大学生带来的困惑,避免错误和悲剧的发生。

(二)正确认识爱情与婚姻的关系

爱情是通向婚姻的前提,婚姻是爱情最好的归宿。不是每对情侣都能结婚,也不是每对夫妻都能永远生活在一起。婚姻是男女爱情发展的高潮,而夫妻关系则是爱情关系发展的阶段。幸福婚姻的本质从来不在于家庭背景、教育背景或地位的不同,而在于努力找到与你共鸣的人。马克思曾经把夫妻比作一个理想的圆球。为了建立一个理想的家庭,两个半球必须"匹配",男人和女人都应该"匹配"。在现代社会,婚姻源于爱情,但又与爱情有本质上的区别。它将两性关系从精神殿堂拉向现实王国,将家庭关系形成一种限制性的利益关系。一旦男人和女人通过婚姻建立了家庭,他们就应该在一个新的基础上调整他们的生活。在超越两性精神互动的前提下,我们可以科学地认识婚姻的本质,审视家庭的作用,共同构建幸福的家庭,开启丰富多彩的新生活。

拓展

杨绛和钱锺书

那是一个新旧思想碰撞的时代，它距我们只有百余年光阴，我们无缘见到更多的民国旧人，但庆幸，还是有人穿越时代的长河，走到了我们近前，将那故事道来。

其中，便有钱锺书和杨绛两位老人。

他们从民国走来，满身风雨，几多沉浮，却始终乐观豁达。他们一个是翩翩才子，一个是窈窕淑女，恰似金风玉露，一相逢便胜却人间无数。他们的性格相辅相成，演绎了一生一世一双人的爱情佳话。他们皆出身书香门第，满腹经纶，在治学的道路上也一路守护，为学术贡献了一生。他说，她是最贤的妻、最才的女；她说，她是钱锺书生命里的杨绛。他说，她结合了绝无仅有的三者：妻子、情人、朋友；她说，她爱丈夫胜过自己，愿意为充分发挥钱锺书的潜力而做"灶下婢"。

他们的爱情故事，让许多人艳羡。如果人生是一本书，那么他们的故事值得我们一读再读；如果人生是一场旅行，那么他们不是过客，而是身畔的清风和头顶的明月。清风明月本无价，最美的爱情也是无价的。

——《世间始终你好：杨绛与钱锺书》（林舟唱晚，北京联合出版公司 2019 年版）

第三节　爱情与选择

当爱情来敲门，你的装备够用吗？你准备好去爱了吗？爱情可谓人性的学校，其中最大的收获莫过于通过爱情来认清自我，完善自我。

一、寻找自我，认识真爱

你是什么样的人？真正的爱情，在你认识自己之后。在恋爱之前，你首先要学会正确认识自我。只有清楚地了解自己是一个什么样的人，正确地认识自我，才能寻找到志同道合的伴侣。

（一）认清自我的四个维度

周哈里窗（Johari Window）展示了关于自我认知和他人对自己的认知之间的差异，总共两个维度四个区域，形状如同窗户，即公开我、盲点我、隐私我和潜在我。

第一，公开我，如性别、外貌、婚否、职业、能力、爱好等，公开我意味着你知我知，这部分自我更多的是自我表露。不同的人愿意开放自我的大小不同。外倾性高的人更愿意向别人表达真实的自己，他们开放的自我比较大。与此同时，随着与他人交往的加深，人们也越来越愿意暴露自我，从表层的个人兴趣爱好到内心深处的真实态度和观点。

第二，盲点我，也叫背脊我，属于盲区，它是别人知道而你不知道的部分，也可能是一些突出的心理特征，或者是一些无心的情绪表达等。这一领域与自我观察、接受反馈和自我反省的能力密切相关。在爱情中，盲目我很容易导致彼此之间的冲突和矛盾。

第三，隐私我，属于隐秘领域，自己知道而别人不知道的部分，不仅包括自己不想分享的性格特点和缺点，还包括过去的生活经历、身体疾病等，甚至包括痛苦、内疚等心理感受。这个区域与一个人自身的安全感和自在感有关。一般来说，安全感高的人隐私我部分较小。在恋爱中，对于对方来说，如果我的隐私比较少，双方之间的沟通就会比较顺畅。

第四，潜能我，属于处女领域，自己和别人都不知道的部分。如潜在的能力和才能、深层潜意识等，这一领域的自我属于未知的自我，力量巨大却容易被忽视。对未知我的发现和发掘，需要进行新的尝试和探索。

（二）认清自我的气质类型

抑郁质。这类人的特点是孤僻，行动迟缓，精神体验深刻。这类人往往对爱情深思熟虑，性格内向，又缺乏表达爱的勇气，所以很容易让人误以为傲慢、高傲，或者认为这类人是"冷血动物"。针对这种情况，抑郁质的人在恋爱过程中要积极主动，敢于吐露真情，勇敢追求幸福。

黏液质。这类人的特点是稳重、寡言，情绪不易外露。他们在爱情中老练而沉稳，不感情用事，表达冷漠，行动迟缓，难以捉摸，所以容易给对方造成误解，认为缺乏激情，不是真心实意。针对这种情况，这类人在恋爱中要热情，及时捕捉对方发来的爱情信息，并做出正确的反应，以免错过表达感情的良机。

多血质。这类人的特点是反应快，喜欢交流，注意力容易转移，兴趣多变。这种人对自己的爱人有着丰富的感情，也非常善于表达自己的感情，容易赢得对方的信任，博得对方的好感。但是这类人感情易变，因此在恋爱中应力求感情稳定，逐渐地增进友情，努力避免一见钟情现象的发生。

胆汁质。这类人的特点是直率、热情和易于冲动。他们对爱情敏感，感受爱情迅速，对异性之爱强烈，表达爱意坦诚。然而，他们对待爱情的方式过于简单，表达爱的方式可能过于含蓄，也可能过于草率。他们一旦爱上一个人，就会试图在短时间内轻易得到。这种急于求成的做法往往会把一桩美事弄坏。因此，在谈恋爱的过程中，这样的人要注意尊重对方，注意自己的语言和行为。

拓展

心中的唐僧与孙悟空——我的人格结构

《西游记》是一部文学经典，而我们每个人的心里也有一部《西游记》，也有孙悟空、猪八戒和唐僧这样的人。如果按照奥地利心理学家弗洛伊德的人格结构理论，猪八戒贪吃好色不愿吃苦爱安逸，象征了我们的本我；唐僧有着清规戒律，一心寻经，还会用"金箍咒"来惩戒孙悟空，象征我们的超我；孙悟空呢，在合乎情理的情况下照顾大家的饮食住行和安全，象征着我们的自我。

弗洛伊德有个比方说，自我就像一个马车夫，驾驭着两匹力量很大的马——本我和超我，如果本我和超我一个向东，一个向西，冲突很大，那么自我就会感觉非常疲惫，人就会出现各种问题。所以最好的心理状态就是本我、自我和超我在某种程度上比较平衡和和谐。

本我和超我的冲突是无可避免的，本我代表着我们与生俱来的生存本能，而超我则来自社会、父母、学校，用典范和良心规范着我们。如果我们想要超越自我，首先便需要了解我们的本我，有位哲人曾讲过："当你了解了自己的需要，整个世界将向你敞开大门。"

超我也往往是我们意识不到的，它出现的时候，经常会冠以"应该""必须""得""不能""不行""不好""不准"这样的限制词，沉下心来，浮现在你脑海中的对自己说的话有没有这样的？我们可以写下来检验一下我们的超我，看看哪些是僵硬的，需要变通的？哪些是有弹性的，符合人性的？

——《两个人的自己——我的大学心理自助手册》（陈朝霞、李贞涛主编，山东人民出版社 2010 年版）

二、完善自我,真爱他人

(一)提升自我品质,"征服"他人

提升自我是得到爱情的前提。只有让自己的内在、外在足够有魅力,才能吸引到真正想找的人。对于大学生来说,在爱情到来之前,可以把更多的时间和精力投入学习,丰富自己的内心世界,完善自己的知识结构,或者获得某种有益于终生的技术。在完成好学业的基础上,如果遇到一个值得爱的人,那么用心去爱。如果还没有遇到,那么就专注于提升自己。大学生可以有更多的时间与同学、老师和社会人士建立广泛而深刻的人际关系,为未来的职业和生活打下坚实的基础;也可以有更多的时间和精力参与更多的社团组织和公益组织,增加社交和人际经验,开阔视野,拓展技能,储存机会,为毕业后的就业做好充分的准备。

(二)培养爱的能力

1.施与爱的能力

美国心理学家弗洛姆说过,如果一个人没有能力去爱他身边的人,没有人道精神、勇气、忠诚和自律,那么他就不可能实现真正的爱。因此,首先要发展施与爱的能力,培养无私的品格和奉献精神,不仅仅对某一异性产生狭义的爱,还可以是更广泛的对亲人、同学、朋友、祖国和人民的大爱,对恋人负责,对社会负责,才能创造出幸福美满的爱情。其次,要培养表达爱的能力,掌握施与爱的技巧,勇于、善于表达爱,使自己的爱得到真正的体现。

2.经营爱的能力

爱情不是单纯的给予和接受,还需要学会经营。萧伯纳曾经说过:"此时此刻,地球上大约有两万人可以成为你的终身伴侣。但这取决于你先遇见谁。在第二个理想伴侣之前,如果你已经和第一个人建立了相互珍惜、相互信任的关系,那后者就会成为你的好朋友,但如果你没有和前者发展深厚的关系,这种关系很容易动摇和改变,直到你和理想伴侣中的另一个人选有了坚实的深厚感情,才是爱情的开始,漂泊的结束。"因此,恋爱中的人不应该过于执着于寻找唯一,而应该把精力放在学习经营爱情的能力上。恋爱双方要互相信任,给彼此自由的空间;要共同进步和提高,保持爱情之树长青;要尊重对方的本性,不试图改变对方;要学会正确处理双方的矛盾,而不是动不动就分手。

3. 拒绝爱的能力

爱的能力还包括对于不适宜的爱要有勇气拒绝。拒绝爱要注意两个方面：一是态度要坚决、明朗，勇敢地说"不"，千万不要有丝毫的勉强和犹豫，但是语气要委婉。第二是选择正确的拒绝方式，保护对方的尊严，珍惜每一份真挚的感情，这是尊重别人，也是珍惜和尊重自己。每个人都有爱和被爱的权利，也有被爱和被拒绝的可能。尊重对方也尊重自己，学会适当地表达对爱的拒绝也是一种能力。切忌为了怕伤害他人，而一直不作出任何表示，给对方以希望，将事情一拖再拖。

4. 解决恋爱冲突的能力

在恋爱的过程中，难免会出现不和谐的地方。有心理咨询师曾说："当情侣不得不面对激情消退后的平淡生活、现实的压力、成长背景的差异、价值观的冲突、两性文化的差异……这些内在的状况与问题逐渐显现时，其实才是真正恋爱的开始。"当恋爱中产生矛盾时，大学生首先要认识到，因为两性之间的认知、个性和生活习惯等差异，存在矛盾和冲突是正常的，双方要互相理解、包容和体谅，进行有效的沟通，巧妙地处理冲突。即使是争吵，也要争吵有道，例如不翻旧账、不歇斯底里、不做人身攻击、言之有物、言之有理等。

（三）真爱自己，真爱他人

1. 爱自己

爱自己，首先要有正确的自我认知，包括接受自己的外貌、性格、气质、能力，也要接受自己的原生家庭，建立积极的自我概念。自爱的人有自知之明，心理成熟的人能自然冷静地表达自己。自爱是做自己，而不是通过爱成为别人。在恋爱关系中，双方都应该积极关注自己。有些人因为爱而失去自我，有些人因为爱而变得更加自恋，有些人因为爱而变得更加成熟，区别在于个人的自我认知。其次，爱自己要学会珍惜自己的感情，尊重自己的感情。在恋爱之前，考虑一下是否想要开始这段关系。有些人因为爱情而放纵自己，只是为了满足自己的生理、心理甚至物质的需要，用青春和爱情去赌未来，这是对自己的不负责任，也是对伴侣的不公平。所以，在爱情到来之前，必须学会忍受孤独，学会等待，把爱留给真正值得爱的人。最后，学会说"不"。对爱情说"不"，尤其是在恋爱的时候，要控制感情的温度。爱自己也要对自己负责，爱不是让我们放弃自己，而是学会更负责任地生活。

2. 爱他人

爱他人，意味着允许恋人成为他自己，而不是你所期望的，爱他人也意味着允许恋人按照自己的节奏成长。那么,如何爱他人呢? 首先,学会尊重你所爱的人。尊重不是敬畏,不是在对方面前小心谨慎,而是要认识和接受对方的独特品质。如果爱一个人,就接受他本来的样子,而不是要求他成为自己所希望的模样。这就需要给予对方更多的尊重,让对方在爱的港湾里自由发展,让对方按照自己喜欢的方式发展。其次,帮助对方积极发展自己。爱情唤醒沉睡的灵魂,积极的爱情能释放个人潜在的心理能量,为所爱的人努力工作。最后,共同创造美好的未来。真正的爱是一种内在创造力的表达,是一种关怀。在大学这样的环境中,关怀似乎可以延伸。关爱应该是在照顾自己的同时,适当地照顾他人。如果只是一味地依赖、要求、希望别人给予,这样的爱只会以痛苦和抱怨告终。也许年轻人在恋爱之前应该先上一堂"将心比心和同理心"的课。真正的关心不是锦上添花,而是雪中送炭。正如爱克哈特所说:"如果你爱自己,你就会爱所有的人如同爱自己。"

明辨

爱情和面包

自古以来,爱情与面包的轻重、取舍,一直是人性中的矛盾,也是造成许多悲剧的因素。

中国人向来有所谓"夫妻本是同林鸟,大难来时各自飞"的消极说法。

就观念上而言,这种论点太悲观、太残酷了些,当然更不符合"白头偕老"的婚姻原则,只是,这句俚语最能表现出人性的自私,以及现实的可怕,可以说是典型的面包重于爱情的写照。

假如真的是这样,连同林鸟都会因大难来时各自飞,那么,我们实在怀疑人世间究竟有没有爱,有没有情,有没有真正值得相信的人? 人与人之间,是否只能共享欢乐,却不堪分担痛苦? 人性真是那么地可怕吗?

面包与爱情,基本上代表着两种迥然不同的意境,也可以说是理想与现实的两大形式。

爱情的境界,常常是唯美的,浪漫的,掺进太多理想和柔软,因而它总予人快乐、温馨、甜美的愉悦感。

而在面包的世界中,所呈现出的却是些令人不悦的现实压力,琐碎、烦人,甚至难堪的事实。这些细小实体,不论如何,总叫人不很舒服,大大伤害了彼此情绪。

在现实生活中,这两种冲突便会发生摩擦,相互消减,相互吸收,并产生了必须面对抉择的困难。

通常愈年轻愈勇敢，越倾向于爱情而鄙视面包，因此常常不顾父母的反对，以为有了爱情就等于有了一切。但这并不表示，他们结合后一定不愉快，若是彼此能同心协力，共创未来，前景依然是美丽的。

怕只怕，太过于沉溺于幻想，一旦落入真实生活中，无法调整自己，变得沮丧失望，困顿消沉，进而相互指责抱怨，使得原有的情分也消失了，最后走向分手。

其实，我们以为，爱情与面包间，应该可以找到一个平衡点，尤其在现代经济繁荣的时代，温饱一点不难，只要彼此对物质需求有着共同的认知，定好目标，一步步地往前走，假以时日，一定会使生活得到改善；当有一天，两人共享那一分努力的成果时，不但有了爱情，也增加了信心。想想，那将是多么美好的一种经验。

——《让心有所属》（杨小云，花城出版社 1997 年版）

三、选择爱情，肩负责任

爱情是一种高级的精神生活。男女青年从友谊到恋爱，到产生爱情，直到相互结合成立家庭，自始至终都应本着严肃慎重的态度，因为爱情是一种责任。

（一）爱情与责任

恋爱中有责任心是双方关系持久的重要保证。苏霍姆林斯基认为，真爱能给感情注入道德力量……只有当感情和思想与成年人的道德责任感相结合时，爱才是高贵的。在真正的爱情中，恋爱中的人对彼此、对他人、对社会都有一种道德责任。恋爱责任感能促进大学生身心健康的发展。大学生正处于人生发展的重要时期，对婚姻的关注和对爱情甚至性的尝试已经成为大学生活的重要组成部分。然而，由于大学生在人生观、道德观、婚姻观和性观念上的不成熟，再加上社会上各种错误观念的影响，一些大学生的爱情观偏离了正常轨道，他们忽视了道德，在恋爱中做出各种不负责任的行为，对自己或爱人造成严重的身心伤害。因此，大学生要培养自己在爱情中的责任意识。

（二）恋爱中的道德

爱情是建立婚姻家庭的前奏，爱情中的道德修养关系到未来婚姻家庭生活的幸福。在现实生活中,坚持爱的道德准则是非常重要的。恋爱要遵守的道德主要包括尊重人格平等、自觉承担责任、文明相亲相爱。

1. 恋爱需要道德的指导

首先,在恋爱对象的选择中,应注重在道德的指导下进行。只有用道德的引导来选择另一半,重视对方的性格、修养、志向,才能真正找到志同道合、默契的爱情。其次,道德有助于正确地表达和接受爱。表达和接受爱是爱的前奏。如何表达和接受爱情,不仅直接关系到求爱的成功,也反映了一个人的文明程度和自我形象。在表达和接受爱情的过程中,要注重文明举止、坦诚相待和相互尊重,使爱情表现出应有的神圣、尊严、文明和优雅。最后,道德也有助于爱情关系的理性发展。在发展爱情关系的过程中,理性控制情感既是男女双方必须自觉遵守的自律准则,也是避免爱情悲剧发生的关键。

2. 恋爱中的道德要求

(1)尊重人格平等

爱情是一种互爱关系,具有对等性和平等性特征。恩格斯曾说过:爱情是以所爱者的互爱为前提的;在这方面,妇女处于同男子平等的地位。因此,尊重人格平等是恋爱的基本道德。恋爱关系中的双方都是平等的。如果一方把另一方当作附庸依附于另一方,这是对爱的本质的误解,更是对另一方的不尊重。在恋爱关系中,双方都应该尊重人格的平等,双方从感情中所得相同,那么二者的贡献也应该是相同的。处于公平关系中的恋爱双方对对方的满意度往往非常高,处于关系不平等的双方往往觉得不舒服:占了便宜的一方会觉得内疚,而被占便宜的一方往往会感到愤怒。

(2)自觉承担责任

当人们感受到爱的温暖,憧憬美好的未来时,不能忘记爱所要求的责任和义务。苏联教育家苏霍姆林斯基在给儿子的一封信中写道:“记住,爱意味着为伴侣的命运负责。那些想用爱来享受的人,是堕落的。爱意味着付出,奉献自己的精神力量去爱,为他或她创造幸福。”一个人从选择一个对象开始,到恋爱的整个过程,乃至最终关系的确定,从始至终都应以认真负责的态度,对自己负责,也对对方负责,对社会负责。一切基于个人利益、欲望、好恶的爱情都是利己主义的道德表现,是对爱情的玷污。

(3)文明相亲相爱

文明的爱情是两个人相爱、亲近,行为端正,互相尊重,而不是在态度、行为、语言等方面低俗放纵。特别是在公共场所,情侣应该遵守社会道德,不要对他人的生活和公共生活造成不利影响。恋人独处时,也要有文明和道德。遵守爱情道德,就是在现实生活中保持真爱,这是保持爱情长久的秘诀。没有道德的保护,爱情不会长久。

爱情,是什么?

亲爱的女儿:

你的问题使我激动不安。

现在你十四岁,正在跨越成为一个成年女子的门槛。你问道:"爸爸,爱情是什么?"

当我意识到,我现在已经不是在同一个小女孩谈话时,我的心在激烈地跳动。在你跨越这个门槛时,我祝你幸福,但是,只有当你成为一个有头脑的贤惠姑娘时,你才能得到幸福。

千百万女性,特别是年纪尚幼的十四岁的女性,心儿突突地跳着想:爱情是什么?每个人都有自己的理解。每个男青年,当他成长为一个成年男子的时候,也在考虑这个问题。现在,我亲爱的女儿,我给你的信的写法,和从前不一样了。我内心深处的一个愿望是,传授给你一种生活智慧,它就叫作生活的技能。我希望从父亲的每句肺腑之言中,就像从一粒小小的种子中一样,萌发出你自己的观点和信念的幼芽。

"爱情是什么"这个问题,也曾使我心中很不平静。在童年时代和青年的早期,我最亲近的人是祖母玛利娅——一个令人赞叹的人,我心灵上一切美好的、聪明的、诚实的东西都是她给予我的。她在战争前夕去世了。她为我打开了神话、祖国语言和人类之美的广阔世界。有一次,在一个早秋的寂静的傍晚,坐在苹果树的浓荫下,看着向温暖的国度飞去的仙鹤,我突然问道:"奶奶,爱情是什么?"

最复杂的问题她也会用神话来解释。她的一双蓝色的眼睛流露出沉思和不安的神色。她用一种极特殊的从未有的方式看了我一眼。接着,她就讲开了:

爱情是什么?……当上帝创造世界时,他在地球上安排了各种生灵并教给它们用自生同类的办法延续自己的种族。他给男人和女人划出了田地,并教给他们如何建造窝棚,给了男人一把铁锹,给了女人一小撮种子。他对他们说:"在这里生活和传宗接代吧,我干自己的事去啦。一年以后我再来,看看你们过得怎么样。"

刚好过了一年,上帝和天使长加福雷依尔来了。是在一个大清早,太阳刚刚升起来的时候来的,上帝看到:男人和女人坐在窝棚旁边,他们面前庄稼地里的粮食正在成熟,他们身旁有一个摇篮,摇篮里的小孩子正在睡觉。这男人和女人有时仰望天空,有时互相对视。在他们相互对视的瞬间,上帝在他们眼睛里发现了一种莫名其妙的美和一股特别神秘的力量,这种美赛过蓝天、红日,超过宽广的大地和金黄色的麦田,比上帝亲手制作的一切东西都更美好。这种美使上帝震动、惊奇、发呆。

"这是什么呀?"上帝向天使长加福雷依尔问道。

"这是爱情。"

"爱情是指什么呀?"

天使长耸了耸肩说他也不知道。上帝走到男人和女人跟前问他们,什么是爱情。可是他们不能向他解释清楚。于是,上帝生气了。

"啊哈,是这样! 现在你们就接受我的惩罚:从此时此刻起,你们将会变老。你们每活一小时,就会消耗掉你们的一份青春和活力! 五十年以后我会再来,看看你们眼睛里还有什么,你们这些人啊……"

"上帝生哪一门子的气呢?"我向祖母问道。

因为人不经请示就创造出了一种连上帝也不了解的东西。你听我往下说:五十年以后,上帝和天使长又来了。上帝看到:在窝棚旁边建起了一座用圆木造的木屋,在空地上培植的鲜花开满了花园,田地里的庄稼正在成熟,儿子们在耕地,女儿们在收割小麦,而孙子们在草地上玩耍。在木屋门前坐着一个老头和一个老太婆,他们有时遥望鲜红的朝霞,有时相互对视。上帝在他们的眼睛里看到的那种美比从前更巨大,那种力量比从前更强烈,并且还包含着一种新的东西。

"这是什么?"上帝向天使长问道。

"忠诚。"天使长答道。依然没人能够做出解释。

上帝更生气了。

"人啊,光让你们衰老还不够吗? 你们活不了多久啦。那时我再来瞧瞧,看你们的爱情会变成什么东西。"

三年以后上帝和天使长又来了。上帝看到:一个男人在一个小土丘旁坐着。他的眼睛里充满了悲伤,可是里面依然存在着那种莫名其妙的美和那股特别神秘的力量。而且在里面已经不只有爱情和忠诚,又增添了一点什么东西。

"这又是什么?"上帝问天使长。

"心灵的怀念。"

上帝抚了一下自己的胡须就离开了坐在小土丘旁的那位老人。他扭过脸向长满小麦的田地和鲜红的朝霞望去,于是他看见:在金黄色的麦田旁边站着许多年轻的男人和女人,他们有时仰望天边的红霞,有时相互对视……上帝站在那儿望了他们很久。然后,他陷入了沉思。从那个时候起,人成了地球上的主人。

你瞧，我的乖孙孙，这就是爱情。爱情——它比上帝还崇高。爱情就是人类千古不朽的美和永恒的力量。人类一代一代地相互交替。我们每个人都要变成一堆灰，而爱情却以充满活力的永不衰退的联系保留下去！

我的亲爱的女儿，这就是爱情。千万种生灵生活着，繁衍着，延续着自己的种族，可是，只有人才能够爱。如果一个人不会爱，他就不能到达人类之美的这个顶峰，那就是说，他只不过是一个生物，虽是一个人，但却不会爱。

——《给女儿的信》[（苏）阿莫纳什维利、（苏）苏霍姆林斯基著，刘文华、杨进发译，北岳文艺出版社 2011 年版]

思考讨论

1. 如何正确认识和理解爱情的本质?

2. 爱与喜欢的区别是什么?

3. 试阐述"柏拉图爱情观"与"柏拉图式爱情"的区别。

4. 如何看待爱情与学业的关系?

扩展阅读

1. 俞国良主编《大学生心理健康》,北京师范大学出版社 2018 年 8 月版。

2. [美]莎伦·布雷姆、[美]罗兰·米勒、[美]丹尼尔·珀尔曼等:《爱情心理学》(第 3 版),郭辉、肖斌、刘煜译,人民邮电出版社 2010 年 1 月版。

3. [英]阿兰·德波顿:《爱情笔记》,孟丽译,上海译文出版社 2009 年 4 月版。

4. [美]盖瑞·查普曼:《爱的五种语言:创造完美的两性沟通》,王云良译,中国轻工业出版社 2007 年版。

5. [美]艾里希·弗洛姆:《爱的艺术》,刘福堂译,上海译文出版社 2019 年 1 月版。

第八章　学会放弃

【本章导读】

　　爱情有开始就会伴随着结束,面对失恋之后的悲伤、无力,甚至愤怒的消极情绪和生活状态,该如何学会放弃已失去的爱情呢?首先要学会放下,放下在爱情中寻求的虚荣心,放下因失恋而产生的自卑感,放下因求之不得导致的不甘心;而后通过正视失恋,明白不能因为失恋就放弃爱自己,过度沉溺于失恋后的消极情绪,进而通过放空自我、接纳自我整理好心情走出失恋阴影;最后调整心态拥抱新生活,去发掘自我价值,培养广泛兴趣爱好,迎接下一段感情。

人要是不那么死心眼，不那么执着地去追忆往昔的不幸，会更多地考虑如何对现时处境泰然处之，那么人的苦楚就会小得多。

——[德]歌德

第一节　懂得放下

一、放下虚荣

(一)正确认识虚荣

人总是喜欢接受他人的赞美,渴望被认可,爱情中亦是如此。在爱情中过分在意他人的赞美便是虚荣心过度的表现。成为别人的赞美对象能从内到外满足人的虚荣心。人为什么这么在意虚荣心? 是因为人生来便担心被人轻视。被他人赞美是爱情的前提,但虚荣和接受他人赞美并不相同。爱慕虚荣之人在任何时候、任何场合都想得到他人的赞美,这是出于对名誉声望的极度渴望,一旦未得到肯定便会产生焦虑等情绪。在爱情中表现为渴望得到另一半的绝对赞美,这是深藏于人类内心深处的一种情绪。

拓展

什么是虚荣心?

"虚荣心"一词,《辞海》解释为:表面上的荣耀,虚假的荣耀。心理学认为,虚荣心理是指因期望拥有但实际上并未拥有某种荣誉而在行动上竭力表现出似乎拥有的个性特点。从心理的角度讲,虚荣心是一种被扭曲了的自尊心,是自尊心的过分表现,是一种追求虚表的性格缺陷,是人们为了取得荣誉和引起普遍注意而表现出来的一种不正常社会情感,其产生实质是由于心理过程中认知过程发展不平稳、不稳定所致。

…………

虚荣心理产生的原因主要有两个方面:一是社会上不良思潮的影响。青年学员是社会的一个重要组成部分,从年龄阶段来看,他们大都是十七八岁至二十二三岁,还处于青年中期;从主观上来看,他们尚处于从未成熟到成熟未定型的变化时期,由于各种因素的作用,往往很难科学准确地观察、认知、分析和解决问题。一些不正确的观点容易左右他们的思想行为，心理上容易出现不良情绪，抵挡各种诱惑的能力过低，容易产生过分追求现实、注重荣誉，追求名利的倾向。二是不同生长环境和不同教育的影响。青年学员来自五湖四海，在各自的环境中生长，心理、个性、教育等方面存在着很大的差异。

虚荣心强的人，在思想上会不自觉地渗入自私、虚伪、欺诈等因素，这与谦虚谨慎、光明磊落、不图虚名等中华民族的传统美德相违背的。有的人为了表扬才去做好事，对表扬和成功沾沾自喜，甚至不惜弄虚作假，这种心态对迫切要求上进，还处于成长之中的学员是十分有害的。虚荣心会给健康的人心带来危害。虚荣的人外强中干，不敢袒露自己的心扉，给自己带来沉重的心理负担。虚荣在现实中只能满足一时，长期的虚荣会导致非健康情感因素的滋生，

——《当代青年学员虚荣心理探析》（高立宽，《解放军艺术学院学报》2008 年第 4 期）

(二)虚荣心的危害

被过强的虚荣心驱使的爱情是不牢固的，甚至会带来严重后果，过度虚荣者应该做出改变。部分失恋的同学在被问及为什么选择开始一段恋情时，回答道因为带出去会给自己长面子，或者是担心他人因自己没有对象而嘲笑自己。这样充满虚荣心的恋爱动机从一开始就不是正确的选择。

人的需要分为生理需要、安全需要、归属和爱的需要、尊重的需要和自我实现的需要。其中尊重的需要包括对成就、力量、权威、名誉、地位、声望等方面的需要。一个人的需要应当与自己的现实情况相符合，否则就要通过不适当的手段来获得满足，在条件不具备的情况下，为达到自尊心的满足就产生虚荣心。

(三)如何放下虚荣

爱情中的虚荣是缺乏自信的体现，其实表露了内心的自卑。克服在爱情中的虚荣心首先要做到自尊自重。做人起码要诚实、正直，绝不能为了一时的心理满足，不惜用人格来换取。在爱情中若是因为满足自我的虚荣心而选择一段恋情，则是对自己和另一半的不负责。面对失恋应放下所谓的虚荣心。其次，要树立崇高理想。人应该追求内心的真实的美，不图虚名。很多人能在平凡的岗位上做出不平凡的成绩，就是因为有自己的理想。最后，做到自知之明。要能正确评价自己，既看到长处，又看到不足，

时刻把消除为实现理想而存在的差距作为主要的努力方向。

二、放下自卑

恋爱之中自卑是不分男女的,那些在人前强大到无以复加的人,可能在恋爱之中会低到尘埃,你想要紧紧把他抓在自己的手里,你每时每刻都在焦虑,你想了解恋爱的消息,你不清楚他有没有与其他异性联系,每天会为一些小事去生气,内心表现得非常脆弱。

(一)为什么会感到自卑?

恋爱中的自卑感其实就是价值感不足。一些人本身"价值"就不高,和另一半比起来存在明显的差距,两者在不平等的关系下,自然就会产生低价值感。

另外一种情况就是默认自身价值低。由于原生家庭父母的感情缺席,童年缺少关爱,长大后就会默认自己不值得被爱,没有人会喜欢自己。一些人往往还会将背后的原因归咎于自己,认为是自己不够听话,不够优秀,认为自己是一个一无是处的人,所以才没有人爱自己。不断地贬低自己,否定自我。

明辨

案例:自卑带来的患得患失

来访者:我和女友恋爱有两年时间了,我们两个是大学同学,女友在我们整个系里面可以说称得上是系花,当时爱慕她的人可多了,我也是追了很长时间之后两个人才在一起;说句实在话我们两个人在一起时我感觉自己非常幸运,因为她是那么优秀,所以我十分珍惜这份感情,每天都想方设法地让她开心。

因为她的人缘非常好,并且之前有那么多人追,所以身边经常会围绕着一些异性朋友,我变得非常不自信,我害怕她会被别人抢走,每次我看到她和其他男生有说有笑,心里就像是被打翻了五味杂陈瓶;后来我感觉自己都变得病态了,我想每时每刻地了解她的动态,只要一分钟不和她说话我心里就会难受,就会胡思乱想。

直到有一次,我实在忍不住偷偷打开了女友的手机,我去翻阅了她的各种聊天记录、消费情况,就在我窃喜没有发现什么特别的事情时,女友出现在了我的面前,我整个人都呆住了,我不知道该怎么和她解释,女友和我提出了分手。

她说:我们两个人这样很累,你每天这样,我一点私人的空间都没有,我们两个人是恋爱,但是我需要一点私人空间。你这样难道不累吗? 每天 24 小时像个 365 超市一样,不停歇地监视着我。

我说:我只是爱你啊! 我怕失去你啊! 女友告诉我,这样的爱她承受不来。我现在想挽回女友,我应该怎么办?

案例分析:

其实从来访者的描述中,我们可以感受到他的焦虑情绪,也能感受到他那病态的爱,甚至有一点走火入魔。

这位来访者几乎把女友、爱情当成了生活的主旋律,他已将女友当成了神明般的存在;爱得太满就会导致期望越高,然后患得患失,陷入了焦虑以及失望的无限深渊。

——《自卑的恋爱,让我心力交瘁,让我失去了恋人》(乐天心理咨询,2021 年 4 月 26 日)

(二)为什么会自我否定?

一遇到喜欢的人就自卑,反映了一个人内心安全感的缺乏以及较低的自我价值感。自我价值感低的人,往往缺乏自信,越是重视的事情,越是不敢去面对,面临决策的时候永远都觉得自己不够好。一旦遇到真正需要做出选择的时候,缺乏信心的本质就会暴露出来。

习惯于自我否定,其实是一种自我保护的心理机制。只有先否定了自己,才可以在内心形成一个面对痛苦的缓冲地带。当他人质疑和否定时,自己有了心理准备,不至于痛苦不堪;如果别人没有否定,反而是接受、肯定了自己,会受宠若惊或者本能地怀疑。这种防御机制可能是在成长过程中长期承受来自外界的压力和否定造成的。

(三)如何应对自我否定?

针对上述心理,首先是要调整自我,接纳自己,肯定自己。要改变认知方式,要认清对方。恋爱中自卑的人几乎看不到对方丝毫的缺点,认为对方是完美无瑕的。其次,正确认识自我、认识对方,不然很容易陷入自我否定,抬高对方的恶意循环。最后,要正确看待爱情,爱情只是生活中的锦上添花,并不是生活的全部,将爱情看得太重就容易牵动情绪。

自卑给人戴上了一副墨镜,让自我认知和对伴侣的认知从一开始就自带三分灰暗。因此,要纠正自卑对亲密关系的影响,就要先从改变认知方式,摘下这副墨镜开始。提升自信、克服自卑。

拓展

怎样更好地认识自我呢?

1. 和自己对话——认识自己的心理特质

你是不是有过这样的经验:明明非常喜欢对方,却偏偏表现出讨厌他的神态;父母越说不能做的事情,就越想去试试;在众人面前讲话,脑子里想着要镇定自如,谈笑风生,但就是会不自觉地手脚发抖,大脑停转。"为什么我想成为那样优秀的人,却只能成为现在这样不优秀的自己?"其实,所有的问题都来源于我们并不认识、也不了解自己内部的某些东西。只有当我们更好地了解自己,出现这类问题的概率才会越少,我们也就能更好地对待自己,与他人相处。正如老子在《道德经》里告诫的那般:知人者智,自知者明。

心理自我包含很多方面,比如性格、气质、能力、兴趣、理想、动机、价值观、情绪应对方式、交际方式等等。我们可以通过自我思考与反省、与他人比较、熟悉的人给予的评价、在实践中探索衡量等方式来了解与分析心理自我。当然心理学上类似于房树人这样的纸笔测试或沙盘、罗夏墨迹测试这样的投射测试等方法都可以帮我们快速了解心理自我。一个人的自我了解可能是终其一辈子不断深入的过程。

2. 合理地分析——了解理想自我、他人自我与现实自我的差距

理想自我是"我想成为怎样的一个人,我应该是怎样的一个人"。想想小时候,多数人都写过"我的理想"这样的作文,但是有多少人在长大以后会一直追随儿时的理想呢? 因为现实自我在变化,理想自我也会变化。心理健康的人的理想自我既符合实际又具有动力,略高于现实自我,两者始终紧密联系在一起,理想自我在变化,现实自我通过努力不断跟随而上,最终一步步走向自我实现。同样,如果别人眼中的你和实际生活中的你反差太大,你可能需要好好探索原因,他人自我比现实自我优秀,也许是他人对你期待过高或者你隐藏了自己的很多缺点;现实自我比他人自我优秀,也许是你较少在他人面前展现自我。当然,有些时候,他人自我依赖于对方对我们的熟识程度,不一定客观公正,所以如果要了解他人自我,需要向多个熟悉我们的同学进行求证。

列夫·托尔斯泰说过:"理想有胜于现实的地方,现实也有胜于理想的地方,唯有把这两者融为一体才能获得完美的幸福。"

——《青少年心理自助成长100问》(张天清主编,百花洲文艺出版社2018年版)

三、放下苛求

失恋后一定会陷入自我怀疑,甚至一遍遍问自己"我对你那么好,为什么还要分手"。其实这一切的自我怀疑都是因为所谓的苛求。苛求不是要求,而是过分的要求,是对自己的过分要求也是对伴侣的过分要求。

实际上,长久走不出失恋的阴影,终日生活在失恋的阴霾之下,情绪不稳定,陷入深深的自我怀疑之中都是因为对爱情的苛求。

（一）明确为什么会对他人有所要求

当两个人相处的时间长了,双方对这份关系的投入也会多,这时候就产生了关系的一个天平,一方会不自觉地比较对方的付出与收获。当一方觉得自己的付出多于收获,就会渴望得到对等的回报。如果关系严重失衡,渴求就渐渐偏激,变成苛求。

这种情况在恋爱关系中最为突出。在家人的相处中多为包容,在朋友的相处模式中多为平等,因为我们可以选择与什么样的朋友相处。但是爱人就不同了,我们虽然力求在恋爱关系中获得平等,但往往无法实现。

（二）要明白什么是真正的爱

大部分人口中的"爱而不得",其实说"喜欢而不得"更恰当。如果真的是爱,能举案齐眉固然好。如果不能,也不必始终耿耿于怀。爱的重点是付出的过程,是在这段感情里的心灵体验,是从中获得的自我完善。爱不是一个点,并非指向"得到对方"这个终极结果。

（三）理解所谓的"执念"

不可否认,大部分坚定不移的爱,都掺杂着一定的执念。执念,顾名思义,执着的念头。从某种程度上来讲,这是一个贬义词。爱和执念,不是一对反义词,也不是互相排斥的。人的感情往往由各种元素杂糅而成。所以,一个人既有爱,同时存在执念,不是不可能。一个人需要的不是分清楚然后完全把执念改掉,而是需要理解到自己有执念的存在然后去平衡执念与爱之间的关系。对于绝大多数人而言,执念是一种存在,无法消除。

所以,面对失恋的痛苦,首先要勇敢接受它,不要过分地去要求自己、要求对方,降低爱情中的期待感。其次要认识到什么是真正的爱,不要耿耿于怀,感情中重点是付出的过程,是在这段感情里的心灵体验,是从中获得的自我完善。最后要正视执念,不要对已经失去的感情过度执着。

第二节 摆脱失恋

在恋爱中,要懂得放下。放下因追逐在爱情中过分在意他人的认可而产生的所谓的虚荣心,放下因自我内心价值感缺乏而造成的自卑感,放下因失恋而自我怀疑进而产生对爱情的苛求。但学会放下只是第一步,在面对爱而不得和无能为力的失恋,要想进一步结束痛苦心理还需要正视失恋,明白爱情的真正含义;在适当范围内允许自己悲伤但不要伤得太深;同时学会整理心情,谨防过度沉溺于失恋的悲伤之中,加深自我否定。

一、正视失恋

(一)爱情是结果而不是目标

正视失恋的第一步是要明白为什么渴望爱情。古往今来国内外有很多描写爱情的美好诗句。人们希望爱情是"曾经沧海难为水,除却巫山不是云"的坚定选择,希望爱情是"身无彩凤双飞翼,心有灵犀一点通"的心意相通,还希望爱情是"愿得一心人,白头不相离"的长相厮守。但同样爱情也是"酒入愁肠,化作相思泪"的无尽思念,也是"入我相思门,知我相思苦"凄婉动人的相思之苦,同样也是"士之耽兮,犹可脱也。女之耽兮,不可脱也"的难以忘怀。既然失恋时夜不能寐辗转反侧,为什么人们还是渴望拥有爱情呢?

恋爱是一种心理需要。马斯洛需要层次理论从人类低层次到高层次的需要分为五个方面:生理需求、安全需求、社交需求、尊重需求和自我实现需求。第三层次的社交需求就包含爱与被爱的需要,也包含对爱情的需求。除此之外,埃里克森的人格发展八阶段理论认为,每个人在每个特定时间段都有不同的需要完成的任务,只有这个阶段完成好了才会进入下一个发展阶段。他认为,在18—35岁这个阶段主要是亲密对孤独的冲突，这个阶段的基本任务是要发展扎实的友谊关系并产生对另一个人的爱与亲密感，如果没有能力形成这两类关系就会产生孤独感和隔离感，所以友谊和爱情在这个阶段会有更多的投入。

从发展心理学的角度来讲，大学生处在一个心理"断奶期"，会更多地倾向于同伴交往。大学生爱情的发生有很多原因，比如实现自己的目标，想要来一场轰轰烈烈的恋爱；比如对未知的事情充满好奇，没有恋爱经历就想要迫切进入这一未知领域；比如从众心理，周围朋友都恋爱了，认为孤独是可耻的，自己如果不找对象就会被认为人缘不好；还有炫耀；等等。对于由于恐惧孤独而开始恋爱的部分同学来讲，失恋是更加痛苦的。但在理解爱情产生的动机之后，我们更应该清楚爱情是结果而不是目标，对抗孤独感的方法并不唯一。

（二）爱情是会枯萎的

青春期的大学生对于爱情的渴望十分强烈，多数人也期待能够收获一份永恒的爱情，但多数感情随着时间流逝也会逐渐淡去。

从自然科学和社会科学对爱情的研究可以看出，人对于某一特定对象的爱情并非长久不变。随着时间的递进，大脑内分泌的这些化学物质会减少，同样，"亲密""激情"和"承诺"也会有某一环节出现变化使得结果不尽如人意。所以爱情的发生是很美好的，同样爱情也是会枯萎的。

明辨

爱情三角论模型

在众多爱情理论中，最常被提到的是罗伯特·斯腾伯格（Robert Sternberg，1986）的爱情三角形理论。他提出，亲密感、激情和承诺是爱情中的关键要素，分别代表了爱情关系中的情感、动机和认知的成分，复杂多变的爱情就是这三种要素的不同排列组合。亲密感是人与人之间健全、频繁、多元化相互联系形成的结果；激情是渴望与对方共结连理的心；承诺包括两个方面：短期的和长期的，短期是指做出决定要爱某个人，而长期则是承诺维系这份爱。爱情三元素是构成爱情三角形的三个顶点，而元素的多寡及不同组合又可划分出8种不同的爱情关系类型，即无爱、喜欢、迷恋、空洞之爱、浪漫之爱、同伴之爱、虚幻之爱和完美之爱（见表8-1）。

表8-1

爱情关系类型	亲密感	激情	承诺	特征
无爱	○	○	○	表现在多数人的人际关系上,只有普通的交际而没有爱情的成分
喜欢	●	○	○	彼此会有亲近、连接及温暖的感觉,却不会有强烈激情或者想要有长期的承诺
迷恋	○	●	○	常常表现为一见钟情,或将对方盲目理想化,这样的感觉发生得快,消失得也快,无法保持长久
空洞之爱	○	○	●	两人虽可维持长期关系,但缺乏情感的交流及身体的吸引力
浪漫之爱	●	●	○	彼此皆感受到身体及情感的吸引,却没有心理准备要长相厮守
同伴之爱	●	○	●	彼此间是一种深厚长远、有承诺的友谊关系,此种爱常发生在激情已消退的婚姻中
虚幻之爱	○	●	●	常发生在闪婚模式下,彼此的承诺是建立在激情而非长期培养出的亲密关系
完美之爱	●	●	●	爱情三元素都具备的美满爱情,不但是普通人终生追求的,也是要尽力维持的爱

——《爱情构念研究述评》(杨洋,《兰州学刊》2012 年第 7 期)

(三)让消失的爱成为往事

不可否认,我们对于"得不到,已失去"的总是感觉异常珍贵。心理学家认为,人类深受"未完成情结"影响,很多心理问题的出现都与过去未完成的事情相关。人类近乎偏执地渴望生命中的每件事都有始有终,"契可尼效应"就能很好地解释我们对于未完成的爱情的偏执。爱情之所以很美好,还在于回忆时自己记起的更多的是快乐的时光和恋爱时美好的自己。

面对这样的"未完成情结",我们要做的就是让消失的爱成为往事。首先,不要把注意力过多地放在"失去的可能性",一味地执着于过去的未完成,会在当下和未来留下更多的遗憾。带着未完成的执念去生活会重蹈覆辙,甚至出现"完成当年的未竟之事"的错觉,进而一遍遍地发现内心的不完成依然存在。其次,提升自我觉察能力。失恋难以忘怀前任和自我觉察能力有待提升密切相关。当你试着静下心来回想以往交往的点滴,回想自己和这个在一起是不是真正的快乐,思考选择他是出于理性的利弊分析还是一时情感冲动,会发现以往的认知可能被颠覆。最后,当意识到自己的所谓"放不下"只是"未完成情结"在作祟,如果重来一次结果依旧如此后,你需要接受"分手是无法避免的"事实,是人生成长的必经之路。事实上,人类学家研究显示,对于想要的东西,我们等待的时间越久,大脑就会分泌更多的多巴胺,让我们更觉得这件东西充满诱惑。也同样是因为这样的执念我们才会被大脑欺骗,所以或许没必要浪漫化地认为自己念念不忘的人就是最合适的。

二、别为爱伤得太深

(一)分手应该体面

爱情的开始有各种心动瞬间,但爱情的结束却有各种纠结。感情结束的前兆通常是出现关系冲突,但感情结束的原因却有很多,大致有四种类型:差异过大、用爱捆绑彼此以对方为中心、移情别恋或有外力介入以及事事想两全。如何主动结束一段感情,如何在被分手时减少狼狈是每个经历恋爱或者还没经历恋爱的人都想了解的。大学生处在人生独立生活的开始阶段,相对来说恋爱经验不够丰富,处理失恋困境的经验也相对匮乏。关于结束一段恋情充满的疑惑,或许已经在这段恋爱中受尽委屈却不知如何提分手,或许为了逃避而选择突然消失以此期望结束这段恋情。

互联网上关于体面分手的讨论十分多,赞同体面分手的网友认为感情的开始要尊重对方,同样感情的结束也应该尊重对方。更多的网友赞成大大方方地提出分手,明确告知分手的理由而不是选择冷暴力、突然失联或者无缝衔接。但同样也有很多网友赞成分手就应"痛快",认为这段感情自己付出很多却换来被分手心有不甘,甚至做出过激行为来减少内心的愤懑。其实体面分手就是降低彼此在分手之后的痛苦感的一种方式。

拓展

如何减少分手对彼此的情感伤害?

宣泄:支持失恋学生适度采用宣泄法,促进其理智状态的恢复,其前提是不影响他人的生活及其利益。失恋后不能把自己的苦衷、烦恼、怨恨过分压抑,否则便容易使自己更加苦闷、孤独、惆怅。情绪宣泄可分为身体宣泄和心理宣泄。身体宣泄如关门痛哭一场,或者到无人的地方如海边大叫,尽情地发泄自己的情绪,以达到心理的平衡和理智状态的恢复。心理宣泄是把压抑在心中的情绪在可信赖的人面前倾诉出来,会得到他们的同情、理解、劝慰与中肯的建议,使失恋者开阔心胸、冷静对待,使心理得到平衡;若无合适的倾诉对象,也可奋笔疾书,让多余的情绪在笔端得到发泄。当然,宣泄要适度,如果无休止地宣泄,不仅不能减轻痛苦,反而会使自己沉溺于消极的情绪之中。

——《对失恋大学生异常心理的疏导与调适》(刘朝晖,《教育与现代化》2008 年第2 期)

(二)适当发泄情绪

体面分手并不是情绪的一味隐藏,失恋的痛苦情绪是不可避免的,要学会适当地发泄情绪,对自己的焦虑、愤怒、悲伤进行监控。多数有情绪困扰的人往往都认为他们的痛苦会一直持续下去,其实,情绪不管是焦虑、苦闷或痛苦,它们常常都有一个产生、高峰、消退的过程。一旦通过监测,察觉到自己的情绪过程,或者明白自己情绪发生的过程,那么就能认识到情绪的起伏波动的特点——某一种情绪它一定会消退。

其一,主动寻求帮助。情绪不正常时,要学会适当调节。在这个过程中,很多人往往都是被动的,甚至对家人朋友的关心都是排斥的,这样只会让他们更担心而并不能对自己的情绪起到多大作用。当内心痛苦时,很多人是想自己安静地独处,但在这个过程中不管是被动地接受还是主动地寻求帮助,如果能让心里更好受,完全可以大胆尝试一下,不要怕说不出口,也不要担心不知道说什么,往往很多时候只要说出第一句,后面自然而然就想倾诉了。

其二,转移注意力。当把内心的情绪跟家人朋友倾诉完后,还需要想办法转移注意力。可以找点自己喜欢的事情做,比如以往因为恋爱想做而没有时间做的事。注意力是一种表态,真正的关键还是自己的内心,如果内心想去做这些事,注意力自然而然就转移了。抓住自己的内心,不管是否愿意,都要迈出第一步,积极尝试。

其三,学会情绪管理。情绪看不见也摸不着,但情绪对自身影响很大,有人会因为负面情绪而伤害最关心自己的人。情绪管理很重要,这是走向成熟的重要标志。

（三）与过去的自己郑重告别

时间可以抹平一切心理上的创伤，当数年以后再回首今日的种种，总会有一种朦胧的不真实的感受。对自己的一些言语行为都会有深刻的反思，其实自己当年的所作所为是幼稚的、不成熟的。与过去的自己郑重告别吧，告别那个不成熟的自己，没有什么是放不下的，而是应该时不时地反思自己真的想要什么，自己真的需要吗？难道没有别的选择吗？恋爱是甜蜜的，分手是痛苦的，但那些都是暂时的。生活还要继续，而且还要活得精彩，活出自己的专属人生。

仪式感是每个人都需要的东西，与过去的自己告别需要仪式感，翻开新的篇章需要郑重告别过去的自己。比如，可以有计划地去旅游一次，甚至可以去和前任一起去过的地方，再走一走看一看，内心深处不由自主地就会有新的变化。当感受到这些变化后，对过去的自己告别的想法就会更强烈，会觉得原来这里没有他也是如此美好。

三、整理心情

（一）放空自己，拒绝过度悲伤

摆脱失恋的过程是曲折的，内心的矛盾会一直出现，甚至心理上的困惑表现到生理上，出现失眠或者无心工作的情况，那么这时往往需要放松自己，去试着放空自我。

分手之后可以允许在一段时间内自我悲伤，但是这个悲伤是有时间限制的，比如一个月。在这一个月中，允许自己去回忆以往在一起的点点滴滴。过了这个月，必须强迫自己停下来，不再去关注与对方有关的一切，去清理生活，清理那些能让你回忆起恋爱的点点滴滴的物品。在此之后，在自己的房间重新建立起新的生活秩序，比如摆放自己喜欢的植物、照片、物件等，从环境上管理好自己的新生活。

放空自我，要让自己真正地放松下来，可以尝试发呆，或者在脑海里幻想自己从未有过的生活。思考一下以往与自己意见相悖的观点，重新去认识生命、认识生活、认识恋爱。而这一切的目的就是为了防止过度悲伤，防止过度沉溺于失恋的痛苦之中。一个人只有摆脱过去的束缚才能一直往前走，才能每一天都优于过去的自己。在一次次的放空自我中，为自己的生命做减法，找到属于自己的美好生活。

（二）接纳自己，谨防自我否定

在关于失恋后心情的描述中，有很多人会提到"我好像不配得到爱"这样的话语。

失落、伤心、愤怒是最为明显的失恋情绪表现,但自我否定实际上是隐藏的情绪之一。自我否定的内涵是对自己的不足的承认。而承认自己的不足,是勇敢更是智慧。但是,否定自我的结果却呈现出两极分化的状态:或者开创未来,或者一蹶不振。

面对这种隐蔽的情绪,应该怎么办呢?

第一,厘清思路改进自己。每一段亲密关系的结束之后都要反思自己,反思这段亲密关系的矛盾所在。自我否定的人往往没有进行过辩证的反思,将一切分手的原因都归结于"我不够好",但究竟自己哪里有待提高却没有思考。所以当认为自己不够好的时候就要反思自己,是因为自己的爱太盲目,时刻以对方为中心,忽视了距离产生美? 还是自己在这段感情中并没有全身心投入,面对争执只想到了自己的委屈,忽视了对方的需求? 还是因为对方的原因,这个人本身就不值得去继续付出? 这些真实存在的原因才是导致分手的结果,而不是将一切原因都归结于"我不够好"。厘清思路,有意识地寻找适合自己解决问题的方法,才会避免在下一段恋爱中重蹈覆辙。

第二,接纳不完美的自己。古语讲"龙生九子,各有不同"。每个人都有自己在身体、性格、能力等方面的优势和劣势,自我接纳则是自己要认可自己的优势也要正视自己的缺点。马斯洛在描述自我实现人格特征中认为:能接纳自己和他人,不会为自己或他人的缺点所困扰或感到内疚与不安,能坦然地接受自己的现状,包括自己的需要、水平、愿望,同样也宽容地对待他人的弱点和问题,从容地生活,很少使用防御机制。

(三)走出去,不要封闭自我

不少受失恋痛苦的人都会选择封闭自我,封闭自我的时间短则几天长则数年。自我封闭心理实质上是一种心理防御机制。个人在生活及成长过程中常常可能遇到一些挫折引起个人的焦虑,有些人抗挫折的能力较差,使得焦虑越积越多,最后只能以自我封闭的方式来回避环境以降低挫折感。而在面对失恋后的生活中,很容易陷入回忆的旋涡,对外界一切事物都丧失兴趣,对生活丧失行动力。

拓展

如何解决因失恋而陷入的自我封闭?

归因:冷静分析一下失恋原因,可以使其摆脱"恋"的苦恼。人的理智可以战胜感情,失恋引起的情感被动只有纳入理智的轨道,才能真正消除,而冷静分析失恋原因则是消除失恋抑郁的有效途径。如果是对方缺乏道德,见异思迁,则应庆幸他早日露出了真面目，否则一旦结婚将后患无穷；如果是"一见钟情"，爱情基础不牢，故迟别不如早散；如果是"恋人胆怯"，应庆幸今日分手也比日后在外界压力下郁郁寡欢地过日子来得痛快；如果是"个性不合、观点分歧"，则早日分手另择新人比日后龃龉丛生、争吵不休要好得多；如果因为自身缺点与不良心理原因造成，则应总结经验教训，克服缺点，以利重新获得爱情。

转移：转移法是让失恋学生摆脱沮丧心情的一种有效方法。鼓励失恋者不要灰心气馁，应有意识地将注意力从消极不良的情绪状态转移到其他事物上去。失恋的感情创伤是很痛苦的，它在人们心境中的印记常常含有触发性，当因失恋而将要陷入苦恼、忧伤、悲观、绝望的境地时，去看一场电影、踢一场足球，或去做其他自己感兴趣的事情都可以转移或消解心中的郁闷。这是因为转移注意力或兴奋点能够对人的不良情绪起到调控作用。或者以另一个可能成功的目标来代替，"失之东隅，收之桑榆"，说不定还会为自己的潜能和心境开辟一块新的广袤天地。

——《对失恋大学生异常心理的疏导与调适》（刘朝晖，《教育与现代化》2008 年第 2 期）

第三节　调整心态　拥抱生活

一、发掘自我价值

人生价值包含自我价值和社会价值。自我价值主要表现为自身对物质和精神的需要满足程度。自我价值是个体生存和发展的必要条件，人生自我价值的实现是个体为社会创造更大价值的前提。个体的人生活动不仅具有满足自我需要的价值体系的个体属性，还包含满足社会需要的价值体系的社会属性。由此可以看出，人生价值的实现离不开自我价值的提升，而自我价值的实现离不开社会环境。在失恋之后往往会陷入自我怀疑，认为自己一无是处，而要彻底摆脱这样的消极情绪就要发掘自我价值，接纳自己、认可自己、欣赏自己。

（一）提升自我价值感

失恋之后,尤其是结束一段长久的亲密关系之后,我们会在一定时间内处于自我价值感低的内心环境内。这也就解释了为什么失恋的人常常对周遭一切事物都毫无兴趣,甚至面对新鲜事物的第一反应是选择逃避。要想真正走出失恋阴影,开启新生活的第一步就是要提升自我价值感。从社会学角度讲,自我价值不能简单地通过社会地位、取得荣誉、利益创造等作为衡量指标,而是最大可能地满足社会需求。所以自我价值感的实现需要发掘自身优势,将自身优势应用于社会关系之中来为他人、为社会做出贡献。

明辨

实现自我,提升自我价值感

"自我实现"是一个经常使用的词语。其含义就是"充分、忘我地去体验,全身心地投入其中",它完全抛弃了自我意识。自我实现(或者说自我成就、自我完善)的过程,就是一个不断选择和放弃的过程,我们可以选择一种焦虑不安的生活,可以选择舒适,也可以选择不断进步或是裹足不前。追求进步,才意味着自我的实现。

在这一过程中,有一些步骤是必须的,这包括倾听自己的声音,对自己坦白,对自己负责。自我实现的过程,就是他逐步渗透自己人生、明确自己使命的过程;只有认真倾听自己声音的人,才可能做出明智的选择。如果是自己的愿望,即使不便为外人道,即使为千夫所指,也丝毫没有必要畏缩不前。

自我实现是一个不断往前挺进的过程,它要求我们必须调动我们的脑细胞,意味着我们要经历长途航行,才能达到成功的彼岸。

自我实现又是一个逐渐了解自己,包括了解自己的喜好、憎恶和前进方向的过程。自我实现的人是那些基本需求已经得到满足的人,他们现在所拥有的,是仁爱、自尊和受人尊敬。

——《发现自我与设计自我》(凡禹主编,北京工业大学出版社2004年版)

（二）提高个人生命力

1. 正确认识生命

生命是什么？在生物学范畴下，人的生命是肉体与精神的统一整体。人与动物的最大区别是人具有精神生活，但人类的一切社会活动都离不开肉体生命。人的生命离不开生命道德，生命道德的最基本的核心内涵就是关爱生命。

个体生命在生命历程中不断地与外界发生关系。这种双向关系相互交织。一方面，生命可以向内纵深，表现为审视自我，挖掘潜能；另一方面，个体生命向外延展，表现为融入环境，扩大视野。生命在双向关系中的生长与完善主要借助于生命体的体验来实现，人对于生命的意义追求也由此实现。

2. 学会自我包装

如果用成语来形容生命力强劲，你会想到什么？多数人会想到"生机勃勃""坚持不懈""精力充沛""风华正茂"等。从这些成语中我们可以感知到积极的生命力的外在表现就是良好的外在形象。不少失恋的同学在没有告知外界自己感情状况时也很容易被问道：是不是最近失恋了？就是因为因失恋导致的外在形象的变化。

在社会关系中，人的外在形象是给他人的第一印象，通过积极得体的着装打扮也是向外界传递自身气质和状态的一种方式。外在形象是一个无声而有效的名片，它是一个人气质、性格、处事方式和内心世界的外在表现。

拓展

自我如何呈现：人格魅力与情感感染力的培养

1. "编曲式"个人形象的建构

基于客观数字指标的审美标准在很大程度上是建立在美学意义上的，而非自然与健康标准。现代消费文化背景下，青年群体追求体验与精致，在这一过程中便出现两种呈现方式：一种强调真实表现；另一种注重"前台"表演式的自我实现形式。尽管这两种方式都是在展现自己的"在场"体验，都在暗示所发生的事情是直接真实的。但两种方式的区别在于第二种情况仅是让别人看见自己正在做的有趣的事情；第一种情况则是通过这些事情告诉别人自己的主观体验，即主体的特别感知和体会能否被一眼看出。

2.“独异型”身体风格的发展

这里的“独异型”不是普遍与特殊意义上的,而是强调有自己的审美和叙事,且这种审美和叙事主要是建立在生活方式层面的。以竞争为核心原则的现代社会,个体为发展和实现自我,要对自己进行全方位的提升,包括对身体的管理。其中,个人为维护外形所做的努力可以看作自我优化的方式,它不是单纯以标准审美为目的的。个人外形在一定程度上能够反映其个性和特征,个性与外形相吻合既能展现真实的自我,又能建立属于自己的风格。

3.“社会性”情感感染力的培养

在社会互动中产生的吸引力是可以发生在情感层面的,即主体渴望在情感上被打动,也渴望在情感上打动别人,这种共情使自己能被看成是有吸引力的。这里可以借用柯林斯“情感能量”概念的部分内容。情感能量是一个“连续统”,“从高端的自信、热情、自我感觉良好,到中间平淡的常态,再到末端的缺乏主动性与消极的自我感觉”,且这种情感能量具有社会性特征。他认为情感能量是一种重要的“驱动力”,“高度的情感能量是一种对社会互动充满自信和热情的感受”。若在与其他主体或群体的互动中得到充分的情感力量,个体在这一过程中也可以找到良好的自我。

4.“沉淀式”内在美的追求

对个人内在美的强调并不是要否定对美的外在表现的追求,而是要将二者统一。内在美指向人的内心世界,是人的思想、品德、人格等内在素质的体现。和外在表现相比,内心沉淀出的美可能不会被一眼看出,但是经由内在美形成的吸引力却更持久、更深刻。美丽的容貌、精致的外表可以被视为一个附加项,但不会也不应该是一种指标。对美的更高追求是内在美,是发自内心的、心灵上的美。内在美也是自我探索、发展自我和实现自我的关键。

——《审美与自我呈现:青年女性容貌焦虑的深层逻辑》(刘燕,《中国青年研究》2022 年第 5 期)

3.提高内在涵养

涵养是指一个人的品质、道德、气质以及对待生命、生活的感悟等,是一个人经过锻炼和培养达到的内化水平。

首先要养成终身学习的好习惯。在科技突飞猛进发展的当下,每个人所学的专业领域知识是走向社会体现社会价值的基础,大学校园拥有十分广泛的专业知识学习途径和资源,大学生应珍惜在校时光,将专业知识掌握扎实,为今后就业提前做准备。除专业知识外,通识教育也需要重视,通识教育能够使人成为一个全面、有活力、富有创造性的人。通识教育实则是通才劝人教育,包含科目类型众多,比如历史、政治、数学、科技、音乐、美术等,这些知识的学习有助于培养知识视野、国际视野和历史视野。

其次要学会净化心灵减少杂念。欲望可以刺激人行动,令人产生向前的动力,但过剩的欲望就会令人迷失自我。大学生爱情也是如此,既想要对方时刻常伴体贴,又想让对方处处优秀;既想要对方懂事听话,又要求对方独立不依赖。大学生处在爱情观逐渐成熟的阶段,面对周遭不同的信息输入极容易在爱情中迷失自我,产生过多的欲望。实际上,相伴长久的爱情需要两人目标一致,而日常生活中的细节要求应该及时沟通,化解矛盾。

最后要锻炼思维,学会辩证分析问题。在被动结束一段感情时,许多人都会不停地追问对方"我到底哪里不好""我做错了什么"。尽管已学过马克思主义辩证法,但能真正运用到生活,解决生活中遇到的问题的人并不多。事物的发展是螺旋式上升的,其内部的矛盾性促进了事物的发展。而人的认识也应面对环境的变化不断地调整,学会辩证地分析问题。

(三)不断超越自我

心理学中对于超越的解释是:当你选择这样一种生活时,必须用尽全部的决心和精力去为自己争取这样的生活;要义无反顾地走下去,无论面临怎样的阻碍,都能够凭借百折不回的意志力,克服所有的困难完成最后的目标。超越,既是一个过程,更是一个结果。

提高个人生命力的本质实则就是在不断认知自我、提高自我的过程中认识自己的无限可能性,不断收获自我满足、提升自我认可、逐渐欣赏自我的过程,也是不断修正自我想法、清晰自我目标逐渐成熟的过程,更是走出失恋阴影,拥抱新生活成就全新自我的实践过程。

个人如何成长?真正的成长发生在超越自己的时候。这就是世界和生活的美丽之处,我们有能力超越自我。超越自我更多的是对自我的关注,应该明白自我的进步是相较于过去的自己,而不是过度地在意外界的肯定。

二、广泛培养兴趣爱好

(一)走出舒适圈,勇于尝试新鲜事物

生命是需要体验的。去发现一本好书,做一件有趣的、真心想做的事情,尝试另一种全新的方式,等等,所有这些经历都会令人发现,生命中还有许多没有触碰的美丽角落,有尝试,才会有发现;有发现,才会有惊喜。

当置身于丰富多彩的社会中,置身于一众新鲜事物中时,置身于一项富有挑战性的活动面前时,才会体验到一种来自内心深处的生命的涌动。积极地投入生活可以让生命更加丰满起来,从而让生命充满智慧、充满希望、充满快乐。

(二)贵在坚持,遭遇挫折不轻易放弃

每个人的一生不总是一帆风顺的。挫折并不可怕,正向地积极地处理不愉快的生命体验,很可能给予我们某些生命启迪或生命智慧,至少也可以磨炼生命中的某些品质,具有正向的价值。很多时候,放弃很容易,这是很容易就能做出的选择,但这样真的对吗? 很多时候我们都需要反思,如果坚持到最后会怎样? 每个人都会有这样的体验,当我们想放弃的时候,努力一把,坚持一把,事情往往会有转机。当我们真的坚持下去,挫折也就不是挫折了,内心会得到极大的满足。这种满足也能正向反馈给我们,让我们更有自信地去面对生活中别的问题。

(三)学会自律,每天制定一个小目标

人必须有个正确的方向。"凡事预则立,不预则废。"如果没有一个明确的方向,往往会耽误宝贵青春年华。时间不等人,不能总想着明天再做,"明日复明日,明日何其多",自律是靠每一天养成的,甚至从现在开始就在形成。

拓展

奥德赛计划

在设计人生时,最有效的一个方法就是设计多种人生计划。现在,请你想象一下,然后写出未来5年的三个版本的人生计划。我们将这种方法称为"奥德赛计划"。只要你做了计划,就已经获得了三种完全不同的、完全可以维持生活的工作机会。我们

之所以称之为"奥德赛计划"，是因为人生就是一段漫长且充满风险的历程，有希望、有目标、有帮手和爱人，也有敌人，未知风险和好运并存。旅行开始时，我们会做好计划，随着时间的推移，生活中遭遇的一切会——展现在我们面前。随着我们不断前进，好事、坏事融合交织在一起。《奥德赛》是古希腊大诗人荷马的代表作，该史诗讲述了奥德修斯海上漂流的故事，作者借此隐喻人生如一场探险。

不要把你的"奥德赛计划"看成"计划 A，计划 B，计划 C"——计划 A 非常棒；计划 B 是个不错的选择；而计划 C 你完全不想采用，但在无可奈何的情况下，你也可以勉强接受。每一个"奥德赛计划"都应是计划 A，因为它是你真正的渴望，有可能实现"奥德赛计划"就是潜在的可能性草图，它可以激发你的想象力，帮助你选择前进的方向，让你开始原型设计，推动你的人生。

第一种选择——你已经在做的事。你的第一个计划应着重放在你已有的想法上——它也许是你当前生活的延展，也可能是一个你头脑中已酝酿很久的一个好主意。总之，就是你已经拥有的想法——这是一个很好的选择，非常值得引起你的注意。

第二种选择——如果你突然无法从事正在做的工作（第一种选择），那么第二种选择就是你想要做的事。这是常有的事情，因为一些类型的工作会突然没有市场。

第三种选择——在不考虑金钱和形象的前提下，你想做的事情或者你想过的生活。

——《斯坦福大学人生设计课》（［美］比尔·博内特、［美］戴夫·伊万斯著，周芳芳译，中信出版集团 2017 年版）

三、认真对待下一段感情

分手之后产生失落、绝望的情绪很常见，但重要的是如何面对和处理，而后继续前进。值得庆幸的是，爱所到之处必有痕迹，即使没有回报，也会流回心田温暖净化相爱过的人的心灵。

如何开启新的生活，认真进入下一段恋情？需要记住以下几点。

（一）关注自我，将注意力集中于自身

刚分手的人往往会一遍又一遍地在脑海中重复他们认为本应该对对方说的话。不限于你应该做什么，而不是做了什么，你更应该如何反应，你应该反对什么，抑或改变什么。谎言、欺骗、不诚实或对方的冷漠可能会让你难以置信并无法接受。然而在以往共同的梦想和陪伴中,那些温柔、浪漫和快乐的时刻也会拉扯着你。

最好的解决办法是接受它已经发生这一事实,告诉自己你不是一个差劲或毫无魅力的人。可以反思可能犯过的错误,因为我们总能从错误中学到东西。同时说服自己,在这段亲密关系结束之后,自己会变得更强大、美好,并且和以前一样有魅力。

当有机会和一个有趣的新人约会时,需要确保你有一些特定的边界。首先,确定自己没有从上一段关系中背负任何沉重的情感包袱。其次,提醒自己喜欢什么,期望从一段重要的关系中得到什么。请多听听自己内心的需求。当你越来越多地投入新的亲密关系时,请把这一点放在关注的第一梯队。最后,不要因为上次失败的恋情而放弃底线。迷惘的时候不妨以旁观者的角度想一想,不要让对方以爱的名义来迫使你做出违背自己心意的事情。

（二）欣赏自我,从内心真正接纳自己

分手后,负面情绪往往会对你的身心健康造成影响。如果可以的话,这段时间可以适度放松一下。充足的睡眠,健康的饮食,尽量多的运动至少会使你拥有一个积极的面貌。

向支持你的朋友和家人靠拢,他们将是你在这一艰难过渡时期的坚强后盾。远离那些过于好奇和八卦的人。

尽可能多地参加社交活动。因为此时的独处很可能会产生太多的负面想法,以及担忧、恐惧和遗憾等情绪,使你钻牛角尖并陷入自怨自艾的无限循环。做慈善工作或参与感兴趣的项目可能是个好主意,有助于治愈伤口,并为结交朋友创造了新机会。试着找出那些能激励你、让你充满激情的东西,因为在一段深厚而紧张的关系中,这些东西往往会被掩盖。

（三）成就自我,把握感情机遇

大学生的年龄段对于"孤独感"的对抗十分强烈,对建立友谊或者爱情的亲密关系较为渴望。热爱社交的同学通常对于"孤独感"感受较少,对生活的热爱程度较高,能够通过社交有效治疗焦虑的消极情绪,也会收获友谊或者爱情。部分性格较为内向的同学也渴望社交,但总是顾虑较多。大学时期在完成课业学习后拥有较多的可支配的自由时间,扩大社交圈有很多种方法,要寻找自己与他人的共通点。比如参加兴趣社团,结识与自己兴趣爱好相同的朋友;参加同乡会,感受"他乡遇故知"的喜悦;课余时间进行社会实践,兼职或者实习,既可以对未来就业方向有所了解,积累就业经验,也可以在工作中遇到知心朋友,收获亲密关系。

思考讨论

1. 如何消除爱情中的自卑感？

2. 爱情中信念和执念的区别是什么？

3. 如何理性地认识失恋？

4. 失恋后如何减少情感消耗？

5. 你的自我价值是什么？

6. 如何做好准备开始下一段恋情？

扩展阅读

1. 郭永玉：《人格心理学：人性及其差异的研究》，中国社会科学出版社 2005 年 11 月版。

2. 金瑜主编《心理测量》，华东师范大学出版社 2001 年 8 月版。

3. 方刚：《拥抱失恋》，重庆出版社 2006 年 6 月版。

4. 王群主编《大学心理健康教育》，复旦大学出版社 2005 年 2 月版。

5. ［美］卡罗尔·德韦克：《终身成长》，楚祎楠译，江西人民出版社 2017 年 11 月版。

6. 高兆明：《幸福论》，中国青年出版社 2001 年 5 月版。

第九章 相识、相知与相守

【本章导读】

在人生的旅程中,相识是缘,相知是缘,相守是缘。每一份爱情,都是从相识、相知、相守一路走过来的。在茫茫人海中,两人相遇了;一个偶然的机会,两人相识了;生活中的点点滴滴,让两人相知了;有一天,两人相恋了;经历了人生中的风风雨雨,两人在一起相守了。相识于真,才能相知于心;相处于纯净,才能相望于透明;相守于珍惜,才能相伴于一生。就像那句歌词说的:"我能想到最浪漫的事,就是和你一起慢慢变老。"爱情的浪漫,就是一直守候和陪伴。

纤云弄巧，飞星传恨，银汉迢迢暗度。金风玉露一相逢，便胜却人间无数。

柔情似水，佳期如梦，忍顾鹊桥归路。两情若是久长时，又岂在朝朝暮暮。

——《鹊桥仙·纤云弄巧》（宋·秦观）

第一节　相识

人之相交,源于相识,相识是一种缘分。因为有缘,才会相遇;因为有爱,才会心动。两人相遇,既是一种缘,也是一种温暖。邂逅一个人,然后相识,是一种唯美。人生,又有多少次的相遇,是刻骨铭心?无数次的擦肩而过,只为换取一次的回眸凝望。真情流露,才能感动于无声;风雨兼程,才能温暖于生命。以真诚换真诚,以真心换真心,方能走得更远。

一、相识是缘

在漫长的人生旅途中,我们遇见了形形色色的人,常常会在逐渐地相识中忘记了初次相遇时的美好。相反,有些看似不那么美好的相遇会在共同经历与互相了解中产生美好,让人忘却当时那些不愉快。相遇那一刻的感受并不会决定后续相处的感受。

也许我们会后悔某刻与他人的相遇,但对于一生来说,与他人的相遇除了有美好或不愉快之外,也锤炼和改变了我们。著名的犹太思想家马丁·布伯针对"相遇"这一问题进行了深刻的讨论,他将相遇看成"我与TA"的关系,一次的相遇背后是无数巧妙的时机才能够促成的。布伯发现人与人能够产生"对话"的可能性,也会出现"失之交臂"的可能性。所以,我们要认清相遇是你与这个人将会有一个阶段相处的可能,但这个阶段到底是几分钟、一个月、一年还是十年,都不会在相遇这一刻被定义。

相遇的时间与地点往往不可控,该如何看待?也许在爱情的路上,会有一些瞬间,让我们思考如果换一个时间、地点遇见会不会不一样?如果你是学生,有繁重的学业,面对美好的相遇,你感受到了阻碍重重,无法将这份美好延续下去。还有像罗密欧与朱丽叶,他们的身份限制了他们相遇后美好的延续。可真的是这样吗?相遇是一个契机,我们无法选择相遇的时间与地点,更或者是身份,但这并不代表我们不能选择相遇之后该如何相处。这也是我们所说的,相识是缘,且是一种不能强求的缘。我们不能被初次相识时的美好欺骗,更不能被自己的想象欺骗。人在不同的成长阶段、不同的环境中所呈现的状态是不一致的,换个地点、换个时间的相遇都是不成立的。在这阶段的相识之中，也许你得到了对方的帮助，又或者对方给了你一个灿烂而又值得回味的笑容；而在另一个时间与地点，也许对方很匆忙没有发现需要帮助的你，也许对方心情不好那一整天都没有笑容。缘值得珍惜，但缘却不该通过假设让我们认为存在着其他的可能。

一些文学作品及戏剧作品刻意地美化了相遇时候的美好，淡化了相识后的不同与不理解。相遇是一瞬间，而相识需要时间和不断的沟通。相识当比相遇更上一个层次，也更为深刻。

缘分拉近了距离，缘分密切了关系，缘分增进了情感，缘分提高了效率。美好的相识是缘，值得我们去珍惜。真正美好的相识，也会让我们在相处的过程中变成更好的自己。

明辨

何为缘分？

"缘"有多种词义，其中"缘分"之义体现着其主要的文化意义。今天我们所用的"缘分"之"缘"，它的意思是"命中注定的机遇"，"人与人之间由命中注定的遇合的机会"。这种意思不是"缘"的原始词义，而是由佛教教义演化而来的。由于"缘"的词义适合于表达佛经中的某些概念，因而被当时的译经师在翻译佛经的过程中采用，作为佛教，尤其是佛教基本教义之一的"十二因缘"说的专用名词和术语。此后，随着佛教的广泛传播和佛教教义的逐步深入的传布，"缘"和其他的许多佛教用语大众化为日常用语。"缘"在由佛教用语重新大众化为日常用语的过程中，由于人们将对佛教"十二因缘"说的理解，凝练在这个词上，因而它又增加了"命中注定的机遇"的新的词义，并且这个新的词义迅速超过"缘"的其他旧有词义而成为人们使用最多的词义，成为"缘"的主要应用词义。"缘分"一词的出现晚于"缘"的由佛教用语重新大众化为日常用语，它是有上述新的词义的"缘"的通俗化。

——《浅析"缘"与"缘分"的文化意义》（白宏钟，《南开语言学刊》2004 年第 1 期）

二、相识是擦出的火花

(一)是什么让我们擦出火花

相识不会只有一个版本,相识会让你与对方擦出不一样的火花。自古至今吟诵相识相爱的诗句数不胜数,千古流传的爱情故事也比比皆是。到底是什么魅力藏在相识中?

与他人相识的过程,事实上是打开自己,切换到他人视域的过程。对于同一件事,有时两个人的看法是一致的,有时两个人的看法是不一致的。在一致时,我们会感受到互相的理解与认同,甚至会认为自己与对方存在着不言而喻的默契。在很多时候,似乎两人的感受已经不言自明,两人的沟通甚至只需要一个眼神或一个细微的动作,对方就能知晓你的心意。在这一过程中,对方已经被贴上"自己人"的标签。这种相同的感受让我们在短时间内与对方熟悉起来,就像了解自己那样也很容易了解对方。

但在意见不一致时,我们则试图通过对方给出的结果,去寻找对方观察问题的角度。在模拟对方观察角度的过程中,也许不能立刻理解对方,但是在试图理解对方。这时,我们的认知会被打开,会看到不一样的世界。新鲜事物的出现,总会给我们带来新奇感,在这一事件中另外一个"世界"的出现,会使我们迫不及待地想知道,在其他的事件当中,存在着什么样的所未知的世界。

当然,很少会出现我们与对方的观点完全一致或者完全不一致的情况。通常来说,这两种情况是交替出现的。但这并不影响我们对相识魅力的讨论,因为在看待某事件时,不管是一致的结果还是不一致的结果,都有足够的可能吸引我们,进而逐渐地层层递进。也就是说,相识的魅力在于两个人不断地在同一问题上对照自己与对方的答案。

(二)降低擦出火花的难度

大多数时候,每个人并不能完整且正确地表述自己的观点和看法,而且也不是每次都有机会对自己的观点和看法进行阐述。相比描绘自己的视域,直接赞同他人的视域与自己视域一致会更快些。有时观点并不一致,但是出于各种各样的原因我们最终选择了沉默。所以接收信号的那一方,往往接收到的并不是最准确的信息。在人与人的相识过程中,除了语言表述,还会有行动上的展现。当一个人的表述与行动展现出不一致时,对方便会产生疑惑。

相识需要的不仅仅是魅力，更需要足够的时间与深层次的交流。由于社会压力大，不少年轻人会说恋爱太难。事实上恋爱难中，很重要的一点就是在相识阶段。在这个阶段，我们没有足够多的时间了解对方，更规避了真正的深层次的交流。时间上的不同步造成了可能这会儿对方有空，但自己要忙别的；等到自己有空了，对方又在忙，自己面对的可能是不太走心的简短回复，也可能是遥遥无期的等待。此时我们不仅不会与对方擦出火花，更会开始对对方失去兴趣。单机模式下，我们无法让相识擦出火花。

约见则是快速同步时间的好办法，此时我们并不是进行约会，不需要考虑那么多。我们需要的是约出对方的时间，让对方可以把这段时间花在你身上，这样两人才有机会在这个过程中擦出火花。把单次的相遇变成相识，需要约见，也需要真诚真挚。你甚至可以将这一过程想象是说明书。相识的过程，就是在脑海中描绘出与对方相关的"说明书"，清楚地表明喜好、禁忌及可能出现的问题。当然在不少药品说明书上，我们也常常会看到"不明""尚未明确"的字样，所以也不必惊慌自己不够了解对方，或者是对方不够了解自己。这是很正常的，因为我们比药品复杂得太多。

带着自己的魅力，整理好自己的时间，我们就可以大胆地用真诚真挚的自己与对方擦出爱的火花了，这并不难实现。

三、相识由陌生变相许

（一）始终保持"相识"

真正的相识给我们带来的是信任感。凭借着对对方的了解，我们会在心里描绘出对方的样子，这里的样子并不是指对方的外貌，而是对方对待自己是怎样的。如果足够了解对方，有些人甚至可以描绘出对方对待某件事情是怎样的。这样会让对方获得我们的信任，这样的信任意味着两人关系的递进。相识的结果就是信任，有了最基础的信任之后，相识才将两个陌生人变成两个可以许诺未来的人。

在"我与TA"的关系中，可以划分为五类。当然，随着时间的推移和关系的削弱，相同的"我与TA"的关系会发生变化，且变化可逆。

第一阶段可以用"泛泛之交"来概括。在这个阶段，相识仅仅是指两个人见过面，谈不上了解但对对方是有印象的。在这一阶段，约见能够有效影响接下来的关系进展。

第二阶段可以用"普通朋友"来概括。这一阶段中两个人有了初步的了解，能够相对自如地进行会话,或者讨论。想要更进一步发展下去,除了见面之外,也需要有意识地去主动了解对方才能推动关系的升级。

第三阶段可以用"熟人"来概括。此时两个人已经没有初识时的心理防线,也会更加舒适地展现自己相对真实的状态,进入这个状态后,加速两个人感情升温的就是这种舒适状态下自己与对方展现出来的魅力。此时想要更进一步,需要的就是用心。

第四阶段可以用"知音"来概括。当两人的关系由熟人关系进入此阶段时,其实已经存在了信任,但此时的信任仅仅是信任的萌芽,这个阶段是基于第三阶段的了解后,两个人给予对方反馈"我了解你是怎样的人"。在越来越多这样的反馈下,双方会习惯性地与对方分享。因为互相了解,所以与对方沟通已经变成容易的事,进入下一阶段也是自然而然的事。

第五阶段可以用"信任"来概括。在这一阶段中,两个人的感情已经有了一定的厚度,关系也从"陌生化"变为了"拟亲化",并且可以感受到对方与其他人在自己心中的位置是不一样的。

相识所承载的变化就是这五个阶段的变化过程,当然这也是理论上的。实际上,随着交往时间的推进,"我与TA"的关系不仅仅会单向增长。"侯门一入深如海,从此萧郎是路人"这句诗就描绘了即使到达了相恋的程度,但最终还是回归到了第一阶段的关系中。所以,相识并不是一个一次性的任务。人是不断变化发展的,相识贯穿整个关系的始终,"士别三日,当刮目相待"也说明了这个问题。我们总习惯性地用旧有的模式去判断对方,但却习惯性地忘记了即使是日日相处,对方与我们也都在悄声无息地发生着变化。不能因为我们感受到已经足够了解对方,就放弃了保持"相识"的状态。

(二)相识是两个人的相识

良好的相识状态绝非仅靠一个人来维持。当一个人始终保持着相识的状态,而另一人已经关闭了自己的相识状态,就会出现一个人很了解对方,依然判断与对方处于很好的关系阶段,进而使这段关系发生另一种形态的畸形。

不断地在相识状态中展示自己的变化也是非常必要的。你会问,为什么是我来展示,而不是对方保持着"相识"状态来了解自己呢?就像前面说的,保持状态是很重要的,但很多时候发生变化这件事只有你自己知道。就像上面的例子,如果不是在两人的相处中,发生了吃到虫子事件,对方就不会在第一时间知道。此时你也没有说出自己喜好的变化,或者是你很忙忘记了,最后压根就没有和对方说这件事,那对方即使保持着"相识"状态也不会在第一时间感受到你的新变化。事实上,发生变化的人,在绝大多数时候是掌握主动权的。虽然我们握有这样的主动权，可我们往往意识不到。

所以，还需要学会一项技能，才能更好地帮助我们让相识从陌生走向相许，那就是包容。我们需要在给对方"升级"后，允许对方不能完全准确地了解自己。此时你一定有很多例子，是自己已经无数次地强调过，但是对方依然不记得的瞬间。当然在这种情况下，你有权选择给对方"降级"，也可以选择包容对方。就像有时我们无法准确地记住每一个公式或每篇课文一样，虽然老师已经讲过很多遍，但是我们考试依然做错。我们也会有记不住的时候，也会有状态不好的时候，无论怎样去强调，都不能保证每个人每天都是最佳的状态。如果这些让你很介意，事实上这不是相识或者包容出现了问题，而是你无法接受你们的不同。我们常常以自己为标杆，认为在这段关系中，自己能做到的，对方也可以做到。通常在恋爱关系里，当我们坚持用自己做参照物，也就意味着让对方去做就够了。但要知道，即使是两个人也仍然存在多样性和差异性。问题的根源并不在于以谁来做标杆，而是基于这一点，两个人能够接受的平衡点在哪里。这才是通过"相识"能够为这段关系所解决的问题。

拓展

模范夫妻——周恩来与邓颖超

相 识

周恩来和邓颖超是在 1919 年反帝反封建的五四运动中相识的。那时，在北洋直隶第一女子师范读书的邓颖超，是"女界爱国同志会"的讲演队长。这支女学生讲演队是天津爱国斗争中活动活跃、影响突出的一支宣传队伍。刚从日本留学归国的周恩来，是《天津学生联合会报》的主编。报纸在周恩来主持下，立场鲜明，抨击时弊，揭露反动政府的卖国阴谋，宣传反帝爱国思想，在京、津、保等地声誉鹊起，日销最多时达 2 万余份。这在当时是一个不小的数字。

随着爱国运动的不断深入，为了加强斗争的力量，马骏、谌志笃、周恩来、郭隆真、刘清扬、邓颖超等 20 名青年男女，成立了天津学生爱国运动的核心组织——"觉悟社"，并出版了不定期刊物——《觉悟》。由周恩来执笔的《〈觉悟〉宣言》，举起了"革心"（对主观世界的改造）和"革新"（对客观世界的改造）两面旗帜，表达了中国先进青年在十月革命启发下，彻底反帝、反封建的革命要求，也体现了"五四"时期革命青年"努力向'觉悟'道上走"的进取精神。

在天津爱国学生运动中,周恩来与邓颖超都是冲锋在前的勇士。在觉悟社内,他们又都是志趣相投的战友。照常情,青年男女,特别是志趣相投的青年男女,在相互交往中相互爱慕,是自然之理,但那时,周恩来与邓颖超这两颗充满激情的心,却丝毫没有心思去顾及个人感情。他们一心一意忙着救国,忙着斗争。那时,社会上封建思想还很严重,对于男女之间的社交,"道学家"们攻击尤烈。觉悟社的社员们懂得,他们的行动,是对流言与诬蔑最有力的回答。因此,他们为了斗争,都更加严格地克制着自己的感情。

定　情

1920 年 11 月 7 日,法国邮船"波尔多斯"号由沪启航。在四等舱里,坐着 197 名赴法勤工俭学的学生,其中就有来自天津的周恩来、郭隆真、李福景等。他们是到巴黎公社的故乡去进一步探求救国救民的真理。

留在国内的邓颖超等觉悟社社友,则开始走向社会。邓颖超到北京师大附小当了教员。

他们虽然相隔云山万重,但却从未间断彼此的联系。凭着鸿雁传书,他们交换着情况,交流着思想。邓颖超把她们在国内组织"女权运动同盟"直隶支部、成立"女星社"、出版《女星》旬刊、创办《妇女日报》等战斗消息,不断写信告诉国外的社友;周恩来从法国寄来的"旅欧中国少年党"的油印刊物《少年》《赤旗》,也使邓颖超等国内社友耳目一新。特别是周恩来撰写的那些学习马克思主义著作的心得,对工人运动中各种错误思想的批判,以及对国内政治经济等问题的分析的文章,常使国内社友读后有顿开茅塞之感。

与此同时,国内社友还收到了由周恩来、郭隆真等编辑出版的油印刊物《觉邮》(即"觉悟社的邮箱"之义)。《觉邮》专登觉悟社社友彼此来往讨论问题的信件。受国外《觉邮》的启发,邓颖超等也在天津《新民意报》的副刊上,出版了不定期的《觉邮》专刊。在国内《觉邮》专刊第一期上,便刊登着 1923 年 1 月周恩来给逸豪(即邓颖超)的信,谈的是德法问题与革命。

觉悟社社友之间的通信,讨论的都是革命与斗争。但在信件之外,国内社友们还常会收到寄自法国的画片或贺年片。其中许多是周恩来寄来的。他曾在卢森堡、李卜克内西被害四周年之际,给社友寄来了他们两人的相片,并在信里联想到被军阀惨杀的社友黄正品(即黄爱)的"血祭"日子;他也曾在 1922 年底趁友人回国之便,给已转到天津教书的邓颖超带去了一张附有题诗的贺年片。虽然许多社友都曾收到过周恩来寄来的信与画片,但唯独邓颖超收到得最多、最频繁。据廖似光大姐说:"那是些漂亮的画片。邓大姐有一个相本哩!"1983年，邓颖超参观《周恩来同志青年时代在津革命活动纪念馆》，见到周恩来由法国寄给南开同学的明信片时也说，这样的明信片，她有100多张。

觉悟社的社友在一次通信中曾高兴地写道：我们大部分社友都站到马克思主义的旗帜下面了。确实，他们在共同追求、探索真理的过程中逐渐成长了。而在周恩来与邓颖超之间，更由于为共产主义理想奋斗的共同信仰与决心，使他们那种亲密的感情也逐渐成长了。他们就是在这种纯真的、志同道合的通信中定情的。

——《模范夫妻——周恩来与邓颖超(一)》(方铭、成也竞、郑淑芸，《瞭望周刊》1985年第9期)

第二节　相知

人之相识，贵在相知。人之相知，贵在知心。相遇靠缘，相知靠真，相知的感觉最美丽。相知是一种体贴，念你所思，忧你所忧。彼此相知，就像悠悠无声的流水，温柔绵长。相识要坦诚，以诚相待才能倾心倾情；相处要真心，以真心相对才能以情暖情。最好的感情，是相顾无言，却彼此相知。

一、相知是两颗心的沟通

沟通是指人与人之间的信息交流，可以通过语言，也可以通过行为。良好的沟通给情侣关系带来温情，给僵化的关系以新的生命力。如果感情是正面的，关系就会提升；如果感情是负面的，双方的亲密度就会下降。因此，情侣间要掌握有效沟通的好办法。

（一）差异

日常生活中，经常可以看到情侣之间沟通不畅而闹矛盾的情况，这是由于男女在谈话方式和风格上有各自的特点。如果不了解这个差异，就会误认为对方不理解、不体贴自己,严重的更会认为彼此之间无共同语言而导致分道扬镳。因此,只有双方都了解其中的规律和原则,才可以进行更有效的沟通。

一般来说,男女沟通不良的原因大致有以下几点:

首先,思维方式不同。通常,男性言行讲究目的性,而女性注重互动与关系。男性的思维方式是问题取向,而女性则看重关系取向。其次,语言能力差异。"语言能力和说话表达机能占女性大脑中的很大部分,女性有着善于表达的欲望和能力,而男性在这方面则逊色多了。"因此,男女沟通上的这些障碍与爱情本身关系不大,更多的是与生理、心理特征有关。再次,表达感情的方式不同。女性总是愿意将思想感情表达出来,与别人共享,体现出亲密与关怀;而男性认为谈话是为了交换信息,习惯于将情感留在内心深处,体现出含蓄和深沉。最后,谈话风格不同。女性往往不如男性说话那般强硬,她们的言语风格更为间接和具有试探性。比如女性会使用更多模棱两可的话来缓和她们的主张——"我还是有点儿感兴趣的""好像是那样的"。

(二)沟通的障碍

1.绝对化要求

在情侣的对话中,常常可以听到"你应该""你必须""你本来就要"等字眼。在沟通时,这些字眼通常带有没得商量的意味。因此,经常使用这些字眼,会让对方感觉到你只是在传达你的结论,而不是在和其沟通。长久下来,会让对方感到沟通的阻碍。因为自己的意见无法提出,不被尊重,因而产生内在的抵抗,两人的心理距离因此愈趋遥远。

2.以偏概全

结怨的情侣很容易给对方扣帽子,对方做了不如己意的事,就会以这件事来给对方下一个结论,全盘否定。例如,情侣之间经常指着对方说"你从来不会替我想""你这个人就是这么霸道"等,这种指责常让人很受挫,即使想改进,也会力不从心。使用这种语言的人通常是累积了很多的感受和未说出的想法,于是使用过分概括化的语言来否定对方。更严重的是翻出所有旧账,让对方有口难辩,于是,虽然占了上风,但是信任关系决裂了。

3.夸大错误

两人正处于热恋期时,经常会缩小对方的缺点,放大对方的优点。相处一段时期后,会开始期待对方的付出和承诺。如果在恋爱初期两人未充分沟通和调整,很容易因不满而放大对方的缺点,接着就抱怨对方像是变了一个人。其实,发生改变的通常是我们看待事情的角度。当我们只看缺点而忽视优点时,失落感就会出现了。

4.任意推断

当心中充满不满时,看对方的眼光就会蒙上一层纱,有时对方只是无意的行为,都会把它想成是故意的。例如:"你明知道我不喜欢……你却故意……你存心惹我生气,是不是?"当对方是无意的却被说成故意的,心中也会燃起一把火,于是"战争"就很难避免了。不管对方是有意或无意,在了解事实之前妄下结论,对沟通是没有帮助的。

(三)有效沟通的好办法

情侣之间驾驭感情的轻舟,驶向甜蜜的爱河,这是建造幸福大厦的支柱。情侣的感情沟通,则是保持良好关系的重要途径。情感沟通,既是一门艺术,也是一种技巧。

1.爱要清楚地表达出来

由于原生家庭和生活环境的不同,每个人的价值观、生活观、爱情观都会各不相同。充满差异的两个人不可能每时每刻意念都相同,当对方没有感受到你内心的想法,或者对方的理解不是你要表达的意思时,此时一定要清楚地表达出你的真实想法。不要想当然地认为你们的情趣、爱好一定相同,要学着用敏感的内心来探索对方的内心世界,爱会在和谐的关系中得到升华。

2.倾听是最好的尊重

听不等于倾听,倾听是爱,倾听更是尊重对方,只有倾听才能更好地交流。在两个人的世界里,任何时候都应给予对方表达自己思想、感情的权利。不管自己能否接受对方的话,都应该积极、耐心地去倾听。

①全神贯注地倾听,不要心不在焉。

②用感情去倾听,而不要论断。

③不要打断对方说话。嘴巴闭上时,话语听得最明白。

3.掌握情侣争吵的诀窍

适度的争吵是减轻心理压力和感情沟通的一种方式,但情侣间的争吵要讲究诀窍。须知,温情柔意的争吵是两人恩爱的催化剂。情侣争吵要"三忌":一忌揭短。揭短是侮辱对方人格的表现。二忌妄评道德。妄评道德,是贬低人格的做法,万不可取。三忌算总账。算总账会在对方心灵深处留下不易磨灭的伤痕。

掌握情侣间的争吵艺术,可以使良性争吵变为两人恩爱的转折点,也可以使恶性争吵转危为安。

4.克制表达负面情绪

快乐的事可与对方分享,不快的事,尤其是对方带来的不快,不可口无遮拦地随意发泄。"不要认为对方是自己人就可以随心所欲,愤怒会令声带拉紧,而爱则会令之松弛。"还要注意与对方讲话时的声调。当听到一个平静柔和的人说话,我们的心情也会是平静愉快的。可见,要让对方喜欢听我们所说的话,重要的不是说什么,而是我们说话的语气声调和方式。

拓展

非暴力沟通模式

1.诚实地表达自己,而不是批评、指责

(1)观察

我所观察(看、听、回忆、想)到的有助于(或无助于)我的福祉的具体行为:

"当我(看、听、想到我看到的/听到的)……"

(2)感受

对于这些行为,我有什么样的感受(情感而非思想):

"我感到……"

(3)需要

什么样的需要或价值(而非偏好或某种具体的行为)导致我那样的感受:

"因为我需要/看重……"

(4)请求

清楚地请求(而非命令)那些能丰富我生命的具体行为,

"你是否愿意……?"

2.关切地倾听他人,而不解读为批评或指责

(1)观察

你所观察(看、听、回忆、想)到的有助于(或无助于)你的福祉的具体行为:

"当你(看、听、想到你看到的/听到的)……"

(2)感受

对于这些行为,你有什么样的感受(是情感而非思想):

"你感到……吗?"

（3）需要

什么样的需要或价值（而非偏好或某种具体的行为）导致你那样的感受：

"因为你需要/看重……"

（4）请求

关切地倾听那些能丰富你生命的具体请求，而不解读为命令：

"所以，你想……"

——《非暴力沟通》（［美］马歇尔·卢森堡著，阮胤华译，华夏出版社2009年版）

二、相知是风雨中的包容

一段恋爱关系的建立与维持并非总是一帆风顺的，作为两个不同的个体，出现矛盾和冲突在所难免。然而冲突本身并非单纯有害于亲密关系，只有未解决的冲突才会强化情侣间的消极相互作用，因此如何解决冲突才是影响亲密关系发展的关键所在。

（一）引起冲突的原因

1. 亲密关系中的愿望

"每个人心中都有愿望……我们一生拼尽全力就是去实现自己心中长存的那份渴望，但有的时候我们会因为外界的一些阻碍被迫放弃自己一直追求的愿望。"此时，来自对方的情感的支持是维持双方关系的重要黏合剂，这种情感的支持主要体现为理解对方、给对方心理安慰。而当情侣间一方对另一方的理想追求持反对态度时，就很容易产生冲突。

2. 生活习惯的磨合

每个人都有自己的生活习惯，但在亲密关系中，由于感情的发展，双方的物理距离和心理距离会不断缩小，这时如果生活习惯不一致，尤其是当对方特殊的生活习惯在自己看来难以忍受时，往往在开始时会跟对方指出，但生活习惯伴随着一个人由来已久，很难一下子改变，长此以往，就会出现冲突。

3. 价值观念的磨合

很多人说，"三观"吻合，关系才能长久。其实，在亲密关系中，感情能否稳定、长久发展，很重要的一点就是价值观。"价值观是一个人对某一事物的观点看法，世界上没有两个人的价值观完全相同。情侣双方经常因为对一件事的不同态度看法而发生争执,这都是因为忽视了对彼此价值观的顺应而造成的冲突。"

（二）正确认识冲突

首先,情侣间的冲突具有普遍性。在恋爱过程中,随着两人相处时间的增加,互相之间的依赖程度越高,要协调的活动和任务种类就越广泛,冲突就越可能发生,在恋爱关系中不可避免。因此双方应在认知上接受恋爱关系中会产生冲突和矛盾的事实,拥有正确的心理基础,勇敢面对,积极地寻找协商和解的可能性,进而促成问题的解决。其次,情侣间的冲突具有特殊性。"情侣在正确地面对伴侣间冲突时,要深刻意识到自身矛盾的特殊性,即源自自身复杂的家庭、文化背景和性格特质的矛盾,在借鉴他人解决冲突经验的同时,学会区别于他人的冲突原因、经历和解决模式,创造适合自身的处理办法。"最后,需要指出的是,情侣间冲突的本质是双方个体的愿望和行动与对方的期望不相符或受到阻碍而导致的。因此在冲突中,情侣要通过自身实践促成冲突的化解,实现亲密关系的深化和恋情结构的优化固化。

（三）包容——感情生活的调和剂

没有哪一对情侣不吵架,但聪明的情侣吵了架反而更亲密,那是因为他们懂得利用包容这个感情生活的调和剂。情侣之间如何做到包容呢？

1. 情侣间要宽容恕人

宽容是海纳百川的大度与包容,是一种人生的智慧与豁达。要做到以下六点:要各自克制,多作让步;要有器量,不要斤斤计较,处处指责;要有理智,不要说过头话,伤害彼此感情;要多想想两人恩爱的时光,不要轻率说"断交""分手"等话语;要善于进行思想交流,不要火上浇油,激怒对方;要主动打破僵局,结束不愉快的"冲突",不要打"持久战",导致恶性结局。宽容润滑了彼此的关系,消除了彼此的隔阂,扫清了彼此的顾虑,增进了彼此的了解。

2. 遇事持静

第一,不要在气头上解释,越解释越生气。情侣之间难免会吵架,在对方突然生气的情况下,最好不要急着要求对方明白或解释什么。这个时候,应多观察对方的表情,站在对方的角度想问题,不要觉得自己没有错就硬要对方去理解你。

第二,转换注意力减少愤怒。情侣间发生冲突性话语时,如果听话者针锋相对,据理力争,那么这个冲突会更加激化。此时可以通过转移自己的注意力,让彼此有个空间冷静一下,比如去公园散散步,看部电影,听听歌曲。

第三,学会诙谐幽默。情侣间即将发生冲突性话语时,听话者如果及时就当时话题诙谐幽默地一笔带过,不仅能营造一个和谐的氛围,而且能使双方马上淡忘不愉快的冲突开端。

3.要随和、礼让

《古今医统大全·杂著类》载"和气汤"云:"先用一个忍字,后用一个忘字,右二味和匀,用不语唾咽下,此方先之以忍可免一朝之忿也,继之以忘,可无终身之憾也。"情侣相处要以宽忍为怀。两人发生口角,多数没有根本的利害冲突,为何不能忍让呢?因此,当一方"无礼"时,另一方应理智地让步,暂且退避三舍,另一方的怒气自然就会"冰消雪化"。

明辨

包容是什么?

包容是肯定自己,
也承认他人;
是一种善待生活,
善待别人的境界。

人生最大的修养是包容。
它既不是懦弱也不是忍让,
而是察人之难,补人之短,
扬人之长,谅人之过,
而不会嫉人之才,鄙人之能,
讽人之缺,责人之误。

包容是肯定自己,
也承认他人,
是一种善待生活,
善待别人的境界。

在包容的背后,

蕴含的是爱心和坚强，
是挺直的脊梁，
是博大的胸怀。

心若计较,处处都有怨言；
心若放宽,时时都是春天。

人活一世,
最重要的是心灵的安稳和平静,
何必跟自己过不去。

心宽一寸,路宽一丈。
若不是心宽似海,
哪有人生的风平浪静?

有些事不管我们愿意不愿意,
都要发生,
有些人不论喜欢不喜欢,
都要面对。

人生中遇到的所有的事、所有的人,
都不是以我们的意志为转移。
愿意也好,不喜欢也罢,
该来的会来,该到的会到,
没有选择,无法逃避。

我们能做的就是
面对、接受,处理、放下,
调整好自己内心,
用善良、爱心感染生活,感染人生。
——《包容,是人生最大的修养》(中央电视台中文国际频道官方帐号,2017 年 9
月 15 日)

三、相知是难舍中的眷恋

"爱情归根到底总是理智的感情，热情慢慢降温，爱的潮水消退，激情交往中发生的各种矛盾和不适渐渐凸显放大。"这时，如何保持这份爱情，需要智慧和勇气。爱到深处是无言，情到深处是眷恋。用心呵护的情，淡久生香；用爱铺出的路，虽苦也甜。情不语，用行动体现；爱不言，用心珍藏。

（一）执着

人们常常会执着于未得到的和已失去的。有歌词写道："得不到的永远在骚动。"人就是很奇怪，得不到的永远是最好的，但其实很多时候，自己所认为的喜欢并不是喜欢，而只是因为心中的那份执念。执着只是因为没有得到对方，心里有太多的不甘心，让人误以为是喜欢，正是那份未知，吸引着人们飞蛾扑火，义无反顾。

有些人一旦爱上一个人，便会有很持久的爱。他们认为，一旦放弃自己喜欢的人，恐怕再也找不到比现在更好的。可能是因为心中的执念，也可能是因为对方没有将拒绝摆明，在话语中保留了一点点的感情，这更为自己继续一段单方面的关系增添了勇气和不确定性。你对一个人有一个好的印象，可能对方的一个不经意间的举动和言语，让你产生了一些误会，随着时间的流逝，你会深深地陷落下去。对于对方来说，他可能并不知道这些行为会给另一个人带来这样的感情。这种感觉是错位和不对称的。也许有一天，通过一件小事或一个暗示，你终于看清了你喜欢的人不是你认为的那样，但在这之前，你被困在你自己创造的幻想中。

此时在大多数人的心中，不愿相信自己探索的这条路，不愿辜负自己这么长时间的情感输入，感情使你充满勇气，你迫不及待地想要知道那个答案，所以你主动坦白。可能对于大多数人来说，即使他们已经知道答案，也想亲历一次，亲口对那个人说，我喜欢你。至少自己努力过、勇敢过，即使最后的结果不令人满意，也不会有遗憾。

（二）回忆

《海边的卡夫卡》中这样描述回忆："它从内侧温暖你的身体，同时又从内侧切割你的身体。"当我们在回忆时，往往是由一些瞬间组成的。一瞬间有多长？心理学家认为是三秒。我们经历的每一瞬间都把它称为当下。

对于未知，人们往往有一种恐惧感。对于当下，偶尔懵懂，偶尔清醒。对于过去的怀念,人们往往不是怀念记忆本身,而是怀念在当时场景下的自我或状态。当回忆时,紧紧拥抱着那一段过去,也许可以得到短暂的慰藉和虚幻的温暖,但实际上人们都心知肚明,世界上所有的拥抱,都将以分开告终。曾经的时光像一个美人,温柔娴静,敛眉颔首。当回忆往事时,仿佛在为她梳妆;她的眉目渐渐变得模糊,我们像一个笨拙的孩子,执拗地想为她描绘清晰,却怎么都做不好,越来越违背她的本性,只余一声叹息。

我们以为感情中那些轰轰烈烈、激情碰撞的情绪是最让人回味的,但失去后才猛然想起,那些简单琐碎的瞬间,才让人潸然泪下。恋情失败在所难免,总会有新人与新的际遇。相遇相知之后,渐渐地人们相爱了,也渐渐地忘记了原来的痛。在与恋人相处的日子里,两人细心地照顾彼此,似乎找到了久违的爱情,拥有了自己的幸福。人们相遇在每一个日出日落,共同经历喜怒哀乐。人们以为爱情就像一艘停泊在港湾里的船,不会有惊涛骇浪,却始终逃脱不了爱情的束缚遇险,困在使它快要失去氧气的泥潭里。

（三）眷恋

若爱,就不要随意放弃;若惜,就不轻易说别离。感情里,总会有分分合合;生命里,总会有来来去去。爱不是轰轰烈烈,而是平平淡淡;爱不是卿卿我我,而是体贴入微。不要给太多的誓言,只需要默默陪伴;不要说如何难舍难分,只需要一直都在。浓情岁月,让彼此在相惜相伴的流年里,携手一程心与心的邂逅。

思念无声,心在朝与暮;等待无语,情在晨与夕。有的人,见与不见,皆在心中;有些情,念与不念,都是温暖。情,不在拥有,用心珍惜,才能长久;爱,不在嘴边,挂念在心,方能相依。真心爱你的人,不会因为你的冷落而离开;不属于你的情,不会因为你的挽留而留步,爱到深处是无言,情到深处是眷恋。

拓展

马克思与燕妮让人动容的爱情

每一个了不起的男人背后都有一个伟大的女人。对马克思而言,这个伟大的女人便是燕妮。

燕妮大马克思4岁,贵族出身。两人青梅竹马、日久生情,在马克思18岁那年,秘密定下了婚约,并在相恋7年后步入了婚姻的殿堂。

当时的马克思与燕妮门不当户不对,还是异地恋、姐弟恋,所以他们的爱情遭受了各方面的阻力。但马克思是个一旦决定便坚定不移的人，不论是在爱情还是终生的事业上。

他在大学期间曾写下三本爱情诗献给燕妮，表达自己炽热而真挚的情感。

"燕妮　任它物换星移　天旋地转

你永远是我心中的蓝天和太阳

任世人怀着敌意对我诽谤中伤

燕妮　只要你属于我

我终将使他们成为败将"

而燕妮也情真意切地传递自己的爱意：

"我甚至想象

如果你失去了右手

我便可以成为你必不可少的人

那时我便能记录下你全部可爱的绝妙的思想

成为一个真正对你有用的人"

直至他们婚后数十年，这给对方写信的习惯也依旧没有改变。

但生活既然有酸甜，也必然会有苦辣。

1849 年，马克思因为致力革命事业，在欧洲大陆已无容身之所。最终与临近产期的燕妮和三个孩子来到伦敦。

几经搬迁后，马克思一家七口在人流混杂的索荷区安顿下来，勉强挤在狭小阴暗的房间。尽管生活困苦，但马克思仍帮助了许多革命者，燕妮也非常支持。

许多初见燕妮的人，便感觉她"与众不同"。一位德国工人领袖写回忆录时说，燕妮非常具有感召力，给了他精神上的鼓励。

马克思创作《资本论》时，身体每况愈下，疼痛难忍，有时只能卧床向燕妮口述文章。

因为马克思的手稿字迹难以辨认，所以燕妮常替他誊写手稿，她说这是她一生中最幸福的时刻。

初到伦敦那几年，由于极度贫困，连燕妮的陪嫁品都当掉了，但还是相继失去了 3 个孩子。

我绝望地跑到一个法国移民那里

请求他给我们一点资助

他非常友好地给了我两英镑

　　我用它买了一口小棺材

　　小女儿出生时没有摇篮

　　而死时差一点连安身之地都没有

　　　　——燕妮·马克思《动荡生活简记》

　　患难见真情。马克思没有放弃他的革命路,而燕妮也没有离开马克思。她用自己的力量去爱他、支持他。无论生活多么坎坷艰难,两人都患难与共,相濡以沫,正如通常结婚誓词里所说的"直到死亡将我们分开"。

　　晚年,燕妮患上肝病,卧床不起。马克思寸步不离地照料她,结果自己也病倒了。1881 年 12 月 2 日,燕妮永远告别了共同生活了 38 年的丈夫。

　　马克思这一生,离不开燕妮的支持与帮助。

　　她是他忠实的伴侣,是他坚实的后盾,也是一名非凡的女性。

　　——《时空对话·不朽的马克思④:马克思与燕妮让人动容的爱情》(中央党史和文献研究院、中央广播电视总台 2018 年 5 月)

第三节　相守

　　从古至今,人们都在期盼那种陪伴一世的爱情。"执子之手,与子偕老""始于初见,止于终老"是人世间最美好的事情。"这是一种并肩站立,共同凝望旭日东升、夕阳西下的感觉;是一种历经苦难、痴心不改的追求;是一种天变地变情不变的执着。"这个慢慢变老的过程,是两个人最浪漫的事情。

一、相守是执子之手

　　电视剧《倾城之恋》的主题曲《执子之手》这样唱道:执子之手,倾此生温柔,相随相守,无怨无尤;执子之手,一起抚平伤痛,让灵魂不再孤单,未来更宽广;执子之手,到世界尽头,相伴相扶,不悔不休;执子之手,一起遮雨挡风,让生命丰美安详,让爱更自由……世上的每一段爱情，都是从执手开始。手在爱情里，是岁月的延伸，是生活漫长的画卷。十指相扣，用最长情的告白陪伴彼此。

(一)初探

世界那么大，来来往往的人那么多，真正遇见的人却很少，能够坐下来听你说话、与你分享的人更是寥寥无几。对的人，对的时间，对的地点，以及一种对的情绪，少了哪一个都算不上完美。满足以上条件的遇见就足够稀有了，更遑论接下来两人的相处是否顺利，结局是否完美。但终究是相遇了，缘分让两人有了接触的机会。

在最初的了解阶段，对于彼此来说，仿佛雾里看花，怎么都看不真切；又好像隔靴搔痒，总想有进一步的接触。在慢慢接触的过程中，我们总会期待着与对方相见。在赴约的路上仿佛踏着一条幽静宜人的小路，捧着满怀的好心情。在不知不觉中，已经快到了约会的地点，站在这入口，深吸一口气，感受自然的芬芳。真正到了约会开始的时刻，开始紧张不安，所有的情绪被推向了顶峰。直至对方落座，二人开始攀谈，一切都变得顺其自然，仿佛置身云端。偶然的相知，为人生增添了一道神秘的机遇，开启了一个未知的匣子。

在更进一步的攀谈中，两颗心更加贴近彼此，有了更深的羁绊。在这羁绊中，我们看到了"梁山伯与祝英台"凄美的爱情故事，看到了崔护"人面不知何处去，桃花依旧笑春风"邂逅的遗憾。纵然两人之间的相遇可能只是萍水相逢的短暂情缘，注定没有理想的结局；纵然从未轰然而起，但也足够刻骨铭记。感恩这份相遇，足以让人拥有回忆，温暖自己。

(二)相逢

早在先秦时代的《诗经》中，人们就开始描述甜蜜的烦恼，等候情人，却又望不见情人，左思右想，急得来回踱步。这种自然而然的感情以及纯洁朴实的思念一直延续到今朝。

在茫茫人海中找到和自己有共鸣的人，是一种幸运。两个陌生人互相了解，暗生情愫，是一种美感。或许只是一个转身，或许只是一次回眸，又或许是一次擦肩而过，终于让两个人同时停下了脚步。当二人开始敞开心扉，发现彼此之间是如此合拍，笑容、步调是如此一致，情感开始升温，距离开始拉近。

暧昧的感觉来自男女之间一种若隐若现、欲拒还休的情感依恋，这一时期的两人相处起来非常舒适，像脚踩在云端，让人心跳加速，好似品过一杯红酒，进入脸红微醺的状态。有些人会把关系不明确的暧昧期当成是恋爱前期的考察期，这个阶段以朋友的身份相处，其实彼此之间已经有了一定的默契，一个眼神就知道对方要做什么，但心里始终不确定对方是否真的喜欢自己。这一时期的两人都有一些不确定的小心思，因为要考虑诸多因素，比如两个人是否匹配，如何以恋人的身份与其相处，等等。其实这不过是"只缘身在此山中"的迷雾，很享受这种感觉，但又有一种隐隐不安的惴惴感。

（三）陪伴

很多人在未经爱情之前会好奇爱情是什么样子，是像卓文君所期望的"愿得一心人，白头不相离"，还是像木心笔下描绘的"从前慢，一生只够爱一个人"，还是同元好问诗中"问世间情为何物，直教人生死相许"美好的愿景？实际上，大多数人经历的爱情都只是像凡间最普通的感情一样，经历生离死别的是少数，少有小说中描述的一波三折。尽管大多数人的爱情没有过多波澜诡谲的情节设计，但是投身其中的恋人仍然能亲历情感中的爱憎别离。

在爱情开始，尽管大家都希望这一次是一生一世，但事情并不总是遂人愿，一个转身可能就是再也不见。很多际遇都是始料未及的，上一秒还在牵手依偎，下一瞬可能已经天各一方。爱不随人愿，只留真心人。如果一切都只是像当初的相遇，那该有多好。

拓展

中国古诗爱情名句精选

1. 关关雎鸠，在河之洲。窈窕淑女，君子好逑。

2. 愿我如星君如月，夜夜流光相皎洁。

3. 鱼沈雁杳天涯路，始信人间别离苦。

4. 执手相看泪眼，竟无语凝噎。

5. 换我心，为你心，始知相忆深。

6. 忆君心似西江水，日夜东流无歇时。

7. 春心莫共花争发，一寸相思一寸灰。

8. 相思似海深，旧事如天远。

9. 相恨不如潮有信，相思始觉海非深。

10. 重叠泪痕缄锦字，人生只有情难死。

11. 但愿人长久，千里共婵娟。

12. 此去经年，应是良辰美景虚设。便纵有、千种风情，更与何人说。

13. 相思树底说相思，思郎恨郎郎不知。

14. 自君之出矣，明镜暗不治。思君如流水，何有穷已时。

15. 相见争如不见，有情何似无情。

16. 人生自是有情痴，此恨不关风与月。

17. 天不老，情难绝。心似双丝网，中有千千结。

18. 君住长江头，我住长江尾。日日思君不见君，共饮一江水。

19. 直道相思了无益，未妨惆怅是清狂。

20. 两情若是久长时，又岂在朝朝暮暮。

21. 在天愿作比翼鸟，在地愿为连理枝。

22. 相思相见知何日？此时此夜难为情。

23. 千金纵买相如赋，脉脉此情谁诉。

24. 衣带渐宽终不悔，为伊消得人憔悴。

25. 入我相思门，知我相思苦。长相思兮长相忆，短相思兮无穷极。

26. 君若扬路尘，妾若浊水泥。浮沈各异势，会合何时谐？

27. 凄凉别后两应同，最是不胜清怨月明中。

28. 他生莫作有情痴，人间无地著相思。

29. 天长地久有时尽，此恨绵绵无绝期。

30. 春蚕到死丝方尽，蜡炬成灰泪始干。

——《中国古诗爱情名言名句精选》（俊君编辑，名言网 2017 年 10 月）

二、相守是与子偕老

若是青丝到白发，都有彼此相伴，那么纵使岁月无情，亦无可畏惧。岁月流逝，涤荡掉了浮华的色彩，沉淀了轻率的感情，留下来的是一种厚重而质朴的爱。不需要多么轰轰烈烈，甚至无须任何语言，那份举手投足之间的默契，足以给人美的熏陶。

（一）缔约

在你把目光锁在一个人身上之前，你可能不知道是否最适合你，但你可以考虑一下未来伴侣身上应具备什么样的品质。对于选择恋人的标准，一千个人有一千个样子,然而当你真正遇到了那个对的人,也许这些"标准"全都不作数。

择一城终老,共一人白首。选一个对的人,与其缔结契约,共同盼望着明天。看过最美的烟花,路过最迷人的风景,却抵不过你的那句话——我想要的是拥有你的未来;世界上最美的三个字不是"我爱你",而是"在一起";世界上最美的感觉不是情话,而是习惯拥有你。

把所有的感情交给那个愿意陪我们到老的人,这才是最好的做法。念一人情深,其实就是对身边的人深情;择一人终老,其实就是好好珍惜现在的生活。唯有珍惜,才不会失去。爱情最好的状态,便是我爱着你,你在我心里,而你也正好爱着我,愿意陪我到老。念一人情深,择一人终老,别荒废了爱情,别荒废了时间,自古深情最难得,白头偕老更可贵。

选择多如星辰,当选定后,便可在这世间有一方容身之地。选择一个恋人,共度一段时光。执手看庭前花开花落,观人生百态,不谈岁月静好,只说珍惜当下。就像一杯清茶,平平淡淡,口中苦涩回味却无比甘甜。

(二)烟火

烟火,人间,这是生活的常态。人间烟火气,最抚凡人心。恋人间相处,处的就是这锅碗瓢盆、柴米油盐酱醋茶。在食物的香气里,一出出充满人情味的爱情故事被娓娓道来。夫妻相处,就在这稀松平常之中,少女洗尽铅华,摸索着一日三餐、洒扫庭除;少年褪去稚气,并不宽广的肩膀扛起了一个家。

人间寻常烟火,是一种生活的温度,是一种可供思考的哲学。人间烟火的灵性,是平平淡淡与轰轰烈烈。或许是那些生活的琐碎磨灭了最初的激情,将看似完美的伴侣拉下神坛。事实上,那些日常中的烟火气才是最贴近我们生活的画面。

剥去想象的好、刻意的美化、故作波澜的诗意,剩下的生活就是人间烟火。很多时候,在恋爱中轰轰烈烈,一起山盟海誓。进入婚姻,逛街看电影、玫瑰花等变成了柴米油盐酱醋茶,爱情就会变得平淡和烦琐。当你觉得与曾经想象的美好相违背时,爱情的生活就会出现矛盾,这些只不过是婚后的爱情变得更加朴实无华而已。

那些熟悉而亲切的烟火气,抚慰着我们寂寞的心境。当水一样的时间轻易地流过人生的沧桑,当所有的故事已经渐渐泛黄,我们依然不懂人生的苍凉。到最后才发现,没有完全安稳的年华,只是有人为你准备了一日三餐。我们常以为回家是对爱人的宽慰,可恰恰是爱人营造的浓郁的烟火气,无形中治愈了我们在尘世里饱受摧残的内心。我们贪恋的不止家乡的风物,不止那为你温酒的爱人,还有那人情味十足的烟火气。

（三）感怀

我们都曾辜负过一些人或事，总以为来日方长，殊不知有些人一转身就是一辈子。总以为未来可期，却忘了真正在乎一个人，要在当下的每时每刻就好好珍惜。我们要珍惜每一段缘分，学会感恩，也只有如此，才能不再错过，不留遗憾。

走在人生的征程上，我们相识、相知，才有了并肩同行的喜悦。相依相偎、相互扶持，走过万水千山，尝遍世间冷暖。恋爱的意义，就隐匿于这一丝一毫、一针一线之中，只等有心人去发掘。但若对方有了别的心思，只剩一人坚持这段感情，便会引发抱怨。一个人坚持太久了，总会感到疲累。往往两个人携手一起向前走，才会有百折不挠的勇气。

行而珍惜，爱而共一生。如果彼此相惜，即使相隔天涯，心与心也能跨越千山万水。二人携手山川，心中的温暖，足以抵挡世间的寂寞与寒冷。放下别人的错，解脱自己的心，把最好的位置留给值得的人。余生很短，我们还有很多事情没有完成，爱我所爱，想我所想。

以诚换诚，以心交心。爱情里最大的过错就是错过，最大的幸运就是你喜欢的人也喜欢你。深情不如陪伴，陪伴是最长情的告白。

拓展

邶（bèi），地名，在今天的河南安阳汤阴县。经前人考定，《诗经》里的"邶风""鄘（yōng）风""卫风"都是卫国的诗。因而这首"邶风"，讲的是春秋时期发生在卫国的故事。那是一个战争频繁的时代，兵连祸接，无岁不有。这首诗，便是在这样一个大背景之下展开的。

全诗共分五节。……第四节是全诗的高潮部分，也是那句千古流传的名句所在："死生契阔，与子成说（shuō）。执子之手，与子偕老。"契阔，契即合，阔即离，"契阔"即聚散离合的意思。成说，约定、成议、盟约，即已有约定。"执子之手，与子偕老"，拉着你的手，和你一起慢慢老去，也就是现代人所说的"白头到老"。子，你。如今生离死别，天各一方，当初的誓言在心里，曾希望紧握你的手，与你白头到老，此情不移。正像歌曲《最浪漫的事》中唱的那样："我能想到最浪漫的事，就是和你一起慢慢变老。直到我们老得哪儿也去不了，你还依然把我当成手心里的宝。"这是丈夫对妻子的允诺，然而因为战争，爱情成为奢侈品，多么让人心痛啊。这句诗，写出了丈夫对妻子的无比眷恋之情,也表达了作者真挚的情感与美好理想。这十六个字,成为千古爱情名言,也成为无数青年男女最美的爱情誓言。

…………

这首诗,情感表达直率真切,感人至深。诗中兼用叙述、描写、抒情等表达方式,使事件的叙述、场景的描写、心情的抒发都得到形象生动的呈现。场景描写中,诗人又能将宏观描写与微观描写结合,使这首诗既大气磅礴又细腻柔婉,具有深远持久的艺术魅力,使它成为中国诗歌界的一颗明珠,令后世才子佳人们传唱不息。

——《誓言今生:执子之手,与子偕老——由〈诗经·邶风·击鼓〉领起的爱情誓言诗》[舒菡,《新作文·金牌读写(高中生适读)》2014 年第 5 期]

三、相守是一生的经营

春风化雨,草长莺飞。遇见,便懂得。相守,一直都在。怦然心动的爱情,是美好的,令人向往的。但是真正经得起考验的爱情,却是在漫长日子里的相依相守,共同成长。相守一生的幸福生活,离不开两人的呵护和经营,离不开在前进道路上共经风雨,携手前行。

(一)希冀

当慢慢成熟,我们就不再追求刺激的爱情,而是希望另一半能和自己一起经营感情,更加希望生活能够幸福美满。无论两个人是多么地幸福,在生活中也总会有或多或少的矛盾。如果处理妥当,可以让两个人从争吵中了解对方的心意,从而更加相爱;但如果处理不得当,就会让一段感情产生间隙。既然不能避免争吵,不如把握好争吵的节奏,让对方从争吵中更加懂你。

在感情中,有些人可能会走向两个极端,要么以自我为中心,要么很依赖对方。在家庭中,靠一个人撑起一个家,注定是比较累的事情,如果有一个分工,那么自然要轻松很多,也能够更好地去发展自己。

其实,一见钟情只是感情的发酵阶段,感情如何继续发展,靠的往往不是相互之间爱得有多深,而在于如何经营感情。尽管我们对爱情充满了希冀,但是现实总会让人醒悟,爱情并不是完美的,对方和自己都不完美。当爱情陷入僵局中,努力维持这段关系的人都会感到疲惫,尤其是当对方无法回报同样的爱的时候。所以,希望、憧憬可以拥有,但要适度,不要一股脑将希望寄托在他人身上。

（二）纠葛

每个人的心中都有一份独属的过往,当我们在感叹岁月无情的时候,在时间的催促下,也会想起过去。时光最美好的印记,是那些陪伴我们走过青春岁月的恋人,让我们怀念过去的时光。

当一段关系经历了热恋、磨合或瓶颈期时,双方都会对对方的缺点失去耐心。在这个时期,随着感情的深入,我们会慢慢发现对方的缺点,或者说"三观"不符合的一面,于是我们开始沮丧。通常我们会选择去改变对方的行为,或者直接选择去结束这段感情。可以说,大部分情侣都是在这个阶段选择了分手,而无法去一窥亲密关系的真相。

当你烦躁不安,处于感情瓶颈期时,可以问自己:他有犯过什么不可原谅的错误吗? 比如,在心中设置一个底线。如果他没有碰触底线,那么分手的想法就是自己的情绪使然。瓶颈期是伴随彼此一生的东西,每度过一次都能让感情得到升华,但一次的失败却可能毁了彼此的关系。

遭遇瓶颈期的异地恋,对一方来说是沉重的打击。在这一时期,两人会感到绝望,也可能有放弃的打算,但真正地度过那段时间才明白,原来那不过是爱情的必经阶段,虽然过程很痛苦,但如果能够勇敢地面对,咬牙挺过来后,就会明白幸福的真谛。

（三）白头

若有岁月可回首,且以深情共白头。两人从相识、相惜、相恋、相守到白头,要经历多少风雨。婚姻的初衷是美好的,恋爱里的每个人都希望和眼前的这个人走到生命的尽头,走向余生。世人都渴望拥有幸福美满的婚姻,可幸福的婚姻向来不是唾手可得的。

两个人的婚姻里出现了问题,人们总是习惯性地把问题丢给对方,自己很难去学着改变。诸多矛盾叠在一起,就酿成了分离的导火索。毫不夸张地说,这个世界没有不吵架的夫妻。许是打打闹闹,许是磕磕绊绊,但终究是并肩战斗了一生,一起面对了诸多困难。他们脸上刻过生活的痕迹,带着云淡风轻的从容,得到了圆满的结局。

爱情不易,婚姻更难。在婚姻的每个阶段,都有相应的苦辣酸甜。只要不忘初心,在爱情的小匣子里,都会觉得乐趣无穷。爱情里没有老师,爱情里面的酸甜苦涩、高潮低谷、欢乐悲伤,只有自己去体会,才能有独特的人生体验。

两个人一旦走到一起,就成为彼此的依靠,有什么事情要一起面对,一起承担责任,一起解决困难,这样的夫妻才能够白头偕老。只要互相关爱,用心经营,就能获得完美的爱情。这是一种并肩站立,共同凝望太阳升起、太阳落下的感觉;这是一种天变地变情不变的感觉,是见证岁月、见证感情的感觉。

明辨

什么是爱情最好的模样?

最好的感情,是初见时的心动,是相知时的欣赏,是熟识后的接纳,是平淡后的相守。……愿我们遇见的感情,愿感情里的我们,都是最好的模样!

相识,是怦然心动、逐渐懂得

喜欢一个人的第一反应是什么?……每个人的答案都不一样。有人说:"喜欢就是看到他就满眼冒星星,觉得他哪哪都好。"还有人说:"和他第一次见面,感觉他真的太完美了。看到他的牙齿长得不太整齐,那一瞬间我甚至为他的一点点不完美感到庆幸。"

很多人恋爱,都会经历这样一个过程:怦然心动、慢慢了解、逐渐懂得。对方从一个完美的陌生人,变成一个普通却珍贵的爱人。你发现,原来,这才是 TA,真实的 TA,完整的 TA。

她也没那么精致,有时候晚上来不及洗脸就睡着了;他也不是每天阳光,遇到急事也会发脾气,有些暴躁。诸如此类的细节,让我们越来越了解一个人,让对方变得不再神秘。

相知,是彼此接纳、相互珍视

前几天,看到一对情侣在拍合影。患有白癜风的姑娘,大大方方地在镜头前展示自己。她接受自己的一切,完美的,不完美的。她的男友说:"她美得就像艺术品,她身上的白色,是上天赋予的光。"

缺点,就像与生俱来的"筛选机制"。有人会因此远离你,但也有人肯包容这些缺点,义无反顾地靠近你。相爱的前提,是接受;相互珍视,感情才能稳定。

我们每个人都有缺点,别害怕,别沮丧。你不需要站在那么高的地方,让爱你的人仰望。你不如卸下面具,给 TA 一个真心的抱抱。光的另一面是影与暗,只有接纳了双面,才能看到爱的本身。

好的感情，不是把 TA 改造成你想要的样子，而是让 TA 活成自己最好的样子；不是谁改变了谁，而是正视到差异和不完美之后，仍然坦然接受、彼此扶持。

相守，是共同成长、携手同行

不知你有没有想过这个问题：感情应该怎样去维系才能长久？有句话说得好："一个人的努力付出叫爱，两个人的用心经营才叫爱情。"两人之间没有无尽的要求和盲目的付出，而是共同成长、相互滋养、彼此成就，为了一致的目标相伴而行。

正如这句话所说："我喜欢你，因为我觉得喜欢你这件事很美好。我不只喜欢你，我还喜欢自己，因为喜欢你这件事让我自己变得更美好。"

无论现状如何，请相信，你能找到一个完整接纳你的人，一个珍视你的人，一个愿意与你共同进步、彼此成就的人。你不需要完美，TA 也不需要，你们都能坦然做自己，你们知根知底、彼此信任，你们同心同行、不离不弃，这就是终身浪漫。

——《原来，这就是爱情最好的模样》（《山西青年报》2022 年 7 月 20 日）

思考讨论

1. 为什么说爱是一门艺术？

2. 如何用不带伤害的方式化解情侣间的矛盾和冲突？

3. 感情应该怎样去维系才能长久？

4. 对于爱情，你是否赞成"不求天长地久,只求曾经拥有"这一说法？

扩展阅读

1. [美]马歇尔·卢森堡:《非暴力沟通》,阮胤华译,华夏出版社 2009 年 1 月版。

2. [美]罗伯特·J.斯腾伯格、[美]凯琳·斯腾伯格:《爱情心理学(最新版)》,李朝旭等译,世界图书出版公司北京公司 2010 年 5 月版。

3. [美]阿米尔·莱文、[美]蕾切尔·赫尔勒:《关系的重建》,李昀烨译,台海出版社 2018 年 9 月版。

4. 蔡垒磊:《爱情的逻辑:破除亲密关系中的认知陷阱》,中国友谊出版公司 2020 年 2 月版。

5. [苏]苏霍姆林斯基:《爱情的教育》,世敏、寒薇译,教育科学出版社 2001 年 4 月版。

6. [美]艾里希·弗洛姆:《爱的艺术》,刘福堂译,上海译文出版社 2019 年 1 月版。

参考文献

一、著作

1. 欧阳辉. 走近卡尔·马克思[M]. 北京:人民出版社,2018.

2. 郑承军. 理想信念的引领与建构:当代大学生的社会主义核心价值观研究[M]. 北京:清华大学出版社,2010.

3. 吴黎宏. 信仰的力量:筑牢共产党人的精神支柱[M]. 北京:中共中央党校出版社,2020.

4. 吕虹. 信念的力量[M]. 北京:东方出版社,2020.

5. 田永静. 新时代大学生理想信念研究[M]. 北京:中央编译出版社,2020.

6. 范晓伟. 信仰的力量:挺起共产党人的精神脊梁[M]. 北京:红旗出版社,2020.

7. 中共中央宣传部. 习近平总书记在文艺工作座谈会上的重要讲话学习读本[M]. 北京:学习出版社,2015.

8. 风笑天,等. 社会变迁中的青年问题[M]. 北京:北京大学出版社,2014.

9. 狄登峰. 学生应知心理知识[M]. 北京:学苑音像出版社,2004.

10. 段鑫星,李文文,司莹雪. 恋爱心理必修课[M]. 北京:人民邮电出版社,2019.

11. 章志光. 社会心理学[M]. 北京:人民教育出版社,2008.

12. 叶奕乾,孔克勤. 个性心理学[M]. 上海:华东师范大学出版社,1993.

13. 林方. 人的潜能和价值:人本主义心理学译文集[M]. 北京:华夏出版社,1987.

14. 柯普宁. 马克思主义认识论导论[M]. 北京:求实出版社,1982.

15. 肖巍,顾钰民. 当代中国马克思主义研究报告(2013—2014)[M]. 北京:人民出版社,2015.

16. 周珊,郝敬. 思想政治教育学导论[M]. 成都:电子科技大学出版社,2016.

17. 高玉祥. 个性心理学概论[M]. 西安:陕西人民教育出版社,1985.

18. 于晓琪. 马克思主义婚恋家庭思想研究[M]. 南京:南京航空航天大学出版社,2016.

19. 弗洛姆. 爱的艺术[M]. 刘福堂,译. 上海:上海译文出版社,2011.

20.布雷姆,米勒,珀尔曼.亲密关系[M].郭辉,肖斌,译.北京:人民邮电出版社,2005.

21.布雷克.越轨青年文化比较[M].岳西,张谦,译.北京:北京理工大学出版社,1989.

22.中共中央马克思恩格斯列宁斯大林著作编译局.马克思恩格斯全集:第四卷[M].北京:人民出版社,1965.

23.卢森堡.非暴力沟通[M].阮胤华,译.北京:华夏出版社,2009.

24.斯腾伯格 R J,斯腾伯格 K.爱情心理学[M].李朝旭,等译.北京:世界图书出版公司北京公司,2010.

二、报刊

1.王宝鑫.大学生坚定理想信念的时代任务与实践逻辑[J].东北师大学报(哲学社会科学版),2021(5):145-150.

2.董祥宾.信念及其程度[J].思想理论教育,2021(7):33-39.

3.刘建军.在学思践悟中坚定理想信念[J].学校党建与思想教育,2021(9):904-907.

4.熊钰.网络"躺平"现象与青年奋斗精神培育[J].中国青年研究,2022(2):14-21.

5.尹红领.马克思主义"生活观"探析[J].河南社会科学,2019,27(9):19-24.

6.陶东风."大话文化"与文学经典的命运[J].中州学刊,2005(4):234-236.

7.吴朝进,张金荣."佛系"与"杠精":社会变迁下的青年心态困境[J].思想教育研究,2021(6):113-118.

8.马川."00后"大学生心理健康水平的实证研究:基于近两万名 2018 级大一学生的数据分析[J].思想理论教育,2019(3):95-99.

9.罗晓路.大学生心理健康教育的现状与对策[J].教育研究,2018,39(1):112-118.

10.黄明芳.高校网络心理育人体系的生态建构[J].教育评论,2019(11):94-99.

11.辛自强,张梅,何琳.大学生心理健康变迁的横断历史研究[J].心理学报,2012,44(5):664-679.

12.刘萍.新时代加强大学生理想信念教育的有效策略研究[J].思想理论教育导刊,2019(7):150-153.

13.张恒山.从空想共产主义到中国特色社会主义[J].中共中央党校学报,2017,21(5):5-20.

14.吴克勤.中国特色社会主义理论体系对国际共产主义运动的贡献[J].国际关系学院学报,2008(6):84-87.

15.吴潜涛.正确理解理想信念的科学含义[J].教学与研究,2011(4):5-9.

16.渊声.夫妻沟通不畅,怎么办?[J].天风,2018(11):63-64.

17.梁欢,曾亚平.情侣间冲突话语成因的顺应性分析[J].牡丹江大学学报,2019,28(10):88-91.

18.马靖.执子之手　与子偕老[J].秘书工作,2006(4):37.

19.习近平.青年要自觉践行社会主义核心价值观[N].人民日报,2014-05-05(2).

20.冯人綦,曹昆:追梦需要激情和理想圆梦需要奋斗和奉献[N].人民日报,2018-05-03(2).

后　记

浪漫青春,唯有激流勇进、奋斗拼搏,方能中流击水,抵达信念的彼岸。执着爱情,唯有不放弃,携手共进,才能步入婚姻的殿堂。大学是讲授高深知识的地方,也是为青年学子讲授人生哲理的地方。

如何给青年学子解答好"青春之问",本书算是投石问路,因而,在书稿杀青之际,更加忐忑。囿于水平问题,拙作在解答青春之问中存在浅陋之处,故而不敢妄言其中有真知灼见,但它毕竟是我们团队的感悟。查尔默斯说,"我们始于迷惘,终于更高水平的迷惘"。对"青春之问:信念、奋斗、爱情"的探索之路仍然很长,我们将"向着目标前进,哪怕深一脚,浅一脚,哪怕磕磕碰碰⋯⋯"

团队成员多是从事学生思想政治教育工作的老师,参加本书撰写的老师有孙冬梅、张永辉、王瑞金、王滢、范会平、李斌、支少瑞、戴茹娴、赵璟等(按章节排序)。周俊芳同志对本书进行了审定,张向前教授对本书进行了统稿。

感谢使我们编撰本书初衷的青年学子,感谢郑州大学出版社。

杜志强

2022 年 10 月